汽车维修企业管理

陈　婧　主　编
刘映霞　何丽华　副主编
刘　雁　王　毅　主　审

重庆大学出版社

内容提要

本书以学习汽车维修企业管理理念和要求,培养学生学习汽车维修企业管理思想和经营服务意识的基本能力为主线,培养学生的组织、计划、沟通、合作的职业能力,针对汽车维修企业的市场现状和普遍存在的问题,对汽车维修企业自身的现状、运营战略、人力资源管理、财务管理、客户关系管理、服务营销、汽车技术服务、安全环保、"互联网+"汽修企业、汽修企业盈利运作策略等涉及汽车维修企业持续发展的因素进行了详细的解析。书中配有经典的管理案例和小故事,以小见大地明示汽车维修企业管理的管理法则。

本书知识面广,综合性强,除可作为高职高专院校汽车类专业教材外,还可供汽车服务类企业及其管理人员使用和参考。

图书在版编目(CIP)数据

汽车维修企业管理 / 陈婧主编. --重庆:重庆大学出版社,2019.8
高职高专汽车运用与维修专业系列教材
ISBN 978-7-5689-1620-2

Ⅰ.①汽… Ⅱ.①陈… Ⅲ.①汽车—修理厂—工业企业管理—高等职业教育—教材 Ⅳ.①F407.471.6

中国版本图书馆 CIP 数据核字(2019)第 120367 号

汽车维修企业管理

陈 婧 主 编
刘映霞 何丽华 副主编
刘 雁 王 毅 主 审
策划编辑:周 立

责任编辑:李桂英 何俊峰 版式设计:周 立
责任校对:邬小梅 责任印制:张 策

*

重庆大学出版社出版发行
出版人:饶帮华
社址:重庆市沙坪坝区大学城西路 21 号
邮编:401331
电话:(023)88617190 88617185(中小学)
传真:(023)88617186 88617166
网址:http://www.cqup.com.cn
邮箱:fxk@cqup.com.cn(营销中心)
全国新华书店经销
重庆升光电力印务有限公司印刷

*

开本:787mm×1092mm 1/16 印张:16 字数:351 千
2019 年 8 月第 1 版 2019 年 8 月第 1 次印刷
印数:1—2 000
ISBN 978-7-5689-1620-2 定价:39.00 元

前 言

随着我国社会经济持续快速发展,人们购车刚性需求日渐旺盛,汽车保有量继续呈快速增长趋势。目前,全国机动车保有量急剧增加,从 1978 年的 136 万辆到 2017 年已达 3.10 亿辆,其中汽车 2.17 亿辆,平均每百户就有 31 辆私家车。机动车驾驶人达 3.85 亿,汽车驾驶人有 3.42 亿。我国人民交通出行结构发生了根本性变化。

随着汽车保有量不断提升的背后,一个亿万级的市场在近年的关注度火热提升,即汽车后市场。围绕汽车使用过程中的各种服务,涵盖了消费者买车后所需要的一切服务。汽车后市场细分领域众多,除目前市场关注的热点洗车、维修保养外,汽车租赁、二手车交易、汽车配件、汽车金融保险等都包含在内。

快速增长的汽车保有量为汽车维修业的发展奠定了坚实的基础,汽车维修业正迅速崛起,在市场经济发展中发挥着越来越重要的作用。如何在新形势下完善和发展汽车维修市场体系,发挥服务经济的作用,使其适应社会主义市场经济建设和满足人民生活水平日益提高的需要,已成为一个重要课题。

本书在习近平新时代中国特色社会主义思想指导下,落实"新工科"建设要求,以最新颁布实施的有关汽车维修企业的法律法规为依据,针对我国汽车维修企业的特点,运用现代管理的理论和方法,对汽车维修企业的现状和发展以及各项管理活动进行了系统的论述。本书是一本知识型学科教材,从案例入手,通过具体的实务操作分析,研究如何提高汽车维修企业的利润和业绩。

本书编写工作分工如下:贵州交通职业技术学院的陈婧编写任务一,任务四的模块一;何会福编写任务三;李世红、袁跃兰编写任务四的模块二;姜燊燊编写任务五;杨敏编写任务六;何丽华编写任务七;陈丹编写任务八;刘映霞编写任务九的模块一;杨明靖编写任务九的模块二;云南交通职业技术学院的朱红福编写任务二;南京交通职业技术学院的边伟编写任务十。

全书由贵州交通职业技术学院的陈婧担任主编,刘雁、王毅担任主审,刘映霞、何丽华担任副主编。

由于编者的水平有限,书中难免有不当之处,敬请读者批评指正。

编　者

2019 年 1 月 1 日

目录

1

任务一
汽车维修企业管理现状分析

知识目标：

1.了解汽车维修企业管理的发展过程。

2.了解汽车维修企业面临的现实困境及应对市场变化的措施。

3.理解汽车维修企业危机的预防与处理。

4.掌握汽车维修企业管理机构的功能及设置原则。

能力目标：

1.树立汽车维修企业管理观念。

2.能运用管理理论进行案例分析。

模块一　理论指导

[案例导入]

袋鼠与笼子

一天,动物园管理员发现袋鼠从笼子里跑了出来,于是他们开会讨论,一致认为是笼子不够高。因此,他们决定将笼子的高度由原来的 10 米加高到 20 米。结果,第二天他们发现袋鼠还是跑出了笼子,于是他们决定将笼子加高到 30 米。

没想到隔天居然又看到袋鼠全跑到了外面,于是管理员们大为紧张,决定一不做二不休,将笼子加高到了 100 米。

一天,长颈鹿和几只袋鼠闲聊:"你们看,这些人会不会再继续加高你们的笼子?"长颈鹿问。"很难说"袋鼠说,"如果他们再继续忘记关门的话!"

事有"本末""轻重""缓急",关门是本,加高笼子是末,舍本而逐末,当然就不得要领了。管理是什么?管理就是先分析事情的主要矛盾和次要矛盾,认清事情的"本末""轻重""缓急",然后从重要的方面下手。汽车维修企业管理也是如此。

思考:

1.汽车维修的概念是什么?

2.汽车维修行业的发展趋势如何?

3.汽车维修行业目前存在的问题是什么?如何避免?

4.汽车维修行业的特点是什么?

一、了解汽车维修企业管理的发展历程

随着我国社会经济持续快速发展,人们购车刚性需求日渐旺盛,汽车保有量继续呈快速增长趋势。目前,全国机动车保有量急剧增加,从1978年的136万辆到2017年已达3.10亿辆,其中汽车2.17亿辆,平均每百户有31辆私家车。机动车驾驶人员超过3.85亿人,汽车驾驶人有3.42亿人。新能源汽车保有量达58.32万辆,与2014年相比增长了169.48%。其中,纯电动汽车保有量33.2万辆,占新能源汽车总量的56.93%。人们机动化出行方式经历了从摩托车到汽车的转变,交通出行结构发生了根本性变化。

随着汽车保有量不断提升的背后,一个亿万级的市场在近年的关注度火热提升,即汽车后市场。所谓汽车后市场,就是指汽车销售以后,围绕汽车使用过程中的各种服务,涵盖了消费者买车后所需要的一切服务。汽车后市场细分领域众多,除目前市场关注的热点,比如洗车、维修保养外,汽车租赁、二手车交易、汽车配件、汽车金融保险等都包含在内。

快速增长的汽车保有量为汽车维修行业的发展奠定了坚实的基础,汽车维修业正迅速崛起,在市场经济发展中发挥着越来越重要的作用。如何在新形势下完善和发展汽车维修市场体系,发挥服务经济的作用,使其适应社会主义市场经济建设和满足人民生活水平日益提高的需要,已成为一个重要课题。

汽车维修是汽车维护和修理的泛称。汽车维护是为了维持汽车完好技术状况或工作能力而进行的作业,主要是对汽车各部分进行检查、清洁、润滑、紧固、调整或更换某些零件。其目的是保持车容整洁,随时发现和消除其故障隐患,防止车辆早期损坏,降低车辆的故障率和小修频率。

汽车维修行业是道路运输业不可缺少的重要组成部分,是延长车辆的使用寿命,减少行车故障,保障运输安全,节约能源,减少环境污染,降低运输消耗,提高运输质量的技术保障基地。它是道路运输的技术后勤保障。

(一)汽车维修业发展历程

1.20世纪70年代—90年代初

这个阶段是以简单万能式的汽车综合维修,通过大众化的销售渠道千方百计拉拢客户,

以增加维修车辆次数的方式降低成本和价格。

2.20 世纪 90 年代至 2003 年前后

汽车技术的不断进步,汽车的系统与结构越来越复杂,万能型的维修模式变得越来越不适应汽车技术的发展,相当一部分企业演化成为特约维修企业,维修对象集中于某一或某几家著名公司的产品。1995 年,美国汽车市场上通用、福特和克莱斯勒三大汽车公司的产品,约占市场份额的 74%;在日本,丰田、日产和本田三大公司也集中了全国汽车产量的 86%。因此,特约维修企业的生意兴隆。特定车型使维修目标的特约维修企业和 4S 企业得到迅猛发展,汽车维修市场进入产品差异化营销阶段。

3.2003 年以后

科学技术的不断进步,汽车维修企业正日益摆脱以往传统的手工作坊作业方式,越来越多地采用机械化、自动化、电子化检修仪器设备。汽车维修企业普遍配置发动机综合性能检测仪、四轮定位仪、故障解码器、电动或液压举升器等。在专业化的维修企业中,如车身维修企业,亦配置车身测量及矫正设备、电子调漆设备、喷/烤漆房等,以保证其维修质量,提高工人作业速度,减轻工人劳动强度,实现了劳动生产率高、维修质量高、维修费用低、雇用人数少的节约型经营。现代汽车维修企业采用"专业化战略",以较高的效率、更好的效果,为某一特定品牌狭窄的战略对象服务,从而超过在较广范围内竞争的对手。

我国加入 WTO 以后,国外资本进入中国汽车维修业并逐步占有更大的市场份额,其先进的维修技术、管理经验和雄厚资本使汽车维修市场的竞争更加激烈,提高了整个汽车维修行业的技术水平和服务质量。由此,中国汽车维修市场呈现多元化、国际化局面。合资、合作、连锁经营、外商独资等多种经济方式替代以往那种以国有、民营、个体经济为主的松散经营模式,市场格局更趋合理。国外先进的服务理念和管理模式传入我国,"用户至上,质量第一"的服务宗旨和"用户是上帝"的服务态度将得以真正体现。维修企业与用户的关系被重新确立。

(二)汽车维修行业发展趋势

1.以汽车制造商为主体的汽车维修模式

以汽车制造商为主体的汽车维修模式一般分为两种:一种是特约维修店模式;另一种是专卖店维修模式。特约维修店模式一般是代表生产厂家在某地区为特定品牌的产品进行售后服务,特约维修企业的业务渠道比较固定,企业的知名度和品牌认知度也由相关汽车制造企业作为保证。目前这种特约维修企业发展较快,已经逐步形成了较为完善的网点布局。专卖店维修模式源于欧洲,这种专卖店负责销售、配件以及维修服务,是目前新车使用阶段的主流服务模式。因涉及汽车维修服务,也是目前汽车维修的主流服务模式。这种模式涉及不同的投资、品牌、政策等方面的问题,同时维修费用也高,这些都制约了其在维修市场的进一步拓展。

2.以汽车服务商为主的连锁经营模式

可以预测,汽车服务将成为今后汽车维修服务的主流模式。与国际汽车维修行业比较,我国当前的汽车维修的市场形势还比较单一,4S 店等和国际接轨的服务模式虽然得到了一定的认可,但其固有的缺陷依然没有得到很好地解决。方便、快捷的连锁经营模式不仅是行业健康协调发展的需要,也是社会的需求。连锁维修是近年迅速崛起的一种模式,这种模式整合了各种品牌汽车零配件的相应资源,进一步打破了制造企业的纵向垄断,在价格上更加透明,服务上更加系统,可以一站式解决保养、维修、快修、美容等一系列汽车问题,得到了广大车主的认可和好评。汽车维修向连锁经营方向发展的特点有以下几个:

①品牌、运营和支持、体系是连锁经营的三大核心竞争力。

②独立中小企业加入连锁体系,可与总部共享品牌、广告资源,获得相关先进理念的培训。

③特许经营总部通过信息网络统一配送,降低成本、提高配送效率。

3.汽车维修向"互联网"+发展

互联网的突飞猛进、汽车制造技术的发展,其电子化水平也不断提高,相关保养和维修变得更加复杂。仅凭个人的经验来判断汽车故障已经不能适应汽车技术发展的需要,很多高科技设备被逐步应用到汽车维修行为中,汽车维修业对电子信息、互联网的需求变得日益强烈,当前汽车维修行业中资料查询、技术培训、故障检测诊断的网络化趋势十分明显。美国汽车维修业在20世纪80年代就开始了网上查询资料、网上解答维修难题、网上进行咨询的探索。我国汽车维修专业的网络化探索起步较晚,但发展速度很快,目前网上的技术讨论以及技术交流、网上预约维修已经非常普遍,汽车维修的互联网技术应用也得到了迅速拓展,并呈现出了较好的发展势头。

(三)汽车维修业目前存在的问题

目前,我国汽车维修市场起步不久,与发达国家的汽车维修企业相比,各方面还很不成熟,存在很多方面的不足,具体体现在以下几个方面:

1.汽车维修企业相对过剩,无序经营

目前的中国汽车维修市场的状况是遍地修理厂,且无序经营现象十分严重。从生产领域来说,整车生产企业认可的配件、配套零部件生产企业剩余产能生产的配件、仿制配件、假冒伪劣配件等一同流入市场;从进口渠道来说,从正规渠道进口的经国外汽车生产厂家认可的配件、未经国外汽车生产厂家认可的配件、非正规渠道进口的经国外汽车生产厂家认可的配件、未经国外汽车生产厂家认可的配件等均打着"原厂正宗"的旗号涌进国内的汽车配件市场;从经营业户来说,有人合法经营,但也有部分经营业户不择手段,令车主防不胜防。汽车后市场的发展,现在面临最大的问题就是信任危机,这给维修企业带来很大的压力,也给综合维修企业带来了机会。

2.汽车维修从业人员多、素质差

与发达国家相比,我国的汽车后市场服务体系仍处于初级阶段。汽车维修全行业整体表现为劳动生产率低、管理水平低、服务质量差、事故率高、维修成本高。

首先,汽车维修行业从业人员的整体学历偏低,文化素质不高。现代汽车新工艺、新技术应用的自我学习能力有限,而许多企业管理人员又对维修人员再培训的重视程度不够,导致维修人员专业水平跟不上现代汽车技术的发展,这些已成为制约汽车维修业持续发展的主要"瓶颈"。以一辆奥迪 A6 为例,它的控制系统和阿波罗登月飞船的控制系统在运算速度上几乎差不多,电线拉出去能达 7 千米。汽车维修从业人员不掌握一定的技术和知识,根本没有办法对故障车辆进行诊断和检测。一把螺丝刀、一把扳手就能修车的时代早已过去了。

具有强烈的事业心和责任感,是对汽车维修从业人员的基本要求,也是任何一个职业从业者必需具备的基本素质。汽车维修从业人员在汽车维修行业中承担着重要的社会责任,应以车主的利益为出发点,以强烈的事业心、高度的责任感和饱满的工作热情,全心全意地提供汽车维修服务。因为汽车维修涉及道路交通安全问题,是驾驶员安全行驶的重要保证,如果汽车维修人员在修车过程中稍有懈怠,就有可能造成严重的后果。

其次,传统的汽车维修培训方式已经过时。几十年来,我国汽车维修从业人员依靠的是传统的"师傅带徒弟"的方法。由于汽车整体结构简单,汽车维修时主要靠眼看、耳听、手摸,所以师傅的经验显得尤为重要。汽车新技术被引入汽车行业,车型的更新换代快,新技术、新材料、新设备、新工艺不断增加导致维修技术滞后;同时,性能好的、结构复杂的进口汽车越来越多,小型汽车从结构到控制技术越来越高科技化,因此,对汽车维修技术的要求也越来越高。

目前,很多国内汽车维修企业的人力资源已无法满足现代汽车维修的需要。现状是从业人员整体学历偏低、高等级技能人才较少、接受专业训练的人才不多、工资待遇低,留不住人才等。因此,"人才难得,人才难留"是许多汽车维修企业面临的共同问题。

3.经营成本高、维修质量低,管理相对落后

汽车维修企业管理是一项涉及范围广、人员多又相互联系的系统性工作,如企业运行情况的记录,维修间隔的控制,项目的实施,这其中包含了人、作业程序、检查落实、经济性分析控制等问题,有一个环节出现问题必将影响最终实施效果。

(四)汽车维修行业特点

①技术密集型。汽车维修企业的维修和服务对象具有高科技特征;维修手段和维修人才具有高科技特征;维修技术和维修管理也有高科技特征。

②社会分散性。具有点多、面广、规模小的特点。

③市场的调节性。汽车维修市场供求关系的变化,引起的维修价格变动对调节社会劳动力和生产资料在各个部门的分配、调节生产和流通,符合商品经济的客观要求,能够比较合理地进行资源配置,使汽车维修企业的生产经营与市场直接联系起来,促进行业竞争。

④竞争性强、稳定性差。汽车维修企业是高投入、高产出,存在激烈竞争和一定风险的企业,具有很强的竞争性。

二、理解汽车维修企业管理机构

[案例导入]

一碗牛肉面

我与朋友在路边一家不起眼的面店里吃面,由于客人不多,老板就顺便和我们聊了起来。谈及现在店内的生意,老板感慨颇多。他于兰州拉面最红的时候在闹市口开了家拉面馆,生意兴隆,后来却不做了。朋友心存疑虑地问他为什么。"现在的人贼呢!"老板说,"我当时雇了个会做拉面的师傅,但在工资上总也谈不拢。""开始时为了调动他的积极性,我们是按销售量分成的,一碗面给他5毛钱的提成。经过一段时间,他发现客人越多,他的收入也越多,这样一来他就在每碗里放超量的牛肉来吸引回头客"。"一碗面才卖四元钱,本来就是薄利多销,他每碗多放几片牛肉我还赚哪门子钱啊!""后来我看这样不行,钱全被他赚去了!就换了种分配方式,给他每月发固定工资,工资给高点也无所谓,这样他不至于多加牛肉了吧?因为客多客少和他的收入没关系。""但你猜怎么着?"老板有点激动了,"他在每碗牛肉面里都少放牛肉,把客人都赶走了!""这是为什么?"轮到我们激动了。"牛肉的分量少,顾客就不满意,回头客就少,生意不好,他(大师傅)也轻松,才不管你赚不赚钱呢,他拿固定的工钱巴不得你天天没客人才清闲呢!"

一个很好的项目,因为管理不善而黯然退出市场,尽管被管理者只有一个。俗话说得好,打天下容易,守天下难。之所以难,就是因为难在没有好的经营者和管理者,为其创造和创新可持续发展的方法和资源。所以,一个好的管理者既要有魄力又要有智慧,更要有清晰的发展思路和管理机构。

思考:

1.企业管理的概念是什么?

2.汽车维修企业组织机构的功能及设置原则是什么?为什么采用扁平化管理?

3.优秀的企业管理者应该具备哪些素质?

(一)企业管理机构设置的基本原则

企业,一般是指以盈利为目的,运用各种生产要素(土地、劳动力、资本、技术和企业家才能等),向市场提供商品或服务,实行自主经营、自负盈亏、独立核算的法人或其他社会经济组织。企业是以利润最大化为首要目标的。

企业管理,是对企业的生产经营活动进行计划、组织、指挥、协调和控制等一系列职能的总称,换句话说,就是企业管理者对企业中的人、财、物、信息和时空,实施统一管辖和治理的全过程。企业管理是企业发展成败的关键。企业规模越大、人员越多、生产工艺或技术越复杂,就越需要先进的企业管理。

财务管理是企业管理的主要内容之一。企业管理大致包含战略管理、营销管理、商战谋略、物资管理、质量管理、成本管理、财务管理、资本运营、人力资源、领导力提升等内容。企业管理既管事也管人，管事靠技术，管人则靠艺术，更靠规章制度。

组织机构在企业管理中是企业为实现既定目标而设定的一种工具。

1.传统企业的组织机构设置工作应该遵循的原则

1）管理跨度原则

管理跨度指一个领导者直接指挥下级的数目。管理跨度原则要求一个领导人要有一个适当的管理跨度。管理跨度与管理层次成反比关系。管理跨度大，管理层次就少；反之，管理跨度小，管理层次就大。

如组织最底层需要16人时，如果管理跨度为2，则需要4个管理层次；如果管理跨度为4，则需要2个管理层次。管理跨度大小间接影响各级干部的数量，但不是说管理跨度越大越好，因为管理跨度大，上级主管需要协调的工作量就大。

2）精简高效原则

精简高效原则是组织设计的最重要原则。机构精简、人员精干，才能实现高效率，同时实现管理成本的下降。部门绝不是越多越好，应以层级简洁、管理高效为原则。部门过多则效率低下，过少则残缺不全。

3）逐级管理原则

逐级管理原则是指上级对下级可以越级检查，但不可以越级指挥；下级对上级可以越级申诉，但不可以越级报告。

4）逐级负责原则

所谓逐级负责原则包含三层意思：首先是必须一级管理一级，各个管理层次有各个管理层次的工作和职责，各施其责，各尽其职，而不是越级管理，更不是一竿子插到底，责任不明。其次是必须一级管住一级，要保证政令畅通，做到有令就行，有禁就止，绝不允许各行其是。最后是必须一级对一级负责，把责任和压力落实到各级管理者身上，使各级管理者的责任和压力变成抓工作、抓落实的内在动力。逐级负责原则也是下级对上级负责并要有责任心，上级对下级的管理要严格，上级要为下级解决企业管理等方面的问题创造条件，使企业管理形成闭环，使企业管理始终处于受控状态。

这种层级结构运作起来费时费力，已经不再适应现代企业的多元化、快节奏，随之取代的是扁平化管理。

2.扁平化管理

扁平化管理是通过减少行政管理层次，裁减冗余人员，从而建立一种紧凑、干练的扁平化组织结构。扁平化管理是企业为解决层级结构的组织形式在现代环境下面临的难题而实施的一种管理模式。当企业规模扩大时，原来的有效办法是增加管理层次，而现在的有效办法是增加管理幅度。当管理层次减少而管理幅度增加时，金字塔状的组织形式就被"压缩"成扁平状的组织形式。

扁平化组织结构的优点是,有利于缩短上下级距离,密切上下级关系,信息纵向流通快,管理费用低,而且管理幅度较大,被管理者有较大的自主性、积极性和满足感。

扁平化管理有以下几个优点:

①信息传递速度快、失真少。

②便于高层领导了解基层情况。

③主管人员与下属能够结成较大的集体,有利于解决较复杂的问题。

④主管人员工作负担重,更乐于让下级享有更充分的职权。

扁平化组织结构的缺点:

①主管人员的管理幅度大,负荷重,精力分散,难以对下级进行深入具体的管理。

②对主管人员的素质要求高,而且管理幅度越大,要求就越严格、越全面。当缺乏这样的主管时,只得配备副职从旁协作。这样,正副职的职责不易划清,还可能产生种种不协调的现象。

③主管人员与下属结成较大的集体,随着集体规模的扩大,取得一致意见就会变得更加困难。

企业为什么要实行扁平化管理?一是分权管理成为一种普遍趋势,在分权的管理体制之下,各层级之间的联系相对减少,各基层组织之间相对独立,扁平化的组织形式能够有效运作。二是企业快速适应市场变化的需要。传统的组织形式难以适应快速变化的市场环境,为了不被淘汰,就必须实行扁平化管理。三是现代信息技术的发展,特别是计算机管理信息系统的出现,使传统的管理幅度理论不再有效。在传统管理幅度理论中,制约管理幅度增加的关键,是无法处理管理幅度增加后指数化增长的信息量和复杂的人际关系,而这些问题在计算机强大的信息处理能力面前迎刃而解,如图1.1所示。

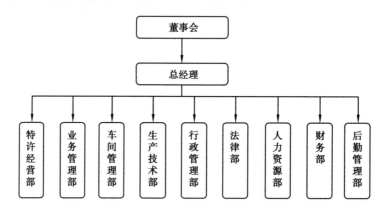

图1.1 组织结构扁平化管理示意图

(二)汽车维修企业的管理机构设置

1.汽车维修企业的组织机构设计

现代企业按照财产的组织形式和所承担的法律责任不同,通常可分为三类:

（1）独资企业

独资企业，即为个人出资经营、归个人所有和控制、由个人承担经营风险和享有全部经营收益的企业。以独资经营方式经营的企业有无限的经济责任，破产时借方可以扣留业主的个人财产，是古老、简单的一种企业组织形式。

（2）合伙企业

合伙企业是指由各合伙人订立合伙协议，共同出资、共同经营、共享收益、共担风险，并对企业债务承担无限连带责任的营利性组织。合伙企业分为普通合伙企业和有限合伙企业。合伙企业一般无法人资格，不缴纳所得税、个人所得税。其类型有普通合伙企业和有限合伙企业，其中普通合伙企业又包含特殊的普通合伙企业。

国有独资公司、国有企业、上市公司以及公益性事业单位、社会团体不得成为普通合伙人。

（3）公司制企业

公司制企业又叫股份制企业，是指由 1 个以上投资人（自然人或法人）依法出资组建，有独立法人财产，自主经营、自负盈亏的法人企业。其主要形式为有限责任公司和股份有限公司，投资者可受到有限责任保护。

汽车维修企业通常采用公司制形式组建。

2.汽车维修企业股份制公司的董事会机构

汽车维修企业股份制公司是指 3 人或 3 人以上（至少 3 人）的利益主体，以集股经营的方式自愿结合的一种企业组织形式。它是适应社会化大生产和市场经济发展需要、实现所有权与经营权相对分离、利于强化企业经营管理职能的一种企业组织形式。股份制企业的特征主要有以下几个：

①发行股票。股票作为股东入股的凭证，股东一方面借以取得股息，另一方面参与企业的经营管理。

②建立企业内部组织结构。股东代表大会是股份制企业的最高权力机构，董事会是最高权力机构的常设机构，由总经理主持日常的生产经营活动。

③具有风险承担责任。股份制企业的所有权收益分散化，经营风险也随之由众多的股东共同分担。

④具有较强的动力机制。众多的股东都从利益上关心企业资产的运行状况，从而使企业的重大决策趋于优化，使企业发展能够建立在利益机制的基础上。

由股东大会选举产生股份公司董事会负责处理公司各种重大经营管理事项（如聘任、考核和评价经营者等），如图 1.2 所示。

3.汽车维修企业优秀的总经理应该具有的素质

总经理，传统意义上是一个公司的最高领导人或该公司的创始人。在一般的中小企业中，总经理通常就是整个组织里职务最高的管理者与负责人。而在规模较大的组织里（如跨国企业），总经理所扮演的角色通常是旗下某个事业体或分支机构的最高负责人。总经理是

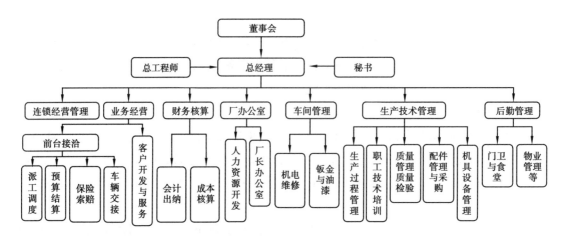

图1.2　某汽车维修企业股份有限公司组织结构图

一个公司发展的带头人,需要对企业的发展负有最高责任,拥有日常经营管理的最高权限。汽车维修企业的生存与发展,总经理起主要作用,汽车维修企业的经营决策是否正确,直接影响着企业的生存与发展。

总经理一般要履行三大职责:第一,为公司的未来发展设定战略目标和发展方向。第二,确定合适的人才是否被安置到合适的位置,考虑目前状况的同时应考虑未来的需求和变化。第三,查证公司各阶层的每一个人,对预先设定的目标与期望是否确已达成。成为一名称职、受人拥戴的总经理既是自己追求的目标,又是每位公司员工的梦想。优秀的总经理不仅能在自己的职位上充分运用能力和权力,出色地完成工作任务,而且能凭借自身的素质在员工中建立他人所无法拥有的威信。

美国普林斯顿大学莫斯顿教授提出,优秀的总经理应该具有以下素质:

①合作精神。愿与他人一起工作,能赢得人们的拥戴,对其他领导成员、下级能进行说服,使他们同心协力进行工作。

②决策才能。依据事实而非依据主观想象进行决策,即能在几个方案中选择一个较佳方案,具有高瞻远瞩的能力。

③组织能力。能发挥部属的才能,善于组织人力、物力、财力。

④精于授权。能大权独揽,小权分散;能抓住大事,而把小事分给部属。通过授权,使员工的职责和权限相匹配,使员工的能力在实际的工作中得到提高。

⑤勇于负责。对上级、下级、产品用户及整个社会抱有高度责任心。

⑥善于应变。权宜通达,机动灵活,不抱残守缺,不墨守成规。

⑦敢于求新。对新事物、新环境、新观念有敏锐的感受能力。在工作中不断提出新想法、措施和工作方法,有旺盛的进取精神、创新精神和创新能力。

⑧敢担风险。对企业发展中产生的风险敢于承担,有创造企业新局面的雄心和信心。

⑨尊重他人。重视采纳他人意见,不武断狂妄。

⑩品德超人。与人为善,以诚待人,光明磊落,严于律己,待人宽厚。

4.成功领导者的境界

领导是一种另类的影响力,是领导者为实现组织目标而运用权力向下属施加影响力的一种行为或行为过程。现代管理学之父彼得·德鲁克认为,"领导是一项工作",一项需要脚踏实地,既不浪漫也不稀奇的、无趣的工作。领导者必须承担责任,并协助属下做正确的事,以言行一致、树立典范为要求,作出重大的贡献,才能赢得部下的忠诚和追随,实现组织的使命与愿景。身为汽车维修企业的领导者,其重要的职责应该是使投资方满意、员工满意、客户满意和社会满意。

优秀的管理者,不一定自己能力有多强,只要懂信任、懂放权、懂珍惜、懂管理并团结自己的下级,就能更好地利用在某些方面比自己强的人,从而提升自身的价值。相反许多能力非常强的人却因为要求太多,事必躬亲,过于自负,最后只能做最好的公关人员、销售代表,却成不了优秀的领导人。

一个优秀的管理人员,不在于你多么会做具体的事务,因为一个人的力量毕竟是有限的,只有发动集体的力量才能战无不胜、攻无不克。管理人员尤其要注重加强培养自己驾驭人才的能力,知人善任,了解什么时候、什么力量是自己可以利用,能助自己取得成功的。能四两拨千斤才是聪明人,聪明的人总会利用别人的力量获得成功。领导者最大的本事就是发动别人做事。

优秀领导者的最高境界应是用人不疑、疑人不用,同时,也会给下属留有余地,要给他既有发挥自己潜能的工作平台,又有机会不断进步,从而更多、更好地为企业作贡献。

领导艺术的最高境界就是无为而治,也就是不用领导,让部下自己领导自己。《道德经》中说,领导有四个层次:第一个层次是最低层次,就是百姓污辱他;第二个层次是百姓怕他;第三个层次是百姓赞扬他;第四个层次是最高境界,就是老百姓安居乐业做事,忘了领导的存在了。把这四个层次用在企业上也一样,最高境界就是,部下都在安居乐业做事,老板在不在已经不重要了。

换句话说,就是领导者应懂得让员工去作决策,然后让他们去负责——自己决定的事,出问题了自己负责,自己想办法补救,直到成功实施决策。这样,大家做事认真负责,老板就相对轻松。优秀的汽车维修企业管理者就是让员工心甘情愿地发挥自己的潜能,为企业作贡献。

[阅读案例]

3 个小故事

伯利恒钢铁公司总经理西伯韦,为了改变公司效率低下的状况,向艾维·莱德拜特·李提出买一套思维对策的要求,以便能在较短的时间里做完较多的工作。莱德拜特·李说:"好! 我 10 分钟之内教你一套至少可以提高工作效率50%的方法。"

他给了西伯韦一张纸之后接着说:"把你明天必须做的重要工作记下来,按重要程度依次编上号码。早上一上班,马上从第一项工作做起,直到做完为止;再检查一下安排的次序,然后开始做第二项工作。如果有一项工作需要做一整天,也没有关系,只要是最重要的一项工作,就要坚持做下去。如果你不建立某种制度,恐怕自己也搞不清楚哪项工作是最重要的工作。请你把这个办法作为每个工作日的习惯做法,你自己这样做了之后,让你公司里的人也照样做。你愿意试多长时间都行,然后送张支票给我。你认为这个办法值多少钱,就给我多少钱。"

西伯韦实行此办法一段时间之后,认为这个办法很有用,于是填了一张 25 000 美元的支票送给李。后来西伯韦坚持使用这个办法,在短短 5 年的时间里,伯利恒钢铁公司发展成世界上最大的钢铁生产企业之一,多赚了几亿美元。西伯韦成了世界著名的钢铁巨头。

后来,西伯韦的朋友问他,为什么给这样一个简单的点子支付这样高的报酬? 西伯韦提醒他的朋友注意:这是他学过的各种办法最有益的一种,这是公司多年来最有价值的一笔投资。

前英国首相撒切尔夫人,对抓住重点也有深刻而简洁的见解。有人问她:"在日理万机的情况下还能照顾好家庭,你的秘诀是什么?"她答复说:"把要做的事情按轻重缓急一条一条列下来,积极行动,做好之后,再一条一条删下去就成了!"

在课堂上,管理学教授拿出一个广口瓶,将一堆鸽子蛋大小的石头一块一块地放进去,直到装不下为止。然后问大家:"瓶子装满了吗?"

大家回答说:"满了。"

教授又拿出一小桶黄豆大小的小石子,一边往瓶子里装石子一边摇晃瓶子,小石子从大石头之间的缝隙中都挤进去了。教授又问:"瓶子满了吗?"

这次大家提高了警惕,有的说:"瓶子可能没有满吧?"

教授这时又拿出一小桶细沙子,边倒沙子边摇晃瓶子,细沙全填进大小石头之间的缝隙中。教授又问:"瓶子满了吗?"

这次大家齐声回答说:"没有满。"

教授笑着说:"很好。"说着又拿出一小桶水倒进瓶子里,直到水从瓶口溢出为止。

教授又问大家:"这个实验说明了什么?"

多数人回答说:"说明不管你的计划安排得多么满,只要再努一把力就可以多塞些东西。"

教授说:"你们的回答不是完全没有道理,但不是我要表述的。这个实验告诉我们:如果首先不把大石头放进瓶子里,瓶子的空间被其他小东西占满以后,再努力你也放不进去大石头了! 你生活中的'大石头'是什么呢? 不管是什么时候,请记住,一定首先放进'大石头',就是说一定要首先做好最重要的工作。"

以上故事告诉我们,汽车维修企业管理首先要抓住重点,这是至关重要的。

三、汽车维修企业的危机预防与处理

[案例导入]

扁鹊的医术

魏文王问名医扁鹊说:"你们家兄弟三人,都精于医术,到底哪一位医术最好呢?"扁鹊答:"长兄最好,中兄次之,我最差。"文王再问:"那么为什么你最出名呢?"扁鹊答:"长兄治病,是治病于病情发作之前,因为人们不知道他事先能铲除病因,所以他的名气无法传出去;中兄治病,是治病于病情初起时,人们以为他只能治轻微的小病,所以他的名气只及本乡里;而我是治病于病情严重之时,人们都看到我在经脉上穿针管放血、在皮肤上敷药等大手术,就以为我的医术高明,名气因此响遍全国。"

事后控制不如事中控制,事中控制不如事前控制,可惜大多数汽车维修企业经营者均未能体会到这一点,等到错误决策造成重大损失才寻求弥补,而往往是即使请来了名气很大的"空降兵",结果也于事无补。

思考:

1.企业危机的基本特点有哪些? 如何防范危机?

2.汽车维修企业面临危机时应该如何处理?

(一)汽车维修企业危机产生的背景

中国经济迅速增长所带来的巨大市场机会,给企业发展带来了巨大的空间。同时,伴随着市场竞争的日益激烈,任何企业都处于风云莫测的环境中,汽车维修企业也不例外。在汽车维修企业的经营发展过程中,随时都可能遭遇各种危机,要面对来自企业内部及外部方方面面的各类突发事件,企业要想避免危机所带来的严重损害和威胁,将危机转化为机遇,就要未雨绸缪。企业要有组织、有计划地学习、制订和实施一系列管理措施和应变策略,包括危机的规避、危机的控制、危机的解决与危机解决后的复兴等。

企业危机是指使企业遭受严重损失或面临严重损失威胁的突发事件。这种突发事件在很短时间内波及很广的社会层面,对企业或品牌会产生恶劣影响,如"3.15 曝光""媒体曝光""行业监管部门封门""客户当众砸车""车辆自燃""尾气造假丑闻""车辆失控事故""小病大修""虚假维修"等事件。

汽车企业危机的基本特点:

1.意外性

危机发生的具体时间、实际规模、具体态势和影响深度是始料未及的。

2.聚焦性

进入信息时代后,企业危机的信息传播比危机本身发展要快得多,媒体对危机来说,就像大火借了东风一样。突发事件会受到社会高度关注。

3.破坏性

危机常具有"出其不意,攻其不备"的特点,不论什么性质和规模的危机,都会不同程度地给企业造成破坏与损失,以及混乱和恐慌,总会轻重不同地影响和波及企业的生产经营活动,威胁企业的既定目标,最为严重的会导致企业破产。有些危机可以用"毁于一旦"来形容。而且决策的时间以及信息有限,会导致决策失误,从而会给企业带来无可估量的损失。

4.紧迫性

对企业来说,危机一旦爆发,其破坏性就会被迅速释放,并呈快速蔓延之势,如果不能及时控制,危机就会急剧恶化,使企业遭受更大的损失,可供作出正确决策的时间有限。

其实,危机事件是危险与机会的统一体,当企业陷入危机事件的同时,也蕴含了机会。危机管理的要点就在于把风险转化为机会。企业可以通过有效的危机处理,利用危机事件带来的反弹机会,使企业在危机事件过后树立起更优秀的形象,唤起消费者更大的关注。越是在危机的关键时刻,就越能彰显一个优秀企业的整体素质和综合实力。

当汽车维修企业面临各种危机时,不同的危机处理方式将会给企业带来截然不同的结果。成功的危机处理不仅能将企业所面临的危机化解,而且还能够通过危机处理过程中的种种措施增加外界对企业的了解,还能够利用这种机会重塑企业的良好形象,即所谓因祸得福,化危为机。

一个负责任的企业管理者必须具备良好的生存心态,不能因为发生危机事件就退缩、就倒下,这也是企业成熟的表现。企业管理者无论是否犯错,都需要一个正确的心态,增加透明度,向公众做坦诚的解释。人们会对敢于认错、知错就改、勇于负责的企业行为叫好。

(二)汽车维修企业的危机管理

在西方国家的教科书中,通常把危机管理(Crisis Management)称为危机沟通管理(Crisis Communication Management),原因在于,加强信息的披露与公众的沟通,争取公众的谅解与支持是危机管理的基本对策。

危机管理是企业为应对各种危机情境所进行的规划决策、动态调整、化解处理及员工培训等活动过程,其目的在于消除或降低危机所带来的威胁和损失。通常可将危机管理分为两大部分:危机爆发前的预计、预防管理和危机爆发后的应急善后管理。

汽车维修企业的危机管理,就是指当企业面临与社会大众或顾客有密切关系且后果严重的重大事故,而为了应付危机的出现在企业内预先建立防范和处理这些重大事故的体制和措施。换句话说,任何防止危机发生的措施、任何消除危机产生的风险的努力,都是危机管理。

普林斯顿大学的诺曼·R.奥古斯丁教授认为,每一次危机本身既包含导致失败的根源,也孕育着成功的种子。发现、培育,以便收获这个潜在的成功机会,就是危机管理的精髓。而习惯于错误地估计形势,并使事态进一步恶化,则是不良的危机管理的典型。简言之,如果处理得当,危机完全可以演变为"契机"。

危机管理要在偶然性中发现必然性,在危机中发现有利因素,把握危机发生的规律性,掌握处理危机的方法与艺术,尽力避免危机所造成的危害和损失,并且能够缓解矛盾,变害为利,推动企业的健康发展。

[阅读案例]

蝴蝶效应——管理学经典定律

20世纪60年代,美国一个名叫洛伦茨的气象学家在解释空气系统理论时说,亚马孙雨林一只蝴蝶的翅膀偶尔振动,也许两周后就会引起美国得克萨斯州的一场龙卷风,这就是蝴蝶效应。

蝴蝶效应是说,初始条件十分微小的变化经过不断放大,会引起未来状态发生极其巨大的变化。有些小事经系统放大,会对一个组织、一个企业甚至一个国家产生很大影响。

如今的汽车维修企业,其命运同样受"蝴蝶效应"的影响。顾客越来越相信感觉,汽车服务品牌、服务环境、服务态度、服务质量这些无形的价值都会成为他们选择的因素。只要稍加留意,就不难看到,一些管理规范、运作良好的公司在其经营理念中经常出现下列句子。

"在你的统计中,在100位客户里,只有一位客户对你的服务不满意,你可骄傲地称:我们只有1%的不合格。但对该客户而言,他得到的却是100%的不满意。"

"你一朝对客户不善,公司就需要10倍甚至更多的努力去补救。"

"在客户眼里,你代表公司。"

开放式的竞争让企业不得不考虑各种影响其发展的潜在因素。谁能捕捉到对生命有益的"蝴蝶",谁就能获得成功的青睐。

如何进行科学的危机管理呢?法国管理理论学家亨利·费尧曾说过,管理不是一个点,而是一条线,是相互联系的运动过程。危机管理也是这样,它的过程是消除企业危机因素的系列活动,主要包括三个过程,即危机防范、危机处理和危机总结。

(三)汽车维修企业危机管理的内容

危机管理是企业在探讨危机发生规律,总结处理危机经验的基础上形成的新型管理范畴,是企业对危机处理的深化和对危机的超前反映。危机管理要有危机意识,要有"先见之明"。国家也好,企业也好,家庭也好,其实风险无时不在、无处不在。作为决策者必须时刻牢记"祸兮福所倚,福兮祸所伏"的道理,越是形势好,就越要保持清醒的头脑,越要警惕风险隐患。企业危机管理的内容包括在危机出现前的预测与管理、危机中的应急处理以及危机的善后工作。在我国,危机管理具有特殊性。

1.危机前的预防

危机管理的重点在于预防危机,正所谓"冰冻三尺非一日之寒",几乎每次危机的发生都有预兆性。如果企业管理人员有敏锐的洞察力,能根据日常收集到的各方面信息,对可能面临的危机进行预测,及时做好预警工作,并采取有效的防范措施,就完全可以避免危机发生或把危机造成的损害和影响减少。出色的危机预防管理不仅能够预测可能发生的危机情境,积

极采取预控措施,而且能为可能发生的危机做好准备,拟订计划,从而从容地应付危机。危机预防要注意以下几个方面问题:

(1)树立正确的危机意识

要"生于忧患,死于安乐";要"居安思危,未雨绸缪"。这是危机管理理念之所在。预防危机要伴随着企业经营和发展长期坚持不懈,把危机管理当作一种临时性措施和权宜之计的做法是不可取的。在企业生产经营中,要重视与公众沟通,与社会各界保持良好关系。同时,企业内部要沟通顺畅,消除危机隐患。企业的全体员工,从高层管理者到一般员工,都应居安思危,将危机预防作为日常工作的组成部分。全员的危机意识能提高企业抵御危机的能力,有效地防止危机产生。

(2)建立危机预警系统

现代企业是与外界环境有密切联系的开放系统,不是孤立封闭的体系。预防危机必须建立高度灵敏准确的危机预警系统,随时收集产品的反馈信息,一旦出现问题,立即跟踪调查,加以解决。企业要及时掌握政策决策信息,研究和调整企业的发展战略和经营方针;要准确了解企业产品和服务在用户心目中的形象,分析掌握公众对本企业的组织机构、管理水平、人员素质和服务的评价,从而发现公众对企业的态度及变化趋势。企业还要认真研究竞争对手的现状、实力、潜力、策略和发展趋势,经常进行优劣对比,做到知己知彼;要重视收集和分析企业内部的信息,进行自我诊断和评价,找出薄弱环节,采取相应措施。

(3)成立危机管理小组,制订危机处理计划

成立危机管理小组,是顺利处理危机、协调各方面关系的组织保障。危机管理小组的成员应尽可能选择熟知企业和本行业内外部环境,有较高职位的公关、生产、人事、销售等部门的管理人员和专业人士参加。他们应具有富于创新、善于沟通、严谨细致、处乱不惊、亲和力等素质,以便于总览全局,迅速作出决策。小组的领导人不一定非公司总裁担任不可,但必须在公司内部有影响力,能够有效控制和推动小组工作。危机管理小组要根据危机发生的可能性,制订出防范和处理危机的计划,包括主导计划和不同管理层次的部门行动计划两部分内容。危机处理计划可以使企业各级管理人员做到心中有数,一旦发生危机,可以根据危机处理计划从容决策和行动,掌握主动权,对危机迅速做出反应。

(4)进行危机管理的模拟训练

企业应根据危机应变计划进行定期的模拟训练,模拟训练应包括心理训练、危机处理知识培训和危机处理基本功演练等内容。定期模拟训练不仅可以提高危机管理小组的快速反应能力,强化其危机管理意识,还可以检测已拟订的危机应变计划是否切实可行。

(5)广交朋友

运用公关手段来建设和维系公众关系,以获得更多支持者。

2.危机中的应急处理

危机事件处理时往往时间紧,影响面大,处理难度大。因此,危机处理过程中要注意以下事项:

①沉着镇静。危机发生后,当事人要保持镇静,采取有效的措施隔离危机,不让事态继续蔓延,并迅速找出危机发生的原因。

②策略得当。策略得当就是选择适当的危机处理策略。危机处理的主要策略包括以下6条:

a.危机中止策略。企业要根据危机发展的趋势,审时度势,主动中止、承担某种危机损失,例如关闭亏损工厂、部门,停止生产滞销产品。

b.危机隔离策略。危机发生往往具有关联效应,一种危机处理不当,就会引发另一种危机。当某一危机产生之后,企业应迅速采取措施,切断危机同企业其他经营领域的联系,及时将爆发的危机予以隔离,以防扩散。

c.危机利用策略,即在综合考虑危机的危害程度之后,造成有利于企业某方面利益的结果。例如:在市场疲软的情况下,有些企业不是忙着推销、降价,而是着眼于内,利用危机造成的危机感,发动职工提合理化建议,搞技术革新,降低生产成本,开发新产品。

d.危机排除策略,即采取措施,消除危机。消除危机的措施按其性质有工程物理法和员工行为法。工程物理法以物质措施排除危机,如投建新工厂、购置新设备、改变生产经营方向、提高生产效益。员工行为法是通过公司文化、行为规范来提高员工士气,激发其创造性。

e.危机分担策略,即将危机承受主体由企业单一承受变为由多个主体共同承受,如采用合资经营、合作经营、发行股票等办法,由合作者和股东来分担企业危机。

f.避强就弱策略。因危机损害程度强弱有别,在危机一时不能根除的情况下,要选择危机损害小的策略。

③应变迅速。以最快的速度启动危机应变计划,应刻不容缓,果断行动,力求在危机损害扩大之前控制住危机。如果初期反应滞后,就会造成危机蔓延和扩大。

④着眼长远。在危机处理中,企业应更多地关注公众和消费者的利益,关注公司的长远利益,而不只是短期利益,应设身处地的、尽量为受到危机影响的公众减少或弥补损失,维护企业良好的公众形象。

⑤信息通畅。建立有效的信息传播系统,做好危机发生后的传播沟通工作,争取新闻界的理解与合作,这也是妥善处理危机的关键环节。其主要应做好以下工作:一是掌握宣传报道的主动权,通过召开新闻发布会以及使用互联网等多种媒介,向社会公众和其他利益相关人及时、具体、准确地告知危机发生的时间、地点、原因、现状、公司的应对措施等相关的和可以公开的信息,以避免小道消息满天飞和谣言四起而引起的误导和恐慌。二是统一信息传播的口径,对技术性、专业性较强的问题,在传播中尽量使用清晰和不产生歧义的语言,以避免出现猜忌和流言。三是设立 24 小时开通的危机处理信息中心,随时接受媒体和公众访问。四是要慎重选择新闻发言人。正式发言人一般可以安排主要负责人担任,他们能够准确回答有关企业危机的各方面情况。如果危机涉及技术问题,就应当由分管技术的负责人来回答;如果涉及法律,那么企业法律顾问可能就是最好的发言人。新闻发言人应遵循公开、坦诚、负责的原则,以低姿态、富有同情心和亲和力的态度来表达歉意,表明立场,说明公司的应对措

施,对不清楚的问题应主动表示会尽早提供答案,对无法提供的信息应礼貌地表示无法告之并说明原因。

⑥要善于利用权威机构在公众心目中的良好形象。为增强公众对企业的信赖感,可邀请权威机构(如政府主管部门、质检部门、公关公司)和新闻媒体参与调查和处理危机。

危机处理是一个综合性、多极性的复杂问题,汽车维修企业在进行危机处理时,其团队成员必须具有以下基本素质:头脑冷静、反应敏捷、意志坚强、大方自信;专业出色、善于沟通、思维全面、进退有度;客观公正、仪表端庄、精力充沛、身体健康。

汽车维修企业在危机处理中应遵循"留有余地"原则,说话办事留下可以回旋的地方不至于把自己逼得走投无路。危机处理包括三个要点:一是领导人不能担任新闻发言人;二是话不能说得太死;三是不能轻易承诺。

3.危机总结

危机总结是整个危机管理的最后环节。危机所造成的巨大损失会给企业带来必要的教训,对危机管理进行认真系统的总结就十分有必要。危机总结可分为3个步骤:

(1)调查,指对危机发生的原因和相关预防处理的全部措施进行系统调查。

(2)评价,指对危机管理工作进行全面评价,包括对预警系统的组织和工作内容,危机应变计划、危机决策和处理等各方面的评价,要详尽地列出危机管理工作中存在的各种问题。

(3)整改,指对危机管理中存在的各种问题综合归类,分别提出整改措施,并责成有关部门逐项落实。

[企业危机管理案例1]

丰田汽车召回门

2012 年 10 月 10 日,丰田汽车公司向日本国土交通省提交报告称,因电动车窗的开关存在缺陷,将召回小型车"威姿(VITZ)"等 6 款车型共约 46 万辆汽车,包括海外市场在内,全球召回丰田汽车数量将达 743 万辆,创迄今为止最多纪录。此次召回的车辆包括丰田在中国市场的所有主力车型。丰田汽车公司宣称,大规模召回车辆的原因是同一供应商供应给两家企业的零部件出现缺陷,广汽丰田和天津一汽丰田承诺将对召回范围内的车辆免费更换电动车窗主控开关缺陷的零部件,以消除安全隐患。

部分消费者怀疑丰田汽车公司召回车辆的原因。他们认为成本敏感的丰田不会为了这样一个很小很鸡肋的原因付出如此大的代价,应当是产品本身出了更大更严重的问题。简而言之,消费者的知情权被忽略了。

众多汽车产业专家则开始怀疑丰田的质量是否依旧坚韧。有关人士指出,丰田汽车连续大规模被召回与它的零件通用化战略、捆绑式管理模式有关。更有专家指出,丰田汽车质量的下降,与其产量快速膨胀、忽视科学管理有直接的关系。

事实上,丰田汽车公司这几年连续召回车辆已经大大触动全球消费者的神经,尤其当丰田汽车引以为傲的雷克萨斯也发生召回时,有关丰田汽车质量的神话广遭质疑。在一系列对外解释中,丰田汽车竭力否认质量问题与其成本之间的关系,其相关高管在一次道歉之后,不得不进行下一次道歉。2009年前10个月,丰田汽车公司已在全球召回了9次有问题汽车,涉及车辆达625万余辆。

天津一汽丰田在提交给质检总局的召回报告中披露,此次召回的原因与美国召回的情况相同,车辆因油门踏板的踏板臂和摩擦杆的滑动面经过长时间使用,在低温的条件下使用暖风(A/C除外)时,在滑动面发生结露,使摩擦增大,使用油门踏板时有阻滞,可能影响车辆的加减速。在极端情况下,油门踏板松开时会发生卡滞,车辆不能及时减速,影响行车安全。

自20世纪70年代以来,日本汽车业一向以高技术含量和高品质在全世界享有盛誉,其品牌号召力这一最大财富目前正在因丰田"召回门"而遭受重创,如果处理不当,丰田甚至是整个日本汽车业有可能会就此失去优势。就这次丰田所面对的"召回"危机而言,其危机应对措施违背了危机管理中的6大基本原则:

①事先预测原则。因丰田公司事前对此次"召回"危机的演变和发展预料不足,危机发生的时候事态迅速恶化。

②迅速反应原则。产品质量问题浮出水面之后决策者反应迟缓,特别是公司高层在迫不得已的情况下才被迫面对而坐失危机之初的应对良机。

③尊重事实原则。在普锐斯出现刹车失灵问题时,丰田公司的解释与现实差距很大,无法令人信服,犯错并不可怕,可怕是犯错了却不敢承认。

④承担责任原则。危机之初的丰田公司漠视消费者的安全而一味推卸责任,在美国听证会和丰田章男来华道歉之前,消费者没有感受到丰田公司的诚意,使其历经数十年积累的信誉度一落千丈,几乎毁于一旦。

⑤坦诚沟通原则。丰田公司在发现问题后企图隐瞒事实,态度前倨后恭,妄图通过狡辩以推卸责任,其表现出的社会责任感和伦理的缺失严重毒化了危机处理的氛围和环境,使得危机处理过程失控。

⑥灵活变通原则。正是丰田公司对这次危机处理不当,导致危机本身的升级和转化,从产品质量危机转变为品牌危机,从丰田公司的危机转变为殃及日本汽车业甚至整个日本制造业的信誉危机。

案例启示:危机对任何一家企业来说都是重大的考验。面对危机,每一家企业管理者都面临着风险的决策:决策得当可以控制住危机之火蔓延,决策失误可能给企业带来严重的后果。当危机来临之时,如何冷静分析形势,权衡各方利益格局,从而在复杂的利益与情感的博弈中作出最正确的决断,这正是每一位企业管理者都必须培养的关键管理能力。

我国汽车维修企业应重视企业危机管理,从管理体制着手、从专业人才配置着手,让企业远离危机的困扰。我国汽车维修企业也只有步入危机管理发展的前列,才能抵御风险,做强、做大企业才能在汽车维修企业市场上做出知名的中国汽车品牌。

[成功危机管理案例 2]

美国强生公司泰诺药片中毒事件

1982 年，美国强生公司因泰诺中毒事件陷入危机中，然而经过强生公司的努力，成功的危机公关，化危为机，重新占领市场，成为危机管理历史上著名的公关案例。

1982 年 9 月 29 至 30 日，在美国芝加哥地区发生了有人服用含氰化物的强生公司生产的"泰诺"药而中毒死亡的严重事故。最初，仅有 3 人因服用该药物中毒死亡。但是随着信息的扩散，据称全美各地已有 250 人因服用该药物而得病或死亡。这些消息的传播引起全美 1 亿多服用"泰诺"胶囊的消费者的极大恐慌，造成公司的形象一落千丈、名誉扫地，医院、药店纷纷把它扫地出门。民意测验表明，94% 的服药者表示今后不再服用此药。面对新闻界的群体围攻和别有用心者的大肆渲染，"泰诺"药物中毒事件一下子成了全国性的事件，强生公司面临一场生死存亡的巨大危机。

此事件发生之后，在首席执行官吉姆·博克(Jim Burke)的领导下，强生公司采取了一系列快速而有效的措施。强生公司高层经过紧急磋商，认为这件事情非常严重，不仅影响强生公司在众多消费者中的信誉，更为严重的是消费者的生命安全受到了威胁。强生公司立即抽调了大批人马对所有药物进行了检查，经过公司各部门的联合调查，在全部 800 万片药物的检验中，发现所有受污染的药片只源于一批药，总计不超过 75 片；最终死亡人数也确定为 7 人，并且全部在芝加哥地区，不会对全美其他地区有丝毫影响。为向社会负责，公司还是将预警消息通过媒体发向全国，随后调查表明，全国 94% 的消费者知道了有关情况。后来警方查证为有人刻意陷害。不久后，对胶囊投毒的人被拘捕。至此，危机事态已完全得到控制。但善于"借势"的强生公司并没有将产品马上投入市场，而是推出了三层密封包装的瓶装产品从而排除了药品再次被下毒的可能性，并同时将事态的全过程向公众发布。同时，强生公司再次通过媒体感谢美国人民对"泰诺"的支持，并发送优惠券。这一系列有效的措施，使泰诺再一次在市场上崛起，仅用 5 个月的时间就夺回了原市场份额的 70%。就这样，强生公司走出了危机，摆脱了困境。

强生这样的大公司能在短时间内迅速返回市场，被认为是一个奇迹，尤其是他们在企业危机公关时所表现出的镇定自若，被企业界和新闻界传为佳话。

强生公司得以摆脱"泰诺"危机的原因固然是多方面的，但及时准确的公关决策是妥善处理危机的关键。首先是鉴于公众的安全，不惜巨资收回药品，并尊重新闻界，主动提供信息，这就赢得了公众和新闻界的谅解；接着，与新闻界通力合作，开展高透明化的宣传活动，树立公司的良好形象。

强生按照公司最高危机方案原则，即"在遇到危机时，公司应首先考虑公众和消费者利益"，使得原本一场"灭顶之灾"竟然奇迹般地为强生迎来了更高的声誉。泰诺危机案例极好地反映了企业文化与危机管理的终极联系。

案例启示:危机处理是考验企业文化的重要时刻,企业必须承担起对社会公民的责任。当企业遇到各种各样甚至是毁灭性的危机时,积极地开展公关活动是摆脱危机的有力武器,它不但可以使企业脱离险境,而且还可以获得更多公众的支持。而最好的公关决策总是同企业的正确经营实践以及对公众利益认真负责的精神联系在一起的。

[复习与思考]

1.汽车维修的概念是什么?

2.汽车维修行业目前存在哪些问题? 如何避免?

3.汽车维修行业特点是什么?

4.企业管理的概念是什么?

5.汽车维修企业组织机构的功能及设置原则是什么? 为什么要采用扁平化管理?

6.优秀的企业管理者应该具备哪些素质?

7.企业危机的基本特点有哪些? 如何防范危机?

8.汽车维修企业面临危机应该如何处理?

模块二 实训操练

实训 资料的收集和分析

一、实训内容

1.优秀的汽车企业管理者应该具备哪些素质?

2.企业危机的基本特点有哪些? 如何防范和处理危机?

二、实训准备

1.授课老师提前布置各小组在企业、网络搜集优秀的汽车企业管理者及企业危机的项目资料。

2.分组开展案例讨论,以 4~5 人为一组。

3.围绕资料提出问题进行初步讨论。

三、实训组织

1.指导老师引导小组布置好课堂讨论。

2.组长组织小组讨论,并记录讨论过程和结果。

3.每个小组整理讨论结果,提炼出核心观点。

4.每组派一名代表上台表达观点。

5.指导老师引导小组进行观点的补充,开展头脑风暴,激发创造新思维。

6.指导老师点评讨论的观点。

四、实训评价

1.本次课老师的评价和组长的评价各占 50%。

2.评价参考

(1)课前准备充分,企业、网络搜集数据翔实,课堂讨论积极、认真。

(2)积极参与活动,团队协作较好。

(3)考虑问题全面,能提出独到的见解。

(4)表达陈述流利,观点合理。

任务二
汽车维修企业的运营战略

知识目标：

1.掌握汽车维修企业运营战略的概念。

2.掌握汽车维修企业运营战略的制定。

3.了解汽车维修企业运营战略的重要性。

能力目标：

1.树立汽车维修企业战略管理的观念。

2.能制定企业运营战略。

模块一 理论指导

[案例导入]

现代汽车公司进军中国市场

1988年以后，韩国汽车的销量每年以大概100万辆的速度增加。1990年是300万辆，1992年是500万辆，1997年突破1 000万辆，平均4.4个韩国人就拥有一辆汽车；到了2004年，达到平均3.2个韩国人拥有一辆汽车的水平。韩国人均汽车拥有量：1978年平均96.1人拥有一辆汽车，1991年10.2人拥有一辆，2000年3.9人，2004年3.2人。因韩国国内汽车的高占有量，国内市场的饱和，韩国国内汽车需求显得相对低迷。自1998年以来，韩国国内需求不旺的局面便一直延续，于是，韩国现代汽车公司决定通过在国外建厂等来实现自身的发展。

韩国汽车成功进入中国市场采取的是本土化战略。第一，创立新的市场营销理念，重视公共关系营销。一方面,重视与中国政府的合作和交流,通过改善两国间的贸易关系促进与中国的合作;另一方面,与中国政府机构合作,改善与地方政府的关系。另外,在市场营销策略方面,韩国汽车很重视在公众中树立产品的良好形象,韩国现代通过采取现在流行的事件营销方式来扩大品牌影响力,即事件营销。第二,精心挑选合作伙伴。韩国现代汽车公司经过深思熟虑之后,选择了北汽作为它打入中国市场的第一个合作伙伴。事实证明,韩国现代汽车公司的这一抉择是正确的。第三,零部件控制的本土化。零部件是整车生产的关键。2005年韩国现代汽车公司在中国设立拥有20万台发动机以及10万台变速器生产能力的变速器生产合资公司,韩国国内的零件厂商也随即进入中国。第四,人才的本土化。人才的本土化有助于了解中国当地市场的消费文化、消费需求和生活习惯,为公司拓展中国地区的业务积累宝贵的经验。北京现代现有员工14 000余人,其中韩籍员工60人,主要担任高级管理人员和技术支持人员,中级管理人员以下都由中国人担任,其本土化程度可见一斑。

2001年11月27日,由东风汽车公司、江苏悦达、韩国现代、韩国起亚四方联合签署的一份合作协议使韩国现代起亚在中国汽车市场的战略推进迈出了登堂入室的一步。在2005年的汽车销量排名中,现代汽车排在了第五名,可见现代汽车在中国市场中已经占据一席之地,在短短三年,现代汽车公司就冲破了种种阻力,实现了跨越式的发展。

一、企业运营战略概述

从以上案例可以发现,在企业发展运行过程中,运营战略的重要性。汽车维修企业的发展同样不能忽略运营战略的重要性。战略是关系企业长期生存和持续成长的重要课题,是每一个企业都面临的客户至上、激烈竞争和不断变化的环境所带来的挑战。

没有战略的企业可能成功于一时,但不可能走向优秀和卓越,更不可能基业长青、百年不倒,战略的重要性可见一斑。战略管理体系图如图2.1所示。

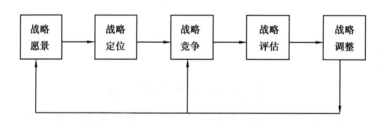

图2.1　战略管理体系图

需要指出的是,任何企业都必须要有战略定位。一般企业、特别是处于创业阶段的企业未必有愿景、有抱负,但必须有定位;搞不清自己是干什么的企业,往往就危在旦夕了。当企业运营具有相当规模,特别是进入行业领先地位时,战略愿景就变得不可或缺,甚至成为当务之急。

企业从事经营活动的目的是通过向社会提供所需的产品或者服务,从而获得和实现企业所追求的商业利益。汽车维修企业的高层管理者,不仅要像战术家一样去完成每一件事,更要有一位战略家的姿态,未卜先知,抢占制高点。

(一)战略概述

战略一词最早是军事方面的概念,后来演变成军事术语,指军事将领指挥军队作战的谋略。在中国,战略一词历史久远,"战"指战争,略指"谋略"。春秋时期孙武的《孙子兵法》早就对战略进行了诠释。

战略究竟是什么呢?

哈佛商学院教授迈克尔·波特认为:战略就是企业通过差异化的一体化经营活动创造持续的、独特的、有价值的竞争优势。它来自企业完整的动态系统。这个系统是由竞争对手、客户、资金、人力、技术和资源适应性的互动过程所构成的。

一般来说,战略就是在竞争条件下,组织发展的方向性、长远性、全局性的谋划和行动。战略有以下3个特点:一是全局性;二是具有长期性;三是具有相对性和层次性。

现今战略已经被广泛应用到汽车行业的各个环节,指的是具有重要的、带有全局性质的运营谋划方案,主要从长久、整体、根本上去观察和思考问题。

战略是实现更好的长期绩效的关键。商业历史表明高绩效的企业经常是主动出击和领先,而不是反应和防备。他们发动侵略性的战略更新改革,操纵对手,保证可持续的竞争优势,然后利用他们的市场利刃达到更优的财务业绩。高成就的企业几乎是机敏管理的产物,而不是偶尔运气好或者好运气的长期有效。

(二)汽车维修引入企业战略的重要性

从2013年以来,随着汽车保有量的增加,中国汽车行业从生产、销售到售后、竞争都发生了急剧的变化。国内的汽车维修企业面临的第一个挑战就是,如何应对不断加剧的市场竞争:客户的消费习惯日趋理性,简单地把企业做大已不再全是优势,昔日的资产可能成为今日的包袱,简单的价格取胜、关系取胜的日子一去不复返。

因此,今后的真正赢家一定是一位全能的"选手",这位全能的"选手"能为企业制作完美的战略至关重要。这意味着,汽车行业商战中,对管理者的综合素质要求提高了。

激烈竞争的结果就是适者生存,不适者淘汰。

企业凭什么生存? 那就是适应市场竞争环境的能力。中国汽车维修企业面临的第二个挑战是,变化成为常态。它表现在以下方面:

①客户需求在不断变化。

②市场变化的步伐在加速。

③行业意想不到的变化在增多。

④电子商务进入了汽车维修行业。

总之,这意味着企业商战中的选手的应变能力提高了。商战的赢家必须是高明的快速反应者。

对于战略,最根本的问题是需要考虑环境和市场的变化。

高层管理人员要有自己的谋划思路。

第一,如何意料变化。

第二,要考虑如何适应变化。战略管理最重要的一个方面就是适应,根据环境的变化作出自己的反应。

第三,考虑在变化中如何求得生存。

如果企业没有自己的发展战略,就好像没有舵的船,它只会在原地打转。在市场变化中,管理者最怕的是自己的思维定式。企业管理者需要有自己新的思路,能提出应变的措施,最终在市场的竞争中脱颖而出。

二、企业运营战略制定

[案例导入]

某上海大众4S店发展战略规划书

一、规则指导思想及原则

以《卓越绩效评价准则》为指导原则,以《卓越绩效评价准则实施指南》为指导思想,坚持以市场为导向,积极拓展目标区域市场,稳定和扩大市场占有率,形成整车销售、维修服务、配件供应、信息反馈"四位一体"的经营格局;通过不断创新和完善,提升员工素质,增强员工和客户的满意度,在业内树立良好的口碑和品牌价值,促进企业持续、稳定、快速、健康发展。

二、企业战略环境分析

(一)企业战略宏观环境分析

1.行业环境

有数据显示,2008年日系车在中国乘用车市场的占有率突破了30%,达到历史顶峰,但随后这一数字便不断下滑。今年上半年,日系车在华市场份额已经降至22.3%。8月,德系车更是凭借23%的市场占有率,第一次反超日系车。

2.政治环境

因中日钓鱼岛领土争端不断升温,触发国内民众的反日情绪,多个城市爆发反日和抵制日货的示威游行,甚至发生日系车和日系车4S店被砸事件。在这种情况下,不仅日系车的销量受到严重冲击,日系品牌的影响力也将在很长一段时间内受挫,颓势或将持续多年。

3.市场环境

首先是中大型轿车市场,也就是业内常说的C级车市场,日系车已经没有机会,德系车还将垄断这一市场。

其次是中高级轿车市场,也就是业内所说的B级车市场,日系车呈节节败退之势,德系车将继续保持领先,美系车、法系车尚有挑战的机会。

(二)企业所处地区行业环境分析

1.现有竞争对手分析(表2.1)

表2.1 现有竞争对手分析表

分类	竞争定位	公司名称	代理品牌	竞争车型
一类	前面	威龙丰田汽车销售服务有限公司	丰田	凯美瑞、锐志
		东风本田汽车驻马店华港特约销售服务店	东风本田	CR-V、思域
		广汽本田驻马店天中店	广汽本田	奥迪赛、雅阁、歌诗图
		驻马店东风日产威浩专营店	东风日产	轩逸、天籁
		驻马店北京现代麒麟4S店	北京现代	赛拉图 伊兰特
		东风标致驻马店鼎泰4S店	东风标致	标致3008
二类	前面	驻马店新希望汽车销售服务有限公司	雪弗兰	科鲁兹
		驻马店铭阳汽车销售服务有限公司	福特	蒙迪欧 福克斯
		驻马店腾达汽车销售服务有限公司	马自达	Mazda2
		驻马店市金裕通汽车销售有限公司	别克	英朗、凯越

2.客户力量分析

(1)消费者购买欲望的现状分析及优化对策

消费者对汽车的购买欲望受到收入水平的影响,这点毋庸置疑。根据马斯洛的需求层次理论,只有人们在获得较低层次的需要满足后,才会产生较高层次需要满足的欲望。对我国消费者而言,按大部分人的收入是买不起轿车的,就算是买得起轿车也用不起。这就使得我国有相当多的消费者买车只能是想想而已。在这种情况下,他们的购车欲望自然不会很强烈。

(2)消费者购买能力的现状分析及优化对策

消费者购买能力最直接的决定因素是收入水平,但收入水平并不是决定消费者有无能力购买汽车的唯一因素。从我国汽车消费者收入水平有限而消费汽车的档次并没有随之降低的情况就可以看出这点。

那么,就目前我国消费者的收入水平,大多数消费者的购买能力会是怎样的呢?通过调查资料分析得出,其中最受广大私车消费者关注的10万元到15万元人民币的轿车接近购买总量的40%。此外,价位在9万元以下的占22%,15万元到22万元的占19%,20万元到30万元的占12%~15%,30万元以上的占8%。这些数据就可大致反映目前我国汽车消费者的购买能力。

3.替代产品分析

(1)新能源汽车的发展现状

相对传统汽车,我国新能源汽车发展也走在了前列,我国电动汽车重大科技专项实施4年来,目前已取得重要进展。燃料电池汽车已经成功开发出性能样车,燃料电池轿车已累计运行4 000 km,燃料电池客车已累计运行8 000 km;纯电动轿车和纯电动客车均已通过国家有关认证试验。中国有成本和市场的优势,新能源汽车有潜力和有可能在世界上取得领导地位。

(2)我国新能源汽车发展的障碍

国内汽车厂商和研究机构虽然对新能源汽车的研发热情高涨,但真正获准上市的车型寥寥无几,目前仍基本停留在样品和展品阶段,距离市场推广和商业化运作仍有很大差距。政策缺失、费税制度改革难行、企业盲目追求短期利益、核心技术遭遇瓶颈问题、人才短缺、制造成本过高等,严重阻碍了我国新能源汽车的发展。

三、企业战略规划的确定

计划在选定的中集华骏工业园区地块上,建成一座具有规模化、标准化与品牌化的"上海大众营业大楼",并将打造成为驻马店市最大的整车销售、维修服务、配件供应、信息反馈"四位一体"为核心的上海大众4S汽车经营公司,并以宽敞明亮的展厅、整洁干净的维修区、现代化的设备和服务管理、高度职业化的气氛、保养良好的服务设施、充足的零配件供应、迅速及时地跟踪服务及认真负责的消费者权益保护等,提升上海大众汽车品牌影响力。

公司将深刻践行"诚信、高效、创新、共赢"的经营理念,以发展上海大众汽车服务品牌为龙头,市场占有率逐年提升,实现汽车销售服务市场最大化,实现股东、经营团队、客户、员工等相关利益者的多赢局面,为社会创造更多的经济价值,并成为上海大众汽车销量、大众品牌服务最佳的经销商。

四、战略实施

(一)人力资源战略

1.建立强有力的营销团队

公司引进营销人才可以采取两种方式:一是从本科院校招聘有潜力的应届毕业生,因为应届毕业生刚出校门,思维活跃,较好引导。企业通过自己培养人才,可以提高员工的忠诚度;二是从竞争对手处引进专业的高级营销管理人才,同时还可以深度了解竞争对手的战略经营情况。作为企业必须要承担一些人才成长储备的成本,才能以备企业将来发展需要。

2.培养一批专业的管理人才

所谓专业就是要有一定的理论支撑为前提,看问题能够站在企业或行业的角度来分析,具有一定的战略高度。目前公司的专业管理人才包括营销类管理人才、人力资源类管理人才、财务类管理人才、业务类管理人才。作为管理层要不断给自己充电,拓宽知识面,才能更好地指导下属的工作开展,适应企业和市场需求。企业要积极鼓动管理层多参加培训班、研讨会、进修等,为员工成长创造良好的企业环境,从而不断提升管理层的综合素质,造就复合型人才。

3.不断提升员工的满意度

企业要想提高客户的满意度,首先要提高员工的满意度,员工的满意度提高了,所反映出来的工作行为必然导致客户满意度的提高。员工满意度的高低,不仅是影响企业业绩的重要因素,也是影响人才是否流动的重要因素。影响员工满意度的主要因素有个人因素、领导水平、工作特性、工作条件、福利待遇、工作报酬和同事关系等,因此企业要不断提升员工的满意度,才能稳定员工队伍,留住优秀的企业人才。

(二)经营管理战略

1.以市场为导向

让所有员工更加接近顾客和贴近市场,为客户提供优于竞争对手的服务,打造企业的核心竞争力。如果公司提供的产品或服务不能满足其需要,客户就会失去购买欲望。这就要求我们要聚焦客户的需求、关注客户需求,提出有创新的解决办法来满足客户需求。

2.不断提升服务的标准化

实实在在地从售前、售中到售后为客户提供优质的服务,尤其是及时处理客户投诉及售后服务问题。企业各部门要制订出自己的服务承诺,使每位员工在各自的岗位上担负起应尽的职责,从而提高客户服务的标准化程度。

3.构建学习型组织

市场竞争瞬息万变,面对强大的竞争对手,企业原有的知识、经验已远远无法应付不断变化的新情况、新任务,唯有不断地学习以补充自己的知识,提高企业的水平和能力,保持自身的核心竞争力。

(三)品牌营销战略

1.最有效的传播:客户口碑

满意的客户一句表扬之词远远胜过描述产品性能的1 000个词。口碑是最有说服力的广告,要想让客户主动口碑传播要有三个条件:一是客户的满意度,要求提供的产品和服务超过客户的预期;二是客户的忠诚度,比如过硬的产品质量、周到的售后服务等。只有通过给客户留下深刻印象的企业行为,才有可能把自己的产品通过客户进行传播。

2.最直观的展示:专业车展

汽车行业的专业展会作为汽车企业的一种推广手段,每年都会受到各界的广泛关注,这也是汽车企业向外界展示产品的最佳窗口。企业可以以车展为平台,通过召开产品发布会、媒体座谈会、客户参观等活动,扩大展会效应。

五、战略控制

战略控制的主要目的是在企业经营战略的实施过程中,适时监控、检查企业为达到目标所进行各项活动的进展情况,评价实施企业战略后的企业绩效,并将其与既定的战略目标与绩效标准进行比较,发现战略差距,分析产生偏差的原因,纠正偏差,使企业战略的实施更好地与企业当前所处的内外环境、企业目标协调一致。从控制时间来看,企业的战略控制可以分为以下三类：

（一）事前控制

战略实施前企业领导人要进行全体动员，表态实施战略的决心。各部门结合企业战略总体规划目标和要求，制订各部门详细实施计划，该计划要得到企业领导人的批准后方能执行，所批准的内容将成为考核各部门经营活动的重要绩效标准。

（二）过程控制

企业高层领导者要控制企业战略实施中的关键性的过程或全过程，随时采取控制措施，纠正实施中产生的偏差，引导企业沿着战略的方向进行经营。

（三）事后控制

战略活动的结果与控制标准相比较，即在战略计划实施之后，将实施结果与原计划标准相比较，由企业各部门负责人定期将战略实施结果向领导人汇报，由领导人决定是否有必要采取纠正措施。

战略的设计和选择是企业最重要的决策之一，战略的正确性直接影响企业长期的经营绩效。而当企业面临营运问题时，更不能将解决方案局限在作业层面上，以免陷入"头痛医头，脚痛医脚"的局面，以致旷日废时，依然于事无补。有些作业层面的问题，只有从战略层面去思考，才能发掘出问题的根源所在，也才能对症下药。

（一）战略规划的方法

1.战略定位分析（SPAN）选择细分市场

SPAN 的全称是 Strategy Positioning Analysis，即战略定位分析。SPAN 方法从分析细分市场的吸引力和公司的竞争力出发对各个细分市场进行深入分析，为公司最终选定细分市场并在此基础上进行产品规划提供决策依据。SPAN 可以把初步选定的每个细分市场大致纳入四个象限，如图 2.2 所示。

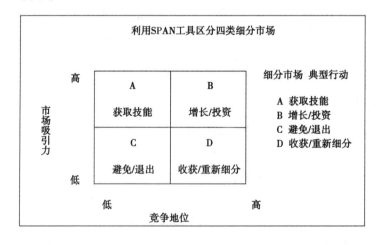

图 2.2　四类细分市场

①对处在 SPAN 图右上象限，即"增长/投资"的细分市场，公司应当扩大分销渠道，扩大

针对这些细分市场的生产和投资,同时严格控制成本,以获取规模增长带来的收益。

②对处在 SPAN 图左上象限,即"获得技能"的细分市场,在这些细分市场上建立起更强的竞争地位之前,公司应当限制其分销覆盖面,同时严格控制成本。

③对处在 SPAN 图右下限,即"收获/重新细分"的细分市场,公司应当维持其现有的分销模式。这些细分市场的重点是运作效率,包括充分发挥产能以及控制成本。在这些细分市场上应当限制营销活动,研发活动也应重点关注降低成本。这些活动的目的在于能使公司巩固其在细分市场上的竞争地位,并且防止竞争对手进入这些细分市场。

④对处在 SPAN 图左下限,即"避免/退出"的细分市场,公司应当逐渐减少销售投资,大力削减这些细分市场上的固定和可变成本。

2.企业外部环境和内部条件分析——SWOT 分析法(图 2.3)

SWOT:S 表示优势(Strength)、W 表示劣势(Weakness)、O 表示机会(OPPortul1ity)、T 表示威胁(Threat)。所谓 SWOT 分析,即态势分析,就是将与研究对象密切相关的各种主要优势、劣势、机会和威胁等,通过调查列举出来,并依照矩阵形式排列,然后用系统分析的方法,把各种因素相互匹配起来加以分析,从中得出一系列相应的结论。

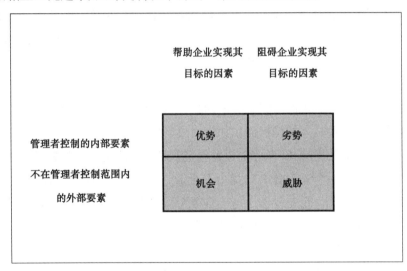

图 2.3　SWOT 分析图

(二)企业战略定位

企业战略定位是指为企业构建一个独一无二的战略,强调对企业有现在的和持久的指导意义,它涉及企业不同的运营活动,实质是选择一个以战略定位为中心的运营活动体系,从而在行业或整个经济系统中构成一种战略性互补或分工战略定位。也就是根据企业所处的外部环境以及企业自身条件制定取得竞争优势的战略。

作为一个企业,在考虑未来发展时,首先必须明确企业将来准备做什么,即明确企业的定位。对企业明确定位,必须基于企业管理层对企业将来所面临的外部环境,对企业自身拥有的实力的认识,以及对企业核心人员致力于企业发展目的进行分析。正是基于对环境、自身实力和追求的分析,企业才能明确应该做什么。

1.企业定位的环境分析

环境分析的几个问题:影响该行业发展的主要因素是什么?哪些因素在未来会发生重大变化?这些变化对该行业的发展有何影响?在确定企业发展定位时,企业首先要对自己所在的行业进行深入分析。

企业在分析环境因素的时候,要主动思考问题,要去了解影响行业发展的主要因素是什么?如果在该行业中发展,并以成为数一数二的企业为目标,必须做好哪些方面的工作?影响企业发展的主要因素是什么?哪些因素在未来会发生重大变化?当这些变化出现的时候,会对整个行业的发展产生何种影响?环境分析的目的是了解企业有哪些机会,当这些机会出现的时候,企业应该怎么做。

2.企业定位的实力分析

实力分析也就是企业自我分析的问题:本企业是如何为客户创造价值的?企业已取得的业绩与存在的问题有哪些?企业所拥有的竞争优势是什么?一个景气的行业并不能保证从事该行业的企业一定能盈利,在确定企业发展定位时,必须对企业自身的实力进行正确评估,赚钱的行业并不一定适合每一家企业。评估的内容包括企业在整个经营管理过程已经取得的业绩是什么?存在哪些问题?企业所拥有的竞争优势是什么?明确企业能够做什么,能够做到什么程度?企业在哪方面拥有特殊优势?等等。

3.企业定位之追求分析

追求分析即企业目标分析的战略思考的问题:企业领导人的追求是什么?企业提倡的核心经营理念是什么?企业员工的精神面貌如何?战略思考的主体是人,每个人在进行战略决策时都会受到其价值观的影响,在考虑企业发展定位时必须清楚企业的领导人和员工对未来的企业领导人的追求。一个人为什么选择一家企业,一家企业为什么选择一个行业,在很大程度上与企业的理念有关。企业设法了解企业领导人的追求是什么?企业领导人为什么要从事这个行业?企业领导人的人生价值观是什么?

4.企业定位的方案分析

方案设计和分析时的判断准则:能适应外部环境发展趋势;能发挥企业特长并符合企业核心价值观;能取得较好经济效益,有较大发展空间。对企业可做什么、能做什么、愿做什么进行深入分析之后,就可以确定企业做什么。结合自身实际情况,为企业制定一个优秀的经营战略。

（三）企业经营战略制定的步骤

1.企业外部环境的分析

一个企业的管理人员能够做的事情是有限的,他们可以获得并利用一些资源,但对已知的世界却无法控制。他们必须接受这个世界,并对世界带来的机遇和威胁做出反应。管理者能够控制的和无法控制的资源的区别导致企业内部环境和外部环境的区别。

外部环境可以分为宏观环境和微观环境。宏观环境是指企业经营的总体经济环境;微观环境表示企业所在行业产生具体影响的因素,如表 2.2 所示。

表 2.2　企业外部环境分析:机会与威胁

影响因素	机　会	威　胁
宏观环境因素 　　经济增长率 　　通货膨胀率 　　汇率 　　税收政策 　　就业立法		
微观环境因素 　　行业竞争环境 　　卖方和买方的讨价还价能力 　　当前客户 　　潜在客户 　　竞争对手 　　潜在进入者的威胁		

外部环境很大程度上制约着一家企业经营的成功与否:企业所处的行业环境怎样? 国家哪些政策利于企业的发展? 市场有哪些可利用的机会? 企业发展会遇到什么样的机遇和挑战?

在企业制定战略时,需要把所处的外部环境逐条进行分析,哪些环境因素是自己的机会,利于自己企业发展。哪些环境因素会对企业的发展带来威胁,面对威胁,企业可以采取什么样的措施使企业得以转危为安。企业必须细致分析,抓住最佳的成长机会,特别是那些能建立持久的竞争优势,提高企业盈利能力的机会。同样,对于那些威胁企业发展的因素,企业应及时采取战略行动,做好必要的预防措施。

2.企业内部环境的分析

兵家云,知己知彼,百战不殆。企业内部环境的分析,其实就是企业自我认识、自我分析的过程。

管理学中,内部环境存在于组织内部,由组织内部要素所构成,内部环境要素主要包括公司治理结构、组织机构设置与权责分配、企业文化、人力资源政策、内部审计机构设置、反舞弊机制等。通过内部环境组成要素可看出,这些要素也是推动企业发展的基础动力,是企业战略制定时环境分析的基础和核心,如表 2.3 所示。

表 2.3　内部环境分析:优势与劣势

因　素	优　势	劣　势
企业营销 　　企业口碑 　　市场份额 　　市场占有率 　　服务质量 　　营销团队		
企业财务 　　资金的稳定性 　　现金流 　　企业债务 　　企业负债		
企业车间 　　人力资源 　　设备齐全 　　服务效率 　　服务质量 　　企业规模		
企业组织 　　领导谋略 　　组织设置 　　员工价值观		

　　每个企业都要定期分析自己的优势与劣势,在残酷的市场竞争中时刻保持着自己的优势,同时,对自己的劣势,企业须及时采取措施,化劣势为优势。

3.企业目标的制订

制订企业目标时,首先要考虑企业的业务使命。业务使命的界定是战略经营的起点。在制定企业经营战略之前,首先得确定企业经营什么? 企业的业务使命是什么?

业务的界定应包括客户的需求是什么;企业的客户群是谁;客户为什么选择你的企业;企业用什么样的产品或服务满足客户的需求? 是什么使你的企业与竞争对手区别开来。

业务使命的准确界定,有利于管理者更好地把握企业目标。企业目标必须是根据企业的实力及外部环境而制订且能够达到的、现实的目标。具体目标应该量化并标示出来,以便目标在实现时大家都能知道。

企业的目标应满足以下要求:第一,企业要确定自己所进入的领域,并提出实现任务的纲领性指南。目标是实现使命的行为承诺,也是衡量绩效的标准。目标代表了企业最根本的战略。第二,企业应将自己有限的资源集中在所确定的领域,如果同时做太多事情,到头来必将一事无成。专注是企业的基本法则,换言之,如果企业专注于所确定的领域,成功是有可能的。第三,应当在所选择的领域里树立目标并衡量绩效。第四,任何单一的目标都会影响企业的发展,企业应当重视几个重要方面的发展,其目标应当与这几个重要方面相关。第五,企业的目标应当与企业的生存与发展紧密相连。

企业完成 SWOT 分析之后,管理者就可以制订企业 3~5 年中期的发展目标,并把这些中期发展目标细化为具体的短期目标。同时,短期目标应落实到公司、部门和具体的岗位。

目标计划的制订与分解的矩阵图如图 2.4 所示。

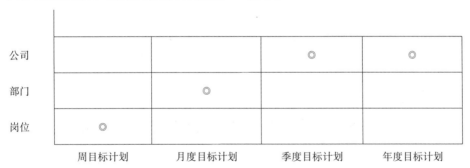

图 2.4　目标计划的制订与分解的矩阵形式

公司级目标计划以季度、年度为主;部门目标计划以月度、季度为主;岗位目标计划以周、月度为主。

4.企业战略的制定

战略是一整套相互协调的约束与行动,旨在开发核心竞争力,获取竞争优势(Hitt)作为理论上的战略。战略是企业如何成功的竞争理论。

企业长期和短期的目标是企业制定自己总体经营战略的基础,战略制定需要解决以下几个问题:怎样完成企业的业绩目标,怎样胜过竞争对手,怎样获得持续的竞争优势等。管理者在制定企业战略和营销战略时,同时应考虑战略的实施和控制,即为企业制定一个接地气的经营战略。

无论企业采取什么样的战略,都必须注意以下几点:

①战略要可行,超出企业能力范围外的战略是行不通的。

②战略要有很好的协调性,企业需要一个总体战略去协调各方面的矛盾与冲突。

③战略必须是企业所有人员所接受的,如果不能获得企业员工的支持,再好的战略也执行不下去。

战略更多在于选择。每个企业都在一系列限制之下经营。战略其实就是在特定的限制条件下进行选择,战略也意味着在一系列的限制下作出选择。战略一旦制定是相对稳定的,从而能起到对企业具体业务的指导作用。成功的战略能为企业建立强大的企业竞争能力,以这些强大的能力为基础,再为企业赢得竞争优势,让企业走上成功之路。

[复习与思考]

1.汽车维修企业运营战略的概述。

2.为什么汽车维修企业需要引入战略?

3.请使用战略定位分析(SPAN)方法分析你所熟悉的某一企业。

4.请使用SWOT分析法对某一企业外部环境和内部条件进行分析。

5.假如你正在经营一家汽车维修企业,请为你的企业制定一份有竞争力的经营战略。

模块二　实训操练

实训一　汽车维修企业运营战略资料的收集和分析

一、实训内容

1.收集所跟踪某汽车维修企业所采用的营运战略,从战略分析、战略选择和战略实施三个方面对所跟踪企业的战略管理过程进行阐述。

2.分析所跟踪某汽车维修企业采用该战略的原因及企业采取哪些途径来实现该战略。

3.对某汽车维修企业所采用的营运战略进行评价,阐述个人观点。

二、实训准备

1.分组开展案例讨论,以4~5人为一组。

2.小组准备相关的参考书籍、A4纸、网络工具,以及相关文具用品。

三、实训组织

1.以小组为单位,讨论实训内容 1、2 和 3 内容,并记录在 A4 纸上,时间为 20 分钟。

2.每一小组派出一名代表,分享本组讨论结果。

3.选一名同学进行点评。

4.小组循环实训组织 2 和 3 内容。

四、实训评价

1.学生评价。

2.老师评价。

实训二　制定企业经营战略的实践

一、实训内容

1.确定研究企业,并介绍所研究的企业。

2.分析企业所处的环境,确定企业目标,并制定企业的经营战略。

3.对此进行评价,阐述个人观点。

二、实训准备

1.分组开展讨论,以 4~5 人为一组。

2.小组准备相关的参考书籍、A4 纸、网络工具,以及相关文具用品。

三、实训组织

1.以小组为单位,确定研究企业,并对企业进行介绍。

2.分析企业所处的环境,确定企业目标,并制定企业的经营战略。

3.每一小组派出一名代表,分享本组讨论结果。

4.选一名同学进行点评。

四、实训评价

1.学生评价。

2.老师评价。

任务三
汽车维修企业人力资源管理

知识目标：

1.了解汽车维修企业管理的发展过程。

2.了解汽车维修企业面临的现实困境及应对市场变化的措施。

3.理解汽车维修企业危机预防与处理。

4.掌握汽车维修企业管理机构的功能及设置原则。

能力目标：

1.树立汽车维修企业管理观念。

2.能运用管理理论进行案例分析。

模块一　理论指导

[案例导入]

汽车产业在我国还处于发展阶段,4S店进入中国的时间不长,4S店的管理仍然处于探索实践阶段,其人力资源管理也不例外。总体而言,该领域的人力资源整体素质偏低,主要表现在:业内优秀销售人员缺乏,多是从其他行业转入;优秀服务人员较少,有较高理论水平,有经验的人员更少;复合型的管理人员也特别缺乏。据中国汽车人才招聘网的统计显示,2016年上半年,汽车及相关制造产业继续保持在每月发布30 000个需求职位这一规模上,并一直呈上升趋势。高级销售、高级维修等人才捉襟见肘,维修配件经理、维修站服务经理等新型人才需求也急速升温。除了北京、上海等大城市在汽车产业人力资源综合素质较高外,在省级城市,4S店也就一百多家,做的时间长,做得好的销售顾问屈指可数,技术全面的售后人才更是一员难求,在招聘工作中,有经验,有良好业绩的销售顾问是难以招聘到的,在没有办法的情况下,有的企业难免会出现乱抓"壮丁"的现象,大多招聘的是没有经验的其他行业的销售人员,或者是应届毕业生。招聘一个既懂管理又懂汽车知识,还要懂销售的销售经理是人力资源部很头疼的事情。除了销售人员素质参差不齐外,售后服务人员、配件管理人员、4S店财务管理人员也难招聘到。有的企业就不得不自己培养,从应届大学毕业生中进行培养,但是又因管理不完善,人力资源培养的成本高,风险也大,培养好后,没有良好的激励机制与人力资源管理制度,很多人又流向别的企业,流向大城市。

思考:

1.汽车维修企业如何获得符合企业需求的优秀员工?

2.如何激励企业员工在岗位上做出出色的成绩?

3.怎样考核员工的绩效?

4.如何通过薪酬体系的建立激发员工的积极性?

一、组织机构

(一)组织机构设置原则和方法

一个好的组织机构可以让企业员工步调一致,同心协力,向着一个目标迈进。一个不合理的组织机构则会使组织效率降低,内耗增加,并影响企业的发展和目标的实现。

1.组织机构设置的原则

汽车维修企业组织机构设计应遵循五条原则,即战略导向原则、简洁高效原则、负荷适当原则、责任均衡原则、企业价值最大化原则。

①战略导向原则。

战略决定组织机构,组织机构支撑企业战略落地,设置任何部门都必须成为企业某一战略的载体。反过来说明,如果企业某一战略没有承载部门,就会导致机构不健全。

②简洁高效原则。

部门绝不是越多越好,汽车维修企业组织机构设置是以层级简洁、管理高效为原则。设置的部门过多则效率低下,过少则机构不完整。

③负荷适当原则。

负荷适当原则是指部门功能划分适度,不能让某个部门承载过多功能。功能集中不仅不利于企业快速反应,而且还会遭遇工作瓶颈,制约维修企业发展。

④责任均衡原则。

责任均衡原则体现企业的授权艺术,如果让某部门权力过大,可能有工作效率而无企业效益,权力共衡、制约乏力往往会滋生腐败,负荷适当体现的是功能的多少,责任均衡体现的是权力大小。

⑤企业价值最大化原则。

企业价值最大化原则是部门设置的根本原则,就是让部门组合价值最大化,即确保企业以最少的投入获得最大的市场回报。

2.组织机构设置的方法

1）工作划分

首先,应根据分工协作和效率优先原则,将汽车维修企业划分为业务接待、维修、质量检验、配件采购管理、会计结算和生活接待等。

2）建立部门

把类似的工作并在一起,在此基础上建立相应的部门。根据生产规模的大小,一些部门可以合并,也可以分开。

3）确定管理层次

确定一个上级直接指挥的下级部门的数目。

4）确定职权关系

确定各级管理者的职务、责任和权力。

（二）汽车维修企业常见组织机构

1.综合性汽车维修企业常见组织机构

综合性维修企业规模可大可小,但是工种全面,人员齐全。

综合性维修企业组织机构图如图3.1所示。

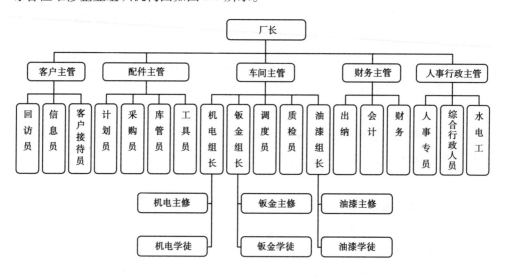

图3.1　综合性维修企业组织机构图

2.特约维修站或4S店组织机构图

4S店是一种以"四位一体"为核心的汽车特许经营模式,包括整车销售（Sale）、零配件（Sparepart）、售后服务（Service）、信息反馈（Survey）等。它拥有统一的外观形象、统一的标识、统一的管理标准,只经营单一品牌的特点。其业务单一而专业,规模较为庞大,人员素质较高。

4S 店组织机构图如图 3.2 所示。

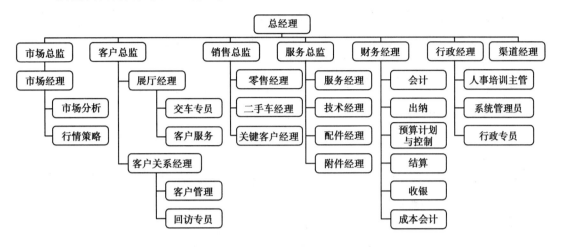

图 3.2 4S 店组织机构总图

4S 店维修部组织机构图如图 3.3 所示。

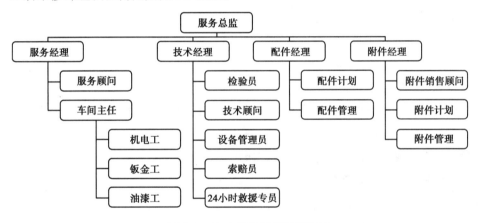

图 3.3 4S 店维修部组织机构图

3.岗位职责

（1）修理厂岗位职责

①厂长岗位职责。

● 负责编制或审核企业的长、中、短期发展计划,企业的生产规模和效益指标。

● 负责编制企业的组织机构等工作。

● 负责组织制定企业的各项规章制度。

● 负责企业各部门主管人员的任免、各部门员工的聘用、奖励和辞退的审批。

● 负责编制或审核企业的经营策略,审核年度、季度、月度维修业务方案。

● 负责审核财务工作和资金的筹集。

● 负责制订或审批员工工资、福利和分配方案。

● 负责与汽车维修行业管理部门的沟通,传达和落实有关的法律、法规。

②车间主管的岗位职责。

- 负责维修派工,保质保量按时完成企业下达的各项任务。
- 认真贯彻自检、互检和专检的质量检验制度。
- 抓好车间的劳动纪律和精神文明建设,培养员工的爱岗敬业精神。
- 抓好安全生产,经常开展安全生产教育。
- 加强员工培训和考核、不断提高全体员工的服务质量和技术水平。
- 抓好车间的 6S 管理工作。
- 做好车间的设备、工具管理。

③业务接待员岗位职责。

- 热情接待客户,了解客户的需求及期望,为客户提供满意的服务。
- 接车,根据客户维修要求,开出派工单。
- 估计维修费用,负责向客户说明收费项目及其依据。
- 掌握维修进度,增加或减少维修项目时应及时联系客户。
- 确保按时完成维修项目。
- 建立客户档案。
- 做好客户咨询工作。
- 听取客户提出的建议、意见和投诉并及时向上级汇报。

④总检验员和质量检验员岗位职责。

- 总检验员负责维修车辆质量把关的责任,并领导其他质量检验员完成质检工作。
- 负责维修项目的质量检验,以及修理过程的随机抽检。
- 负责汽车维修竣工出厂检验和签发二级维护合格证。
- 负责维修车辆技术档案的建立。
- 负责原材料、外购件和外协件的验收。
- 负责车辆维修过程中出现的疑难故障排除。
- 负责指导维修人员贯彻执行有关汽车的维修标准,以提高员工的技术素质。
- 负责处理维修质量投诉和事故车辆的维修质量分析。

⑤采购人员岗位职责。

- 建立供应商资料与价格记录。
- 采购计划编排,物料订购及交货期控制。
- 掌握公司主要物料的市场价格起伏状况,了解市场走势,分析并控制成本。
- 对供应厂商的价格、品质、交期、交量等作出评估。
- 对采购物资进行 ABC 分类。
- 进料品质、数量异常的处理。
- 呆料与废料的预防与处理。
- 询价、比价、议价及订购作业。
- 付款整理、审查。

⑥维修人员岗位职责。

• 认真做好本职工作,维护企业荣誉并礼貌待客。

• 遵守劳动纪律和车间管理制度,服从工作安排和生产调度。

• 严格按作业项目、技术规范和工艺要求进行维修,保质保量地完成维修工作。

• 注意安全生产,准确使用工具和设备。

• 文明施工,爱护车辆。

• 坚持自检,确保维修质量,检验如果不合格,绝不转入下一道工序。

• 发扬团队精神,协商解决问题。

• 加强技术学习,不断提高技术水平。

（2）特约服务站岗位职责

①服务站站长岗位职责。

• 根据双方协议,结合任期责任目标,对服务站工作全面负责,将汽车维修服务工作列入服务站工作重要日程,并组织制订、审批服务站的年、季度工作计划,并促进实施。

• 贯彻落实汽车生产厂家的服务质量方针,协调、平衡、监督、检查服务站技术管理、生产管理等各项工作,正确执行汽车生产厂家维修服务的有关规定。

• 负责汽车重大问题和特殊问题的协调及宣传工作,参与或组织重点用户的走访工作。

• 定期召开站务工作会议,检查、布置各项工作,纠正错误、奖励先进。

• 参加汽车生产厂家的各种会议,对会议通过的决议、服务方针组织落实。

• 检查站内汽车配件库存及配件计划,保证落实与实施。

• 组织制订培训计划,按计划对职工进行思想和技术培训,提高职工队伍素质,扩大企业知名度。

• 严格遵守财经制度,监督、检查售后服务费用的收支。

• 明确员工责任,根据汽车生产厂家的相关规定,对工作人员做好监督指导工作。

• 对有关本站服务人员变更或服务站其他相关信息的变更情况,应安排人员及时通知汽车生产厂家。

②服务经理岗位职责。

• 在站长的领导下,根据汽车生产厂家的工作要求,主持汽车维修服务。

• 接受站长的委托参加汽车生产厂家召开的各种会议并将会议精神向站长汇报,组织全体员工贯彻实施。

• 组织有关人员编制服务站年、季度工作计划,报站长审批,并认真完成。

• 组织人员对当地该厂汽车保有量进行调查,建立用户档案,主动走访用户,了解该厂汽车质量和市场需求情况,定期报汽车生产厂家。

• 积极组织人员落实汽车生产厂家委托的服务工作,审查服务中技术鉴定的准确性和服务质量;审批服务报表的及时性、完整性和正确性。

• 每周组织召开服务人员工作会议,研究工作,学习业务,开展各种岗位练兵活动,提高各类人员的业务水平。

- 组织有关人员进行技术培训和对用户的技术咨询工作。
- 汽车产品出现重大质量问题及时上报汽车生产厂家和服务站站长,提出合理的意见,并积极协助汽车生产厂家驻现场代表和站长处理。
- 安排信息员对保养维修用户 3 天后的回访工作,并做好记录,对用户提出的问题及时处理。

③索赔员岗位职责。

- 熟悉并严格执行汽车生产厂家的三包索赔规定及有关结算流程的规定。
- 根据鉴定员的鉴定结果和维修结果,逐项填写三包索赔结算单,并对维修车辆的工时费、材料费进行核算,形成三包索赔维修结算申报表。
- 核对整理当月发生保养的免费保养单据,并形成"汽车免费保养结算汇总表"。
- 严格执行旧件管理程序,对每月更换的旧件进行整理,形成"汽车保养索赔旧件明细表",并在规定时间返还旧件。
- 负责服务站各种费用的结算工作,配合汽车生产厂家审核员对有异议的维修项目进行核对、解释。

④计算机管理系统信息员岗位职责。

- 对服务站所有的文件资料进行分类、编号、登记,做好收发整理,相关信息及时向汽车生产厂家反馈。
- 负责有关技术档案资料的保管和借阅。
- 按"三包索赔结算单"填写"质量信息反馈表"进行汇总并上报汽车生产厂家。
- 按汽车生产厂家的要求,做好月统计和月报工作,并归档,保持待查。
- 协助站内人员做好站务管理和接待来人来访工作。
- 配合汽车生产厂家实行计算机联网管理及日常维护。
- 定期查看汽车生产厂家网友,查看各类信息、更新技术资料,并及时通知相关人员予以贯彻。

⑤配件经理岗位职责。

- 熟悉和掌握汽车生产厂家各种汽车的配件性能、名称、供应厂商,采购由汽车生产厂家或配件中转库提供的原厂配件。
- 根据当地该厂汽车市场保有量及厂家规定的构件额度要求,保证配件库存量在合理范围内,保证厂家汽车配件供应满足维修服务的需要。
- 根据配件使用和销售情况编制配件采购计划,严格执行计划、订货和采购。
- 制定库房管理制度,配件摆放合理,设立旧件摆放区,标志明确。
- 熟练使用计算机,能够通过汽车生产厂家电子信息管理系统及时订购配件。

⑥财务经理岗位职责。

- 编制、平衡服务站年、季度费用计划,并将其落到实处。

- 熟悉三包维修费用结算手续,按厂家规定结算费用。
- 熟悉三包工时定额、配件价格,协助做好三包维修费用的申报。
- 负责费用的完成情况分析和反馈工作。
- 负责定期和汽车生产厂家财务处对账,保持账面准确无误。

二、人力资源管理

(一)人力资源管理的重要性和原则

人是企业最宝贵、最有价值的资源,汽车维修企业领导者应充分认识到这一点,从一言一行到企业的各项政策、规章制度,都要有利于调动员工的积极性和主动性,使他们自觉地提高维修服务质量,节约维修成本,主动维护企业形象,为企业赢得更多的客户,最终实现企业盈利的目标。

日本的人力资源管理就很值得我们学习。日本的人力资源管理模式是在第二次世界大战以后日本经济复苏和高速发展时期形成的。日本企业中独到的人力资源管理制度,为日本的经济腾飞作出了突出的贡献。日本企业坚持了以下几个原则:

1. 重素质、重员工培训

企业聘用员工时,不看重个人的具体技能,而是强调员工的基本素质。企业认为高素质的员工可以通过企业自己的培训胜任从事的工作,这样企业在培训新员工上就不会花更多的工夫。员工在培训中,不仅要学习技术方面的"硬技能",而且还要学习企业内部的管理制度、上下左右关系和行为准则等很多"软知识"和"软技能"。这些软知识和软技能的特点是,只有员工继续在本企业工作,这些知识和技能才能发挥作用,并帮助员工提高劳动生产率。

2. 注重内部选拔

日本企业有新的工作时,会尽快培训已有的员工,通过内部培训员工来满足企业需要。员工要从基层进入企业,然后在按部就班的提拔过程中熟悉环境,并和上下左右建立起工作和个人关系,为以后从事管理工作打好基础。

3. 提倡终身就业

就企业这方面而言,在对大量员工进行培训以后,是不愿意员工离开的,即使是经济不景气,企业也不会轻易解雇员工。这样就会使员工在企业终身就业,自身利益就和企业完全拴在了一起。另外,员工对企业经营情况的及时了解以及对企业的依赖,使员工更加愿意也更加容易与企业合作,这样就形成了企业中合作性的劳资关系。

日本企业独特的人力资源管理模式及其在日本战后经济恢复和高度发展时期所起的巨大作用,引起人们对这种管理模式的极大兴趣。其独特的人力资源管理模式的出现,固然有其特殊的历史文化渊源,如强调合作和团队精神。但日本战败后萧条的经济,迫使日本企业寻求一种灵活的、大规模的生产方式。企业分工不能太细,规章制度也不能太多,这样才能随时根据生产的需要,把劳动力在不同的部门和工作之间来回调动。灵活的大规模生产的特点,决定了在这种生产制度下,普通员工的素质和责任心对企业的成功至关重要的。如何保证员工的利益,使员工忠于企业,尽最大的努力保证生产的顺利进行和产品的质量等,都需要企业为员工提供如内部选拔,终身就业保障等一系列的人力资源管理模式。

(二)人力资源规划

人力资源规划是通过科学的预测和分析本企业在外界环境变化中的人力资源供给和需求的状况,制定必要的措施和政策,以确保自身在需要的时间和需要的岗位上获得各种需要的人才,从而实现企业的经营目标。

人力资源规划需要与企业发展规模、经营规模相匹配。

1.人力资源规划的内容

①人力资源管理总体目标和配套政策的总体规划。

②中长期不同职务、部门或工作类型人员的配备计划。

③需要补充人员的岗位、数量、人员要求确定及招聘计划。

④人员晋升政策、轮换人员岗位、时间计划。

⑤培训开发计划、职业规划计划。

2.人力资源规划步骤

①搜集有关的信息资料。

②人力资源需求、供给预测。

③确定人员的总需求。

④确定人力资源目标。

⑤制订具体计划。

⑥对人力资源规划进行审核、评估。

⑦进一步改进工作。

3.人力资源不平衡的解决方法

(1)当供大于求时

①永久性裁减或辞退劳动态度差、纪律差,技术水平低的员工。

②撤销、合并一些不盈利的机构。

③制定相应政策鼓励员工提前退休或内退。

④减少人员的工作时间,随之降低工资水平。

(2)当供小于求时

①不同岗位之间调配。

②进行岗位设计修订,提高劳动生产率。

③制订非临时计划,如返聘已退休人员或聘用临时人员。

④制订全日制临时工计划。

⑤企业外招聘。

（三）员工招聘

1.员工招聘需考虑的因素

汽车维修企业生意兴隆或业务发展时,要面临招聘新员工的问题。招聘新员工要考虑增加的生意能否满足新增员工的工资和福利。对大多数汽车维修企业来说,劳动力报酬是企业最大的固定支出。企业生意好的时候,需要足够多的修理工为客户服务,而在维修淡季,开工资给无事可做的修理工对企业老板来说也不是一件轻松的事情。因此,企业在招聘员工时要考虑以下几个因素。

（1）确实需要

无论从长期和短期来考虑,招聘员工对企业生意都会有很大的帮助,不是可有可无的。坚持少而精,宁缺毋滥是招聘员工的基本原则。

（2）职位空缺

当有人因辞职或调任其他重要岗位时,就需要人员补充上来。企业第一步应考虑空缺的工作分摊给其他员工是否可行,第二步才应考虑员工的招聘问题。

（3）人才储备

汽车维修企业一些关键岗位应有人才储备,否则关键岗位人员的离去对企业的打击是致命的。

（4）长期发展计划

如果维修企业有长期的发展计划,就应该提前进行人才规划,不能临时抱佛脚。

（5）季节性因素

汽车维修企业业务受季节性因素影响,一般来说每年春节后的两个月,机修是淡季,而钣金喷漆生意不少;夏季是汽车空调维修的旺季。在淡季时可能有人要离职,这时企业可以缓一缓,到旺季时临时再招人。

2.员工招聘途径

员工招聘途径可选择外部招聘和内部选拔相结合的方法。内部选拔就是将企业内部优秀的人才选拔到空缺岗位上,但此方法受人员来源等条件限制,企业更多是采用外部招聘。

（1）传统招聘

①熟人介绍。一般由企业现有员工或与企业有业务来往的人员(如驾驶人或车队负责人的亲戚或朋友)介绍。

②挖人才。到同类企业中利用某些优惠条件吸引人才。有时是从其他企业挖到的人才还会带来原单位的下属。

传统的招聘方法简单实用,但也有一些不足之处,对企业的长期发展可能会存在如下一些隐患:

a.人与人都是有感情的,这本无可非议,但如果形成比较密切的"私人关系",再加上某些利益关系,久而久之就会形成一些帮派,给企业的工作带来一些阻力,若他们内外勾结就会伤害企业的根本利益。

b.制约机制丧失。一些互相制约的职位,如质量检验员和维修工,采购员和仓库保管,因关系密切或来自同一个企业,可能导致制约机制的丧失。

c.人员不稳定。采用挖人才的方式招聘员工也可能被其他企业用更优厚的条件挖走,这样就会影响企业的正常经营。

(2)公开招聘

①采用报纸、电台、广播、网站刊登广告。这种方式宣传力度大,人员来源广,选择空间大,利于找到优秀人才。

②直接到学校招聘。这种途径招聘的员工易于管理,有上进心,思想素质较高,厂规厂纪、工作职责、工作流程等可以从零开始培训,从社会招聘的人员所具有的一些不良习惯或作风他们都没有。学校从自身利益出发,也很愿意与企业合作,尽量向企业提供关于学生的准确信息。

③委托中介机构。这种方式可以节省企业的人力和物力。

④张贴海报。这种方式比较适合企业内部招聘。

⑤人才市场招聘。

3.员工招聘原则

①要本着"直接选,越级聘"的原则,即选聘一岗位人员,这个岗位的直接上级有选择权,上级的上级有聘用权。这样做的目的主要是建立用人方面相互制约机制。

②做到合理化、科学化,给所有竞聘人员提供公平竞争的机会。

4.招聘程序

①企业用人部门根据业务发展需求情况,提出需招聘岗位名称、人员基本要求。

②人力资源部根据各部门的申请,写出招聘计划报企业最高管理者批准。

③发布招聘信息。注明岗位名称、人员要求。

④人力资源部审查求职表,将一些明显不符合条件的人员筛选掉。选择标准可参考以下三个方面:

a.来企业的目的。他想得到更高的工资、负更大的责任、获得更好的培训等都是正常的原因,而如果是原工作太累之类的原因,就说明他工作不安心,这样的人可以不选。

b.工作经历。如果他以前一直从事这项工作,可能就在这方面积累了丰富的经验,如果工作岗位变来变去,专业技能就不会太强。

c.工资要求。将他们的工资信息和他们的要求相比较如果差距太大就没有必要再试了。

⑤笔试。笔试主要测试应聘者的基本技能,此种方法不如实践操作测试,但也基本可反映应聘者的水平。

⑥面试。面试是一项费事费力的工作。面试时,面试官要根据求职表、笔试的情况选出基本符合条件的人员,与其进行面对面的交谈,客观地了解应聘者的知识水平、工作经验、求职动机、个人素养等情况。面试是双方面的,企业在寻找合适的员工,员工也想了解企业,因

此,面试时企业应给应聘者一个轻松的环境。

⑦录用人员体检。

⑧试用。新聘用人员一般需进行 3 个月的试用期,并签订试用合同。试用期满后由厂方确定试用者的去留。如继续考查新招聘人员,可延长试用期。

⑨录用、签订劳动合同。试用期结束后,员工所在部门出具试用期表现鉴定意见,试用合格的就可签订正式劳动合同。

5.劳动合同签订

新劳动合同法对劳动合同做了严格的规定,企业应严格执行劳动合同法的规定。劳动合同主要签订的内容如下:

①建立劳动关系,应当订立书面劳动合同。已建立劳动关系,但未同时订立书面劳动合同的,应当自用工之日起一个月内订立书面劳动合同。用人单位与劳动者在用工前订立劳动合同的,劳动关系应自用工之日起建立。

②劳动合同期限三个月以上不满一年的,试用期不得超过一个月;劳动合同期限一年不满三年的,试用期不得超过两个月;三年以上固定期限和无固定期限的劳动合同,试用期不得超过六个月。

同一用人单位与同一劳动者只能约定一次试用期,以完成一定工作任务为期限的劳动合同或者劳动合同期限不满三个月的,不得约定试用期。试用期包含在劳动合同期限内,劳动合同中仅约定试用期的,试用期不成立,该期限应为劳动合同期限。

劳动者在试用期的工资不得低于本单位相同岗位最低档工资或者劳动合同约定工资的 80%,不得低于用人单位所在地的最低工资标准。

③用人单位为劳动者提供专项培训费用,对其进行专业技术培训的,可以与该劳动者订立协议,约定服务期。

劳动者违反服务期约定的,应当按照约定向用人单位支付违约金。违约金的数额不得超过用人单位提供的培训费用。用人单位要求劳动者支付的违约金不得超过服务期尚未履行部分所应分摊的培训费用。

用人单位与劳动者约定服务期的,不影响按照正常的工资调整机制提高劳动者在服务期期间的劳动报酬。

④用人单位应当按照劳动合同约定和国家规定,向劳动者及时足额支付劳动报酬。用人单位安排加班的,应当按照国家有关规定向劳动者支付加班费。

⑤劳动合同的解除和终止。用人单位与劳动者协商一致,可以解除劳动合同。劳动者提前 30 日以书面形式通知用人单位,可以解除劳动合同。劳动者在试用期内提前 3 日通知用人单位,可以解除劳动合同。

(四)员工培训

员工培训工作是企业持续发展的重要保证,更是实施企业管理的重要补充。企业对员工进行培训是投资行为,而不能认为是成本支出。企业对员工培训既提高了员工的素质,又可增强企业的竞争力。

1.培训内容

①岗前培训:主要包括职业道德、厂规厂纪培训,另外还应有工作流程、工作职责的培训。

②日常培训:根据不同岗位、工种、级别分别进行培训。企业管理人员应培训政策法规、企业管理、市场动态及维修基础知识。维修人员的培训可分为初级工、中级工、高级工培训。初级工培训汽车构造、汽车维修的基本知识、通用工具的使用、安全操作流程。中级工在初级工培训的基础上,学习汽车的结构原理、汽车故障排除、常修车的技术参数、零配件的使用标准、专用工具专用仪器的使用。高级工在中级工培训的基础上,培训汽车零部件质量鉴定、维修质量检验、维修所用原材料的质量鉴定、金属磨损原理,以及机械制图,电路图阅读等。

③定向培训:维修企业根据工作需要,选择有培养前途的员工到专业学校或同行业的优秀企业进行培训,也可安排他们参加行业管理部门组织的培训。

2.培训形式

培训采用理论和实践相结合的方式,以调动参训人员的兴趣。

3.考试

考试是检验培训效果的一种有效方式,考试分为笔试和实践操作两种。考试优秀者,要进行一定的物质和精神奖励,以调动全体人员的学习热情。

①笔试:维修人员考核基础理论、维修常识、故障排除方法等;业务接待员考核汽车构造、维修基本常识、服务规范等。

②实践操作:维修人员考核仪器、工具的使用、故障排除等,考试时可在车上设计几个故障,考核维修人员排除故障的能力及排除故障的思路是否正确。业务接待员考核接待规范、突发事件的处理能力等。考试事件的处理能力等。考试时可由一个考官扮成挑剔的客户,提出一些挑剔的问题,考核业务接待员的语言、行为技巧等。

三、绩效考核和薪酬管理

(一)激励机制

企业用适当的诱因去满足员工的需要,可以激励员工的工作积极性,提高其工作效率。激励机制包括物质激励和精神激励。

1.物质激励

物质激励包括以下四方面的内容:

①员工工资:直接反映当前员工的工作绩效。

②奖励制度:奖励员工在某一项目或某一时间内的特殊贡献。

③福利:包括养老金、法定假日及带薪休假等。

④长期激励:体现员工长期的价值,如配乘用车、分配住房等。

2.精神激励

精神激励包括以下四个方面:

①荣誉奖励:表彰员工在某一方面的特殊贡献,或表扬其突出事迹。荣誉奖励应及时,以便达到更好的效果。

②感情激励:关心员工工作和生活,为员工设计职业生涯。

③参与激励:员工参与企业管理,为企业献计献策。

④教育激励:提供职工受教育的机会。

(二)绩效考核

1.绩效考核的目的

①通过绩效考核实施目标管理,保证公司整体目标的实现。

②公正合理地评价员工的工作业绩,考核结果与绩效工资挂钩以激励员工。

2.绩效考核的作用

工作绩效考核的主要作用是引导员工的行为趋向于组织的经营目标,调整员工不规范的行为,以确保既定目标的实现:打破过去某些企业中"干好干坏一个样""干的不如站的,站的不如捣蛋的""能干的不如能说的"等混乱的工作绩效考核。此外,工作绩效考核还有以下几个作用:

①让员工清楚上级对他的期望和对他的真实评价。

②为员工工资和奖金发放提供依据。

③为员工职务升迁提供依据。

④为领导者与员工沟通提供一个机会,领导者可及时获得员工的工作信息,为工作改进提供依据。

3.绩效考核指标

(1)基本指标

①工作态度,包括工作责任感、主动性、工作热情。

②工作质量。

③出勤率。

④技术技能。

⑤团队合作精神。

(2)服务指标

①入厂维修台数。

②销售额(工时费+零件)。

③服务保持率。

④零件总销售额、内销销售额和外销销售额。

⑤零件在库总额或零件在库月数。

⑥保险车辆续保率。

⑦毛利率。

维修企业可以将以上指标或部分目标作为考核指标,对于服务顾问可以考核他们创造的销售额、毛利率、保险车辆续保率等。对于修理工可以以班组为单位考核他们平均每月的修理车辆数、毛利率。

(三)薪酬管理

科学合理的薪酬管理是一种动力,可以极大地提高员工的工作效率,为服务站创造更大的效益。不良的薪酬管理会挫伤员工的积极性,使他们对服务站产生不信任感,影响服务站发展。薪酬管理的基本原则是多劳多得,按劳分配。

1.维修工人计酬方式

目前,国内汽车维修企业采用的计酬方式主要有按工时计酬、按产值计酬、工资加奖金计酬和保底工资加产值提成计酬四种方式。

(1)按工时计酬

$$月工资 = 月公示费收入 × 提成比例$$

这种分配方式上不封顶、下不保底,员工无最低工资保障。这种分配方式适用于机修工、电工、钣金工。统计时不管材料费的多少,只统计工时费。

(2)按产值计酬

$$月工资 = 月产值 × 提成比例$$

这种分配方式适合喷漆工。喷漆工因其工种的特殊性,原材料易耗和在工作中的人为因素较大,采用全包干的分配方式,即喷漆用的原材料及人工费均由喷漆工承包,然后再与修理厂分成。

这种计酬方式的缺点是喷漆工为减少成本增加收入简化工序,偷工减料,如本来应该喷三遍漆,结果只喷了两遍。采用此种计酬方式应加强质量检验,加强过程控制,因简化工序、偷工减料而造成的返工承修者应承担全部返修费用,并进行经济处罚。

(3)工资加奖金计酬

$$月工资 = 工资 + 补贴 + 奖金$$

式中　　工资——根据国家规定,分为几个档次,分档次时要考虑技术级别、工龄等;

　　　　补贴——包括工种劳保补贴、误餐补贴等;

　　　　奖金——按服务站规定提取奖金;此种计酬方式一般为国营服务站采用。

(4)保底工资加产值提成计酬

$$月工资 = 保底工资 + 产值提成$$

这种计酬方式员工有最低工资保障。

以上几种分配方式的提成比例由厂方根据生产条件、设备水平及当时当地维修市场的行情而定。

2.管理人员计酬方式

管理人员计酬方式分为按工人平均工资计酬、月度绩效考核和年薪制 3 种方式。

(1)按工人平均工资计酬

一般管理人员按工人平均工资发放,部门负责人按工人平均工资乘以系数计酬,不同级别的管理人员可选定不同的系数。在此基础上,为了提高管理人员的责任心,年底按效益情况再发放一定数额的奖金。

（2）月度绩效考核内容

以年度为单位,依据企业的生产规模和经营业绩,确定并支付经营者年薪的分配方式。

（3）年薪制

采用此种计酬方式的人员为企业的高层管理人员,有专门技术或较高业务水平的管理人员。

四、高绩效团队建设

（一）团队的基本要素

团队的基本要素有以下几个:

①全员参与管理。企业只有全员参与管理,才能建立团队精神。组织内要求人人都是执行者,人人都是管理者。

②互补的技能。团队成员发挥每一个人的技能,做到"1+1>2"。

③共同的目的和业绩目标。团队成员的目的是共同的,但要分解为具体的工资业绩。

④共同的方法。避免内耗,寻找共同的工作方法,使团队成员在具体问题上达成一致。

⑤相互的责任。团队成员为共同目标努力时,责任心和信心都会随之而来,这种责任是对自己的承诺,也是对他人的承诺。

（二）高绩效团队建设的五大要素

1.营造支持性的人力资源环境

为了创造一个高绩效的团队,管理层应该努力营造支持性的人力资源环境,包括倡导成员多为集体考虑问题,留下足量的时间供大家交流,以及对成员取得成绩的能力表示肯定等。这些支持性做法可以帮助组织向团队合作迈出重要的一步,因为这些步骤促进了更进一步的协调、信任和对彼此的欣赏。管理者需要为此架构一种良好的沟通平台。

2.团队成员的自豪感

每位成员都希望拥有一个优秀的团队,而一个优秀的团队往往会有自己独特的标志。例如某些汽车维修企业的喷漆车间,其喷漆质量在当地属一流,喷漆一流就是他们的标志,也是他们的骄傲。如果缺少这种标志,或者这种标志遭到破坏,作为团队的一员,自豪感就会荡然无存。团队成员的自豪感,正是成员们愿意为团队奉献的精神动力。

因此,从创建公司的形象系统,到鼓励各部门、各项目小组营造一种英雄主义的文化氛围,都会对团队的创造力产生积极深远的影响。

3.团队成员的才能与角色相匹配

团队成员必须具备履行工作职责的能力,并且善于与其他团队成员合作。只有这样,每一位成员才会清楚自己的定位,清楚自己在每一个职能流程中的工作位置以及上一道工序和下一道工序。只有这样,每一个进入团队的人,才能真正成为团队人员。如果能做到这一点,成员们就能根据条件的需要迅速行动起来,而不需要人下命令。换言之,团队成员能根据工作的需要自发地作出反应,并采取适当的行动来完成团队的目标。

例如:客户到维修厂维修,维修厂的服务态度、维修质量、配件价格等方面,客户都很满意,只是洗车人员在洗完车后没按服务流程把钥匙及时交到业务接待厅,结果让客户等待,引起他们抱怨。这时,企业为客户提供的服务质量就会因某个人的失职而无法保证。

高效率的团队需要每一位成员的才能与角色相匹配,并且在工作中,更需要每一位成员同心协力,全力以赴。

4.设定具有挑战性的团队目标

企业领导的职责不是自己的工作量有多少,而是应为团队设定一个具有挑战性的目标,并激励整个团队向这个目标努力。企业领导应让每一位成员意识到,只有所有成员全力以赴才能实现这个目标,鼓励每一位成员的团队协作精神,这样才能集中员工的注意力,一些内部的小矛盾往往也会因此消失得无影无踪。如果在整个团队全力以赴时还有人患得患失,自私自利,就会受到别人的谴责。只有这样,整个团队才会团结得更加紧密。

5.正确的绩效评价

企业进行绩效评价有以下两个目的:

①绩效评价的评核性。企业通过对员工的考核判断他们是否称职,从而切实保证他们与职位的匹配、报酬、培训等工作的科学性。

②绩效评价的发展性。企业通过绩效评价帮助员工找出绩效差的真正原因,激发员工的潜能。一个富有成效的绩效评价体系包括两种评价形式:正式评价;日常管理中的及时评价。

与绩效评价紧密相关的工作是如何科学地支付报酬。支付报酬的目的在于激发员工的创造力和团队合作精神。支付报酬作为对团队所有员工绩效的认可方式,首先在设计上应该表现出"对内具有公平性,对外具有竞争性"的特点。当一位员工表现杰出时,就需要绩效评价来给予奖励。奖励包括现金奖励和精神奖励,可以在发放奖金的同时,也颁发"月度最佳员工""月度优秀团队"之类的奖状。这样,钞票就会变得富有感情色彩。

(三)团队领导的素质

火车跑得快,全靠车头带。团队领导应具备心胸宽广,胸怀坦荡;遇困难身先士卒;积极乐观等素质。

[复习与思考]

1.汽车维修企业组织机构设置的原则和方法是什么?

2.何谓汽车维修企业人力资源规划?

3.汽车维修企业人力资源规划的原则和内容是什么?

4.员工激励机制包括哪些内容?

5.现代维修企业员工的计酬方式有哪些?(维修岗位)

6.如何建设高效的汽车维修团队?

7.绩效考核的目的和作用是什么?

8.员工招聘的原则和程序是什么?

9.绩效考核的指标有哪些?

10.试述员工培训的内容和形式。

模块二 实操训练

实训一 面试

一、实训内容

面试题目设计(某大型综合性维修企业招聘一名技术经理)

二、实训准备

1.教师提前布置实训内容及要求。

2.实行分组实训模式,每小组 5~6 人,选取一名担任组长。

3.围绕实训题目展开资料查阅和讨论。

4.准备好白板、白板笔、便笺等必要用品。

三、实训组织

1.各小组按照事先准备的场地对号入座。

2.每组分别进行充分讨论。

3.每组指定一名人员将本小组的讨论结果在白板上向全班展示。

4.教师点评。

四、实训评价

1.本次课老师评价和组长评价各占 50%。

2.评价参考:

(1)课前准备充分,企业、网络数据翔实,课堂讨论积极、认真。

(2)积极参与活动,团队协作较好。

(3)考虑问题全面,能提出独到的见解。

(4)表达流利,观点合理。

[**知识链接**]

人员招聘需要从应聘者对问题的回答中获取有价值的信息,而设计有效的问题类型对能否获取信息十分重要,在设计问题类型时可以考虑以下几种类型:

1.背景型面试题

背景型面试题就是通过询问面试对象的学历、工作、家庭及成长背景等问题来了解面试对象的求职动机、成熟度、专业技术背景等要素的面试题型。背景型面试题侧重考查面试对象回答内容的真实性、逻辑上的连续性和合理性。

2.智能型面试题

运用智能型面试题要求面试官本人具有较高的综合素质,能够借助参考答案来评判处理不同的面试对象。这类面试题最容易设计,但答案有时较难统一,甚至是面试官之间就有差别很大的答案标准,使用时应注重评价面试对象回答的形式,对具体内容侧重可以小些。

3.行为型面试题

行为型面试题是通过要求面试对象描述其过去的某个工作或生活经历的具体情况来了解面试对象各方面素质特征的一种题型。它与背景型题目一样,题目的表现形式受面试对象个人情况限制,替代性相对较小。行为型面试题要求面试官有丰富的面试经验,能识别面试对象回答的真伪,有办法和技巧去追问、发掘面试对象进一步的行为表现是否一致并判断其真实性和合理性。因此,行为型面试题在设计时就要体现一个事件具体的完整行为,如情境、目的、采取的行动、结果等。

4.情境型面试题

情境型面试题是通过向面试对象展示一个假设的情境,来让其解决在情境中出现的问题,从而考查面试对象的综合分析能力、解决问题能力、应变能力、情绪稳定性、人际交往意识与技巧等素质的一种题型。情境型题目也较容易设计,且可以满足多种测评要素的考查需要。其缺点在于其本身的情境假设性所造成的对面试对象的回答是否真实有效难以作出评判。面试对象在假设情境中的反应可能都是他理想中的反应,真正遇到实际情况是否采取假设中的做法则很难判断。智能型面试题是替代性非常高的题型。

5.意愿型面试题

意愿型面试题是通过直接征询面试对象对某一问题的意愿来考查面试对象的求职动机、敬业精神、价值观、情绪稳定性等要素的一种题型。面试官在使用这类题时注意不要误导面试对象,同时避免出现尴尬冷场的局面。

6.作业型面试题

作业型面试题是通过让面试对象现场完成一项任务来考查面试对象综合素质的一种题型。作业型面试题的可替代性较高,答案相对比较统一。

这些面试题类型各有特点,人力资源经理可以根据面试要求选择一种或综合使用几种面试题类型。

实训二　新员工培训

一、实训内容

公司招聘了一批新员工,请做一次培训安排(培训内容与培训人员安排)

二、实训准备

1.教师提前布置实训内容及要求。
2.实行分组实训模式,每小组5~6人,选取一名担任组长。
3.围绕实训题目展开资料查阅和讨论。
4.准备好白板、白板笔、便笺等必要用品。

三、实训组织

1.各小组按照事先准备的场地对号入座。
2.每组分别进行充分讨论。
3.每组指定一名成员将本小组的讨论结果在白板上向全班展示。
4.教师点评。

四、实训评价

1.本次课老师的评价和组长的评价各占50%。
2.评价参考:
(1)课前准备充分,企业、网络数据翔实,课堂讨论积极、认真。
(2)积极参与活动,团队协作较好。
(3)考虑问题全面,能提出独到的见解。
(4)表达流利,观点合理。

[知识链接]

新员工培训是指给企业的新雇员提供有关企业的基本背景情况,使员工了解所从事的工作的基本内容与方法,使他们明确自己工作的职责、程序、标准,并向他们初步灌输企业及其部门所期望的态度、规范、价值观和行为模式等,从而帮助他们顺利地适应企业环境和新的工作岗位,使他们尽快进入角色。

新员工培训对于个人来说是对企业进一步了解和熟悉的过程,通过对企业的进一步熟悉和了解,一方面可以缓解新员工对新环境的陌生感和由此产生的心理压力,另一方面可以降低新员工对企业不切实际的想法,正确看待企业的工作标准、工作要求和待遇,顺利度过磨合期,在企业长期工作下去。

任务四
汽车维修企业的财务管理

知识目标：

1.熟悉汽车维修企业财务管理的对象、内容、职能。

2.了解汽车维修企业筹资管理的目的和重要性。

3.能够分析汽车维修企业成本。

能力目标：

1.能够核算和分析汽车维修企业的投资资金、固定资产、流动资金、收入支出费用、成本控制。

2.能够编制汽车维修企业每月的财务报表及分析报告。

3.能够提出影响财务管理目标实现的因素以及下一步企业财务管理的建议。

模块一　理论指导

［案例导入］

某汽车维修财务人员根据企业股东的要求，必须通过对维修企业的投资资金、固定资产、流动资金、收入、支出费用、成本控制等会计要素进行核算和分析，编制每月的财务报表及分析报告，并向企业股东提出影响财务管理目标实现的因素以及下一步企业财务管理的建议。

思考：

1.如何核算和分析维修企业的投资资金、固定资产、流动资金、收入、支出费用、成本控制？

2.正确编制每月的财务报表并提出分析报告。

3.提出合理的企业财务管理建议。

一、战略成本管理

(一)战略成本管理(SCM)概述

"战略"一词原属军事术语,泛指重大的、带全局性或决定全局的谋划。"战略"观念运用于企业管理中就形成了企业战略管理。

美国会计学界的两位著名教授库珀(Cooper)和斯拉莫得(Slagmulder)认为,战略成本管理(SCM)是指企业运用一系列成本管理方法来同时达到降低成本和加强战略地位的目的。战略成本管理具有以下几个特点:

1.SCM 的目的

企业必须探求提高(或不损坏)其竞争地位的成本降低途径,如果某项成本降低途径削弱了企业的战略地位,则应弃之不用。另一方面,如果某项成本的增加有助于增加企业的竞争实力,则这种成本的增加是值得鼓励的。如某细分市场上的顾客需要设立某项特殊的产品售后服务,虽然这一做法会增加企业成本,但它吸引了顾客,保持了企业的竞争优势,从长远来看利大于弊。当然企业也可通过工程再造来重组业务流程,以达到同时降低成本和强化企业竞争地位的目的。比如,某汽车维修店通过精简修车流程来降低成本,并且力图重新设计后的修车流程有利于减轻客户的心理压力,这家汽车维修店的这一举措促使顾客量增加,战略位置也得到了巩固。

2.SCM 的成本管理

首先,在当今企业成本结构中,产前与产后的成本比重逐步增加,则其成本管理不应停留在产品生产过程的耗费控制方面,更要着眼于产前的产品设计和材料采购成本、产后的产品营销和顾客使用成本控制上。SCM 要深入企业的研发、供应、生产、营销及售后服务部门,以全面、细致地分析和控制各部门内部及部门之间相互联系的成本。其次,SCM 不局限于企业内部,还超越企业边界进行跨组织的成本管理,如与企业价值链相关的上游(供应商)与下游(分销商)企业建立电子资料信息交换系统(EDI)、及时运输系统,相互协调地进行成本改进。值得注意的是,在当今全球经济一体化的条件下,企业成本管理不应局限于国内而应在全球范围内重构企业价值链,以获取全球经济的组合优势。最后,还应对企业外部竞争对手成本资讯进行推测与分析,在相互比较中找出本企业的成本差距,重塑企业的成本与竞争优势。

3.传统成本管理

传统成本管理力求在生产过程中不消耗无谓的成本和改进工作方式以节约本将发生的成本支出,表现为"成本维持"和"成本改善"两种执行形式。减少废品损失、节约能耗、零库存、作业分析与改进等皆属传统成本管理。而 SCM 重在成本避免,立足于预防。它在进行企业策划时就对企业的地理位置、市场定位、经营规模等一系列具有源流特质的成本动因进行全面综合的考虑,以便从源头上控制成本的发生。另外,在产品的设计与开发阶段,为避免后续成本的发生,尽力设计满足目标成本要求且具有竞争力的产品。

（二）战略成本管理方法

企业要适应瞬息万变的外部市场环境,取得持续性的竞争优势,就必须把重点放到制定竞争战略上,而传统的成本管理却常常局限在降低成本上。不可否认,在成本管理中,节约作为一种手段是不容置疑的。事实上在企业采用不同的竞争战略的情况下,以保证企业产品的差异化(如售后服务)为重点时,可以适当提高成本,同样能达到取得竞争优势的目的。

例如,当汽车4S店为一个新购汽车客户提供2~3次的免费保养汽车时,企业可能为之付出了相应的质量成本和维护成本,但应看到为客户提供了汽车质量安全保障,也相应提高了客户的满意度,也就留住了客户。相反,如果企业为了节约成本,不提供免费汽车保养,那么新汽车一旦出现故障,很可能客户就会流失。因此降低成本不是企业的唯一的手段,现代成本管理的目的应该是以尽可能少的成本支出,获得尽可能多的使用价值。一切降低成本的措施也都应以成本效益分析的结果作为决定取舍的目标,以此实现成本效益原则。

从上述例子可以看出,战略成本管理是成本管理与战略管理有机结合的产物,是传统成本管理对竞争环境变化所作出的一种适应性变革。

所谓战略成本管理,就是以战略的眼光从成本的源头识别成本驱动因素,对价值链进行成本管理,即运用成本数据和信息,为战略管理的每一个关键步骤提供战略性成本信息,以利于企业竞争优势的形成和核心竞争力的创造。

成本控制绝对不只是单纯地压缩成本费用,需要与宏观经济环境、企业的整体战略目标、经营方向、经营模式等有效结合,需要建立起科学合理的成本分析与控制系统,让企业的管理者全面、清晰地掌握影响公司业绩的核心环节,全面了解企业的成本构架、盈利情况,从而把握正确的决策方向,从根本上改善企业成本状况,真正实现有效的成本控制。

1.价值链分析法

价值链分析法是由美国哈佛商学院教授迈克尔·波特提出来的,是一种寻求确定企业竞争优势的工具。企业有许多资源、能力和竞争优势。如果把企业作为一个整体来考虑,又无法识别这些竞争优势,就必须把企业活动进行分解,通过考虑这些单个的活动本身及其相互的关系来确定企业的竞争优势。

价值链分析的基础是价值,其重点是价值活动分析。各种价值活动构成价值链。价值是买方愿意向企业供给自己的产品所支付的价格,也代表着顾客需求满足的实现。价值活动是企业所从事的物质上和技术上的界限分明的各项活动。它们是企业制造对买方有价值的产品的基石。

价值活动可分为两种活动:基本活动和辅助活动。基本活动是涉及产品的物质创造及其销售、转移给买方和售后服务的各种活动。辅助活动是辅助基本活动并通过提供外购投入、技术、人力资源以及各种公司范围的职能以相互支持。

价值链列示了总价值。价值链除价值活动外,还包括利润。利润是总价值与从事各种价值活动的总成本之差。

价值链的整体性。企业的价值链体现在更广泛的价值系统中。供应商拥有创造和交付企业价值链所使用的外购输入的价值链(上游价值),许多产品通过渠道价值链(渠道价值)到达买方手中,企业产品最终成为买方价值链的一部分,这些价值链都在影响企业的价值链。因此,获取并保持竞争优势不仅要理解企业自身的价值链,而且也要理解企业价值链所处的价值系统。

价值链的异质性。不同的产业具有不同的价值链。在同一产业,不同的企业的价值链也不同,这反映了它们各自的历史、战略以及实施战略的途径等方面的不同,同时也代表着企业竞争优势的一种潜在来源。

2.产品生命周期成本法

产品生命周期理论认为,任何产品从导入市场到最终退出市场都是一个有限的生命周期,这个周期一般包括产品的导入期、成长期、成熟期和衰退期4个阶段。产品在上述4个阶段中所发生的全部耗费就是产品生命周期成本。在不同的阶段,企业会面临不同的机会和挑战,因而需采取不同的阶段策略。产品生命周期战略可以很好地指导企业的战略成本管理。在导入期和成长期,可采取发展战略,以提高市场份额为战略目标,加大投入,重视差异领先,甚至不惜牺牲短期收益和现金流量;在成熟期,可采取固守战略,以巩固现有市场份额和维持现有竞争地位为目标,重视和保持成本领先,尽可能延长本期间;在衰退期,可采取收获与撤退战略,以预期收益和现金流量最大化为战略目标,甚至不惜牺牲(有时是主动退出)市场份额。产品生命周期战略充分体现了战略成本管理的长远性思想,不仅适用于产品的生命周期,同样也适用于企业的生命周期直至产业的生命周期。

3.目标成本规划法

如果企业能同时取得成本领先和差异领先的竞争优势,回报将是很大的,因为收益是累加的——差异领先会带来价格溢价,与此同时成本领先意味着成本的降低。但因各种条件的限制,要想全面地、长期地同时取得成本领先和差异领先的地位是不现实的。目标成本战略是主攻某个特定的顾客群,某种产品系列的一个细分区段或某一个细分市场,以取得在某个目标市场上的竞争优势。

这种目标成本战略的前提是企业能够集中有限的资源以更高的效率、更好的效果为某一狭窄的战略对象服务,从而超过在更广阔范围的竞争对手。

目标成本战略有两种形式:

①成本领先目标成本战略寻求在目标市场上的成本优势。

②差异领先目标成本战略则追求目标市场上的差异优势。

目标集聚战略通常选择对替代品最具抵抗力或竞争对手最弱之处作为企业的战略目标。采用目标集聚战略的企业同样具有取得超过产业平均收益的能力。如果企业能够在某个目标市场上获得成本领先或差异领先的地位,并且这一目标市场的产业结构很有吸引力,那么实施该战略的企业将会获得超过其产业平均水平的收益。

4.竞争对手成本分析法

企业在进行竞争对手成本分析时,首先必须从各种渠道获知大量相关资讯,初步估计竞争对手的各项成本指标,如找出竞争对手的供应商,以及他们提供的零部件的成本,分析竞争对手的人工成本及其效率,评估竞争对手的资产状态及其利用能力等。企业可采用拆卸分析法将竞争对手的产品分解为零部件,以明确产品的功能与设计特点,推断产品的生产过程,对产品成本进行深入了解。另外,企业还须根据对手的其他资讯来调整上述估计指标,如竞争对手现在及未来战略及其所导致的成本水平变化、企业环境的新趋势以及产业的潜在进入者的行为。当竞争对手的成本结构被确定下来之后,公司可以使用这一成本资讯作为计量其自身成本业绩的标杆,即以此作为目标和尺度来进行系统的、有组织的学习与超越。通过这一分析方法,可找出公司与最佳业绩者之间现在和未来的成本差异,反映了公司所处的相对位置,并指出了改进的具体目标与途径。

5.成本动因分析

成本动因是指决定成本发生的那些重要的活动或事项,是作业成本计算法的核心内容,可以是一个事项、一项活动或作业。从广义上来说,成本动因的确定是作业成本计算实施的一部分;狭义地看,它又可视作企业控制制造费用努力的一部分。一般而言,成本动因支配着成本行动,决定着成本的产生,并可作为分配成本的标准。作业和成本动因的区别在于作业是为达到组织的目的和组织内部各部门的目标所需的种种行为;而成本动因是导致成本升降的因素。

成本动因分析超出了传统成本分析的狭隘范围(企业内部、责任中心)和少量因素(产量、产品制造成本要素),而代之以更宽广、与战略相结合的方式来分析成本。战略成本动因对成本的影响比重比较大,可塑性也强,从战略成本动因来考虑成本管理,可以控制企业日常经营中的大量潜在的成本问题。而战略成本动因又可大体分为结构性成本动因和执行性成本动因两大类。

①结构性成本动因分析,是指与组织企业基础经济结构和影响战略成本整势相关的成本驱动因素,通常包括以下方面:

- 规模:在研究开发、制造、营销等方面的投资规模。
- 范围:企业价值链的纵向长度和横向宽度,前者与业务范围有关,后者与规模相关。
- 经验:即熟练程度的积累。通常与企业正在作业的重复次数相关。
- 技术:企业在每一个价值链活动中所运用的技术处理方式。
- 多样性:提供给客户的产品、服务的种类。

结构性成本动因分析就是分析以上成本驱动因素对价值链活动成本的直接影响,以及它们之间的相互作用对价值链活动成本的影响,最终可归纳为一个"选择"问题:企业采用何等规模和范围,如何设定目标和总结学习经验,如何选择技术和多样性等,这种选择能够决定企业的"成本地位"。结构性成本动因分析根据其属性无疑是企业在经济结构层面的战略选择。

②执行性成本动因,是指与企业执行作业程序相关的成本驱动因素,通常包括:

- 劳动力对企业投入的向心力。
- 全面质量管理。
- 能力利用。
- 联系。企业的各种价值链活动之间是相互关联的。

执行成本动因与结构性成本动因有着不同的性质,在企业基础经济结构既定的条件下,企业通过执行性成本动因分析可以提高各种生产执行性因素的能动性及优化它们之间的组合,从而使价值链活动达到最优化而降低价值链总成本。

二、财务管理

我国经济建设的不断发展,以及我国国民生活水平的日益改善,家用汽车已经成为许多家庭所必需的交通出行工具,汽车维修企业也在此种环境中获得了更大的市场发展空间。我国汽车维修企业还处在初级发展阶段,其财务管理相对简单。随着我国汽车销售的高速发展,销售和售后服务都得到了飞速的发展,维修企业财务管理相对复杂化,需要汽车维修企业建立高效、系统的财务管理模式。

汽车维修企业在财务管理组织结构上大同小异,财务管理组织结构大多数由财务经理、整车销售会计及售后会计组成。他们各自有明确的分工,表现在以下几个方面:

①财务经理。根据市场分析和前期销售的情况对下期资金做出调度、安排和制订订车的计划等工作,另外还有融资、部门内部管理、报表审核等内容。在大的方向上,财务经理还负责组织制订财务的核算流程,对整个财务核算进行监控管理。

②整车销售会计。其主要负责整车销售的成本核算,以及整个公司费用的核算、统计销售情况、制订订车计划、编制报表并协助财务经理进行资金需求的预算。

③售后会计。其负责售后维修业务成本核算,主要包括配件、人工、单独配件的销售及汽车美容装饰等业务核算。以下从整车销售的核算管理和汽车售后服务的核算管理这两个方面对财务管理进行分析。

(一)汽车销售的财务管理

1.整车销售的财务管理

整车销售的财务管理主要是资金管理、销售情况的统计、库存的核对以及厂家的账务核对。其中整车采购资金的来源主要有自有的资金和三方协议贷款资金两个方面。在实际工作中,主要是对三方协议贷款资金的控制和管理较麻烦。在资金运用的过程中应注意资金的周转率、在途时间的长短、与厂家按类型和型号订购的车辆、企业融资能力的强弱等。三方协议贷款资金是指由汽车维修企业、厂家、银行这三方所签订的贷款协议。以70%的银行贷款资金和汽车维修企业30%左右的自有资金从厂家购车,所购汽车的质押合格证要交给银行,汽车维修企业还完银行贷款资金后,银行将质押合格证还给汽车维修企业。

(1)三方协议贷款资金的运用

三方协议贷款资金的运用在财务管理时应注意以下几点:第一,严格管理进入银行的质押合格证,确保银行存放的质押合格证与汽车维修企业库存信息保持动态一致。这里的库存信息是财务的统计台账。第二,根据客户订车时间来计算所需的资金并换回质押合格证。第三,每天统计汽车的销售情况并根据库存情况补充车辆(按类别和型号)。第四,当客户下订单时应和银行预约换取质押合格证,避免拖延时间给客户带来不便。第五,确保流程顺利、操作规范,使资金的利用效率提高,继而存货周转率高。第六,质押合格证换发过程中应登记好库存台账,将销售核算做好并与库管台账进行仔细核对。

(2)汽车维修企业进货财务管理

汽车维修企业进货的大部分情况是货先到,发票和货品同时到,或发票比货品后到,为了及时进行资产登记、合格证的管理,在实际工作中采取备查台账的形式。

在实际工作中应注意以下几点:第一,整车的销售利润主要有前面所提及的销售差价以及厂家按返利制度根据销售量情况的返利。这部分的利润应进行每月的预提或摊销进入每月利润。第二,广告费也是汽车维修企业中金额较大的一笔支出。一般情况下,厂家承担大多数广告和宣传活动费用的一半。支付完广告费后,财务人员应向广告商索取各半等额的两份发票,一份是以汽车维修企业的名义开,一份是以厂家的名义开。另外还有一种放大资金的方法,也就是采用承兑汇票。这种方法同样也应注意承兑汇票到期日,及时地进行补缺口、办理新的承兑汇票,这样以达到高效利用资金的目的。

2.二级汽车维修企业的销售财务管理

二级汽车维修企业主要分布在二级城市。在实际工作中二级汽车维修企业可以采取付部分订金或买断的方式进行销售和管理,其中采取部分订金这种方式进行经营的,库存明细上应单独列示,约定有销售返利的,月末还应进行销售返利核算。为了很好地了解二级汽车维修企业店内的销售情况,应将这两部分分别核算,月底再进行仔细分析。

(二)汽车售后服务财务管理

在实际工作中,汽车售后服务财务管理主要包括以下内容:汽车售后维修业务的核算管理、汽车配件的核算管理、汽车装饰业务利润的核算。

1.汽车售后维修业务的核算管理

汽车售后维修业务的核算内容主要有配件款和人工费。一般情况下,人工费和配件款的核算要借助详细的维修结算清单进行。此单是与客户结算的依据和开发票的依据,单上的数据已事先设置好,成本和毛利是计算机自动计算的数据。整车销售和汽车售后维修、配件销售、保险业务等都有一定比例的业务提成。这些可记入每项业务成本,也可在销售费用中体现出来,进行成本的核算。配件返利和整车销售情况类似,厂家可以根据销售量的情况按返利制度返利,这部分的利润应每月进行预提或摊入每月利润。

2.配件的核算管理

(1)配件的核算

配件主要由维修工段根据维修的需要来填领用清单,然后从配件部领出,并按照相应的成本进行结转。月底根据领料单和库存配件进行核对,并进行结果统计。如果领料单和库存配件核对结果无误,则依据维修结算清单就可统计出配件维修所产生的毛利。

（2）配件销售业务利润的核算

保险收入是配件销售业务利润中的重要部分,同时也是汽车维修企业中一项较大的业务,涉及整车的销售和售后的维修。其中在整车销售过程中,汽车维修企业在一般情况下会替客户购买保险,而保险公司就会付给汽车维修企业一定的代收手续费和返利给该企业。汽车维修企业在核算这笔费用时,应将其单独列账核算,月底时财务管理人员应将代收手续费和返利转入利润部分。售后维修时,售后维修部应根据核赔定损的清单进行相关部位维修,核算时应和一般的维修相同对待,可能其核赔的定损清单上的金额比维修所需的费用多,这时应先将差额挂在应付账款上,半年或一年后再经总经理办公会及根据保险清查的情况将其转到利润。对于费用的控制、核算,应每月进行环比并与去年同期情况进行对比,对每项总费用所占比例进行比较并仔细分析引起相关变化的原因。

3.汽车装饰业务利润的核算

汽车装饰即汽车美容,是指对汽车进行外观与内装彻底的清洁与保护,像汽车漆面处理、打蜡、改装、装饰、美化、保护等都属于汽车美容的领域。汽车装饰业是汽车产业链中的主要利润来源之一。成熟的国际化汽车市场中,汽车业50%~60%的利润来自汽车后市场,而汽车美容养护业利润已占到整个汽车后市场利润的80%左右。以美国为例,汽车美容业的年产值已超过3 500亿美元。而在我国,汽车美容业的利润一般在40%左右。据专家介绍,汽车制造业投入1元钱,将会带动售后消费24~34元,一辆中档轿车每年用在装饰美容上的费用就可达5 000~6 000元。"以修为主"逐渐转变成"以养为主"。

另外,汽车美容护理业具有灵活、操作简单、利润较高、风险较低等特点。一家经营有序、优秀的汽车美容店,利润来源主要有以下3点:

- 汽车美容业务:洗车、打蜡、快修业务。
- 汽车精品业务:汽车坐垫,车内饰品,车载电器。
- 汽车服务业务:车友俱乐部,汽车保险代理等。

在大多数汽车维修企业的财务管理中,大多以高效、低成本、程序流畅、数据反映及时并为下一步决策提供详细财务资料为基本原则,可见财务管理在汽车维修企业中的重要性。规范的运营管理标准手册将协助企业做好营运过程中的财务管理工作,可以明确汽车维修企业的投资标准和运营资金需求,明确每月必须提交的标准财务报表,确保合理的库存和资金正常运转,应收账款的管理要明晰,并且不能超标。

三、汽车维修企业财务管理概述

（一）汽车维修企业财务管理的对象

汽车维修企业财务管理的对象是指在汽车维修企业的生产过程中,需要通过企业财务会计反映和监督的具体内容,即汽车维修企业会计核算和监督的内容。汽车维修企业财务管理的对象可概括为汽车维修的生产成本和经营管理费用,生产成本包括汽车维修企业的生产成本和辅助费用。经营管理费用包括销售费用、管理费用、财务费用等期间费用。

①生产成本:汽车维修直接消耗的人工、材料、配件费用及其他费用。

②辅助费用:汽车维修企业间接发生的除直接成本之外的人工、材料费用及其他,包括以下方面:

a.非直接生产人员的办公费、差旅费、工资奖金、津贴补贴、职工福利费、保险费、制图费、试验检查费、劳动保护费等。

b.生产厂房维修费、取暖费、水电费、运输费、停工损失费、机具设备的租赁费、固定资产折旧费与修理费、物料消耗费及低值易耗品费,以及其他费用等,还包括辅助性机修车间费用。

③销售费用:企业在维修汽车过程中,发生各种各样的经营费用支出,如维修订单及维修完成交付使用过程中应由企业负担的运输费、装卸费、包装费、保险费、展览费、广告费等,以及为销售本企业配件材料发生的各种费用。

④管理费用:汽车维修企业的行政管理部门为组织和管理生产经营活动发生的各种各样的费用,如企业行政管理部门人员的工资、差旅费、固定资产折旧、业务招待费、坏账损失等费用。

⑤财务费用:企业为筹集生产经营所需资金发生的一些费用,如利息净支出、汇兑净损失、金融机构的手续费等其他费用。

(二)汽车维修企业财务管理的内容

汽车维修企业对于资金运动的管理称为汽车维修企业财务管理,汽车维修企业财务管理的原则是以生产经营管理为中心,增产节约,增收节支,提高企业经济效益。其内容主要包括建立机构、健全管理制度、筹集资金、保证生产、控制耗费、提高经济效益、依法缴纳税、合理分配利润、维护财政纪律、实行财务监督。汽车维修企业必须设立企业财务管理机构,并遵循国家有关企业财务管理制度,建立健全汽车维修企业财务管理制度,制订汽车维修企业财务人员的岗位职责,包括财务总监、会计、出纳等岗位的职责。

(三)汽车维修企业财务管理的职能

1.基本职能:汽车维修财务核算

汽车维修财务核算是发挥其他职能的基础,没有汽车维修财务核算,汽车维修财务的预测、决策、计划、控制、分析和考核等职能,都无法进行。

2.派生职能:财务预测、决策、计划、控制、分析及考评职能

汽车维修企业财务管理的各种职能是一个相互联系、相互配合、相互补充的有机整体。财务预测是财务决策的前提和依据,财务决策是财务预测的延伸和结果,又是制订财务计划的依据。财务计划是财务决策所确定财务目标的具体化,财务控制是对财务计划的实施进行监督,是实现财务决策既定目标的保证;财务核算是对财务决策目标是否实现的检验;通过运用财务核算资料和财务计划资料对比进行财务分析,才能对财务决策的正确性做出判断;把财务决策目标进行层层分解,落实责任,才能调动各部门和职工完成财务决策目标的积极性,

是实现财务决策目标的重要手段。

四、汽车维修企业的资金筹集与投资管理

汽车维修企业通过不同的筹资渠道和运用不同的筹资方式筹集资金,由于其来源、方式、期限等不同,就形成了不同的筹资类型。不同类型的筹资组合,就构成了企业的筹资结构。企业所筹集资金,按不同的标志可分为自有资金与借入资金、长期资金与短期资金、内部筹资与外部筹资、直接筹资与间接筹资等类型。

(一)自有资金与借入资金

企业的全部资金来源按其权益性质的不同,分为自有资金与借入资金。合理安排自有资金与借入资金的比例关系,既要控制财务风险,又要获取财务杠杆利益,这是筹资管理的核心。

1.自有资金

自有资金亦称自有资本或权益资本,是企业依法筹集并长期拥有、自主调配运用的资金来源。根据我国《企业会计制度》的规定,企业的自有资金包括实收资本、资本公积、盈余公积和未分配利润。自有资金具有下列属性:

①自有资金的所有权归属企业的所有者,所有者凭其所有权参与企业的经营管理和利润分配,并对企业的经营状况承担有限责任。

②企业对自有资金依法享有经营权,在企业持续经营期间,除管理者依法转让外,一般不得以任何方式抽回其资本金。

③企业自有资金可以采取吸收直接投资、发行股票、留存收益等方式进行筹措。

2.借入资金

借入资金亦称借入资本或债务资本,是企业依法筹措并依约使用、按期偿还的资金来源。借入资金包括各种借款、应付债券、应付款项等。借入资金具有下列属性:

①借入资金体现了企业与债权人的债权、债务关系,属于企业的债务,是债权人的权益。

②债权人有权按期索取其权益,但无权参与企业的经营管理,对企业的经营状况不承担任何责任。

③企业对借入资金在约定期限内享有使用权,但要承担按期付息和到期还本的义务。

④借入资金的来源主要来自银行和非银行金融机构、社会等渠道,一般采用银行借款、商业信用、发行债券等方式进行筹措。

银行借款是企业筹资的主渠道,但是银行借款一般采用担保方式。银行借款根据有无担保分为抵押担保借款和无担保借款,因银行为降低信贷风险一般要求贷款人提供担保,所以企业一般都是采用的担保借款。担保分为抵押担保和信用担保,信用担保主要是由有一定实力的企业作为担保人的,很受限制。中小企业一般采用抵押担保,但受抵押物的限制(主要是需要不动产),这种筹资限制了一些企业的融资能力。

商业信用是指在商品交易中以延期付款或预收货款进行购销活动而形成的借贷关系,是

企业间直接的信用行为。商业信用对中小企业来说一般包括应付账款和应付票据。

应付账款是指通过双方的商业交易形成后,在一定时间内延期付给供货商的货款,以减轻自己资金压力的一种短期筹资方式。

应付票据是一种较便捷的短期筹资方式。应付票据分为商业承兑汇票和银行承兑汇票。由于商业承兑汇票要求高,适用范围受到一定的限制,因此一般不采用这种筹资方式,主要采用银行承兑汇票进行筹资。

银行承兑汇票是由银行签发的期限不超过6个月的,到期后由承兑行无条件支付的票据,具有携带方便,流通性好的特点,很受企业推崇。银行承兑汇票在办理时需要企业支付一定的保证金存入指定的银行,银行将保证金专户管理,同时作为定期存款处理,这样在承兑到期的时候企业还可得到一定的利息。

(二)长期资金与短期资金

企业的资金来源,按期限的不同可分为长期资金和短期资金,两者构成企业全部资金的期限结构。合理安排资金的期限结构,有利于实现企业资金的最佳配置和筹资组合,降低筹资风险。

1.长期资金

长期资金是指期限在一年以上的资金。长期资金通常采用吸收直接投资、长期借款、发行股票、发行债券、融资租赁等方式来筹措。

2.短期资金

短期资金是指期限在一年以内的资金。短期资金一般是通过商业信用、短期借款等方式来筹措。

3.其他筹资方式

汽车维修企业的其他筹资方式主要采用企业内部留存和民间借贷。中小企业业主资本和内部留存收益分别占我国中小企业资金来源的30%和26%。在外源性融资渠道中,由于证券市场门槛高,创业投资体制不健全,企业债券发行的准入障碍,中小企业难以通过资本市场公开筹集资金,中小企业缺乏外部股权融资渠道。而亲友借贷、职工内部集资以及民间借贷等非正规金融在中小企业融资中占相当比例。

企业进行筹资期限决策,主要取决于企业筹资的用途。如果筹资是用于企业流动资产,则根据流动资产具有周期快、易于变现、经营中所需补充数额较小及占用时间短等特点,一般选择各种短期筹资方式;如果筹资是用于长期投资或购置固定资产、无形资产等,这类用途要求资金数额大、占用时间长,适宜选择各种长期融资方式。

另一方面,作为汽车维修企业的投资者,其出资方式主要有现金投资、实物投资、工业产权投资、土地使用权投资等。投入资本的出资方式除国家规定外,应在企业成立时经批准的企业合同、章程中有详细规定。

吸收直接投资的优点有以下几个:

①有利于尽快形成生产经营规模,增强企业实力。

②有利于获取先进设备和先进技术,提高企业的生产水平。

③吸收直接投资根据企业经营状况好坏,向管理者进行回报,财务风险较小。

吸收直接投资的缺点有以下两个:

①资本成本较高,特别是企业经营状况较好和盈利较多时,向管理者支付的报酬是根据其出资的数额多少和企业实现利润的多少来计算的。

②容易分散控制权,采用吸收直接投资,管理者一般都要求获得与投资数量相适应的经营管理权,如果达到一定的比例,就能拥有对企业的完全控制权。

五、汽车维修企业的流动资金、收入及收益分配管理

汽车维修企业成立之初,企业筹集的资本金就是企业经营启动资金,要注意资本金的筹集方式、时效、期限、货币、固定资产及无形资产所占份额、资本金确认、管理者违约责任等。

企业筹集的股东投资必须进行工商和税务注册登记,同时将股东投资作为法定注册资本金登记,会计上作为所有者权益记账。

汽车维修企业的财务管理主要涉及收入、费用、利润、资产、负债、所有者权益等会计要素的核算。汽车维修收入及费用的核算首先要根据收入原始凭证填制记账凭证,并确认汽车维修企业营业收入,结合汽车维修费的折扣与折让,并根据支出原始凭证填制记账凭证,对支出费用进行核算与结算,之后对收入记账凭证、支出记账凭证及转账凭证进行审核,并按期编制会计科目明细分类账和总分类账,最后核算本期税前利润。在财务管理及会计核算过程中,特别注意收入及支出的监督管理。

(一)汽车维修企业的流动资金管理

1.库存现金

①财务人员可以在规定范围内使用现金:如工资、津贴、奖金,个人劳务报酬,差旅费,结算限额(1 000元)内的零星支出,总经理批准的其他开支等;除前款规定外,财务人员支付款项应当以支票方式支付;确需全额支付现金的,经会计审核、总经理批准后方可支付现金;日常开支所需库存现金限额为2 000元,超额部分应存入银行。

②企业购置固定资产、办公用品、劳保、福利及其他工作用品必须采取转账结算方式,不得使用现金。

③财务人员支付现金,可以从本企业库存现金限额中支付或从银行存款中提取,不得从现金收入中直接支付(即坐支)。因特殊情况确需坐支的,应事先呈报总经理批准。

④出纳人员应当建立健全现金账目,逐笔记载现金支付。现金账目应当日清月结,每日结算,账款相符。

⑤现金的清查,主要采用实地盘点法,即通过清点票数来确定现金的实存数,然后以实存数与现金日记账的账面余额进行核对,以查明盈亏情况。

⑥库存现金的盘点应当由清查人员会同出纳人员共同负责,一般在当天业务结束或开始之前进行,注意清查时不得以"白条子"抵充库存现金,盘点结果填入"现金盘点报告表",并

由清查人员和出纳人员签章。

"现金盘点报告表"兼有盘存单和账存实存对比表的作用,是反映现金实有数和调整账簿记录的重要原始凭证。其一般格式如表 4.1 所示。

表 4.1　现金盘点报告表

实存余额	账存余额	对比结果		备　注
		盘　盈	盘　亏	

2.银行存款

银行存款的管理主要是清查与对账,是采用与开户银行核对账目的方法进行的,即将本单位的银行存款日记账与开户银行转来的对账单逐笔进行核对,检查账账是否相符。银行对账单上的余额,常与企业银行存款日记账上的余额不一致,一方面是因为某一方记账有错误。如有的企业同时在几家银行开户,记账时会发生银行之间串户的错误,同样,银行也可能把各存款单位的账目相互混淆。另一方面存在未达账项。所谓未达账项是指企业与银行之间对同一项经济业务,因取得凭证的时间不同,导致记账时间不一致,即发生的一方已取得结算凭证并登记入账,另一方因尚未取得结算凭证还未入账的款项。未达账项的原因有以下四种情况:企业已收,银行未收款;企业已付,银行未付款;银行已收,企业未收款;银行已付,企业未付款。

以上任何一种未达账项的存在,都会使企业银行存款日记账余额与银行对账单余额不一致。因此,在与银行核对对账单时,应首先检查是否存在未达账项,如确有未达账项存在,即编制"银行存款余额调节表",待调整后,再确定企业与银行之间记账是否一致,双方账面余额是否相符。

银行存款余额调节表的编制方法有多种,现以补记式为例,说明如下:

【例 1】　某企业 2017 年 4 月 30 日银行存款日记账余额为 65 000 元,而银行对账单余额为 58 000 元,经过逐笔核对,发现有下列未达账项:

①企业送存银行转账支票一张,系销售收入 25 000 元,银行尚未入账。

②企业开出现金支票一张,支付办公费 3 000 元,银行尚未收到支票,未入账。

③银行代企业收取前欠销售款 17 000 元,已入账,而企业尚未收到银行收款通知,未入账。

④银行代企业支付本月水电费 2 000 元,银行已付款入账,而企业尚未收到付款通知,未入账。

根据上述资料,编制"银行存款余额调节表",调整双方余额,如表 4.2 所示。

表 4.2　银行存款余额调节表

项　目	金额/元	项目	金额/元
企业存款日记账余额 +(3)收回前欠销售款 -(4)水电费	65 000.00 17 000.00 2 000.00	银行对账单额 +(1)销售收入款 -(2)办公费	58 000.00 25 000.00 3 000.00
调整后余额	80 000.00	调整后余额	80 000.00

该补记法是企业与银行都在本身账面余额的基础上补记对方已记账,而本身尚未记账的未达账项,登记后看双方余额是否一致。如调整后余额相等,则说明双方记账无错,否则说明双方记账有误,应进一步查找。

需说明的是,该调节表只起调节试算企业与银行之间账目是否相符的作用,而不能作为调整账面余额的凭证,不能据此更正账面记录。至于产生的未达账项,须等双方接到有关凭证后,才能据以登账。该调节表上调整后的存款余额,为企业存放在银行的可实际动用的存款数额。

(二)汽车维修企业的营业收入及收益分配管理

1.营业收入

汽车维修企业的营业收入分为主营业务收入和副营业务收入两类:主营业务收入也叫汽车维修收入,包括工时费收入、配件材料费收入、代垫外加工费收入等。副营业务收入包括汽车销售收入、配件销售收入、汽车保险费收入、旧车交易及设备租赁收入等。

2.汽车维修企业的利润和分配

(1)企业利润计算

经营税后利润=主营业务利润+副营业务利润+营业外收支净额-税金

其中:

主营业务利润=主营业务收入-职工薪酬-配件及材料费用-辅助费用-

营业费用-管理费用-财务费用

副营业务利润=副营业务收入-产品成本-营业费用-管理费用-财务费用

营业外收支净额=营业外收入-营业外支出

(2)企业利润分配

企业利润分配的顺序按照国家有关规定,应按照下列顺序分配:

• 缴纳企业所得税。

• 弥补以前年度尚未弥补的亏损。

• 提取法定盈余公积。我国《企业法》规定,企业应按净利润的10%提取法定盈余公积作为企业的发展和后备基金。企业制企业还可以按照股东大会的决议提取任意盈余公积。任意盈余公积的用途与法定盈余公积的相同。

- 向管理者分配利润(或股利)。税后利润的分配要注意影响财务收益分配的因素,诸如法律因素、股东因素、企业因素、汽车维修企业的收益分配政策、剩余股利的分配政策、固定或持续增长的分配政策以及低于正常股利加额外股利的分配政策等。表4.3展示典型汽车维修企业的收入支出利润表。

表4.3 某汽车维修企业有限公司支出利润表

编制单位:2017年某汽车维修企业有限公司   单位:元

项　目		本期金额	本年累计
一、营业收入			
扣除	营业成本		
	营业税金及附加		
	销售费用		
	管理费用		
	财务费用		
	资产减值损失		
增加	公允价值变动收益(损失以"-"号填列)		
	投资收益(损失以"-"号填列)		
	其中:对联营企业和合营企业的投资收益		
二、营业利润(亏损以"-"号填列)			
增加	营业外收入		
扣除	营业外支出		
	其中:非流动资产处置损失		
三、利润总额(亏损总额以"-"号填列)			
扣除	所得税费用		
四、净利润(净亏损以"-"号填列)			

六、汽车维修企业财务风险控制

汽车市场竞争日益加剧,市场需求增长放慢,来自同行企业前后向的双重挤压和竞争使汽车维修企业经营收益不断下滑,营销成本不断上升,盈利减少,汽车维修企业承受着比以往更大的生存竞争压力,企业面临的外部宏观环境也更加不确定,发生风险的可能性也随之进一步提高。

市场经济是风险经济,财务活动经常是在有风险的情况下进行的。所谓风险,是指在一定条件和一定时期可能发生的各种结果的变动程度。风险与财务问题融合在一起,就形成了财务风险,构成经济风险的一个组成部分。财务风险是贯穿现代财务理论的一个重要范畴。汽车维修企业财务风险是企业资金运动过程中不确定性因素给企业带来的风险,对企业的所有影响最终都集中体现在企业的财务状况和经营成果方面,财务风险是企业风险货币化的表现形态。

汽车维修企业在经营活动中一般都会存在经营风险和财务风险。经营风险包括开发失败、产品质量不合格、恶性竞争、产品落后;财务风险则包括筹资风险、投资风险、回款风险及分配风险。

汽车维修企业财务风险管理是一种特殊的管理功能,是在前人的风险管理经验和近现代科技成就的基础之上,发展起来的一门新的管理科学。财务风险控制是指在财务管理过程中,利用有关信息和特定手段,对企业财务活动过程中存在的各种风险进行识别、度量和分析评价,并适时采取及时有效的方法进行防范和控制,以经济合理可行的方法进行处理,以保障理财活动安全正常开展,保证其经济利益免受损失的管理过程。

(一)财务风险的基本特征

在市场经济活动中,汽车维修企业存在财务风险是难免的,关键是如何了解风险的起因,充分了解财务风险的基本特征,加强防范,有效地控制风险,使自身处于不败之地。从财务风险的规律性我们可以分析出财务风险具有以下几个特征:

1.客观性

财务风险广泛地存在于企业的各种财务活动中,是由客观环境的复杂性、社会的发展性和主观认识的局限性所决定的。因此,财务风险是不以人的意志为转移的,具有客观性。作为一个财务主体的维修企业必然会面临财务风险,必须正面面对,做好防范措施,才能减轻财务风险对企业财务机制的影响,减少可能带来的经济损失。但是,汽车维修企业要完全消除财务风险的想法是不现实的,其涉及社会、政治、经济等各方面的不确定因素。

2.系统性

财务风险贯穿企业的财务系统,并体现在各种财务关系上,是财务系统中各种矛盾的整体反映。

3.不确定性

财务系统受许多不确定因素的影响,存在风险,企业财务活动的最终结果难以事先准确把握,变得复杂,因而财务活动会产生许多事先不确定的结果,财务风险发生的时间、存在点及强度都是不确定的。但是,我们可以通过了解影响具体风险的方式和程度的因素,其中一部分因素是企业能够控制的,分析、了解具体风险的相关因素并加以控制,可以使具体风险得到有效控制。

4.损失性

由于各种因素的作用和各种条件限制,财务风险影响企业生产、经营活动的连续性、经济效益的稳定性和企业生存的安全性,最终威胁企业的收益。任何收益的取得都要付出相应的风险代价,风险与收益是相互关联的,并具有替代效应,财务风险程度与风险报酬大小成正比。财务风险在一定程度上促使企业改善管理、提高资金利用效率。

5.进步性

风险与竞争是一对孪生兄弟,承认和承担财务风险把企业推向背水一战的境地,必然使企业达成一个共同的目标,努力改善企业的财务管理,增强企业的竞争能力,进而提高企业的经济效益。

综上所述,认识财务风险,了解财务风险的成因,更能够明确财务管理的目标、概念,拓展财务的空间。正确预测、衡量财务风险,建立财务危机预警指标体系并进行适当的控制和防范,健全风险管理机制,适时调整财务管理政策,使企业在经营管理中,将财务风险造成的损失降至最低程度,实现公司价值最大化。通过分析,我们可以得知:

①财务风险是客观存在的。财务风险既可以给公司带来收益,也可以给公司造成损失。公司要实现持续稳定发展,必须树立风险意识、加强风险管理。

②企业在财务风险方面面临的主要风险。企业在财务风险方面面临的主要风险是筹资风险、投资风险、收益分配风险、资金回收风险。

③企业应采取多种方式来规避风险,以此减少风险的影响。

(二)财务风险防范与控制的方法

企业财务风险防范与控制,并非意味着完全预防、减少或消灭财务风险,而是指在一定的风险条件下,通过对风险的预测、评价、决策、处理等手段,对风险可能造成的损失采取预防和补偿措施,尽可能降低潜在风险发生的可能性,或者减少风险损失的范围和程度。人们将汽车企业财务风险防范与控制系统运行的基本方式分为事前防护性控制、事中前馈性控制和事后反馈控制三种方式。

(1)事前防护性控制

事前防护性控制又称排除干扰控制,是指在财务活动发生前,就制定一系列制度和规定,把可能产生的差异予以排除的一种控制方法。企业应该提高事前风险防控的意识,在每项决策进行前都要进行风险分析,并且制定一定的财务风险防控制度,使风险能够得到良好的控制。

(2)事中前馈性控制

事中前馈性控制又称补偿干扰控制,是指通过对实际财务系统运行的监视,运用科学的方法预测可能出现的偏差,采取一定措施使差异得以消除的一种控制方法。企业通过对财务营运过程风险的监控,控制风险的发展方向,并且及时发现新的风险,健全规章制度,及时调整财务风险导致的偏差,制订出新措施。

(3)事后反馈控制

事后反馈控制又称平衡偏差控制,是在认真分析的基础上,发现实际与计划之间的差异,确定差异产生的原因,采取切实有效的措施,调整实际财务活动或调整财务计划,使差异得以消除或避免今后出现类似差异的一种控制方法。企业不仅要加强对财务风险的控制,对于风险发生后的防控也是至关重要的,要及时对已经发生的风险防控做出总结,总结经验教训,避免类似风险再次发生,为未来管理打好基础,并且制订风险管理的方向措施。

七、汽车维修企业的成本与费用管理

汽车维修企业成本管理存在的问题主要包括采购成本高、生产成本高、销售成本高,对成本的地位认识不足,成本管理战略观念缺乏,成本管理方法陈旧,成本管理人才专业性不强等。因此,现有的成本管理模式已不能满足市场竞争的需要,必须树立新的成本观,选择适合企业自身特点的成本管理模式。

(一)汽车维修企业的成本与费用管理

汽车维修企业成本管理的对策是提高汽车维修企业员工的素质,有针对性地建立和完善企业各部门全员成本核算制度;加强汽车维修企业财务管理,建立完善的现代成本控制体系,建立企业成本管理的信息平台;将成本控制意识作为企业文化的一部分,更新观念,强化成本意识,采取积极措施降低汽车维修企业经营成本;形成有效会计控制与即时监控机制,减少不必要的经营成本。如前所述,汽车维修企业成本与费用的内容主要包括:

$$汽车维修企业总支出(成本与费用)=营业成本+期间费用$$
$$汽车维修企业的营业成本=直接成本+辅助费用$$

式中,直接成本是汽车维修直接消耗的人工、材料、配件费用及其他,辅助费用是汽车维修企业间接发生的除直接成本之外的人工、材料费用及其他费用。这包括以下两种:

①非直接生产人员的办公费、差旅费、工资奖金、津贴补贴、职工福利费、保险费、计算制图费、试验检查费、劳动保护费等。

②生产厂房维修费、取暖费、水电费、运输费、停工损失费;机具设备的租赁费、固定资产折旧费与修理费,物料消耗费及低值易耗品费,以及其他费用等;还包括辅助性机修车间费用。汽车维修企业的期间费用还包括营业费用、管理费用、财务费用。

(二)汽车维修企业的成本费用控制

科学的汽车维修企业成本与费用管理要求企业必须加强经济责任制、加强定额、编制计划、严格开支,加强汽车维修企业内部经济核算,特别是工时核算、单车核算、班组核算等核算。汽车维修企业成本与费用的控制要求做好以下各项基础工作:

①各种维修工作原材料和员工工时定额的制定和修订。

②各种库存维修材料、配件物资的计量、收发、领退和盘点的原始记录。

③维修工时核算、维修单车核算、维修班组核算价格的制订和修订。

④适应维修特点和管理要求,采用适当的维修成本和费用计算方法。

企业在进行成本核算时,应根据本企业的具体情况,选择适合本企业特点的成本费用计算方法进行成本核算。成本费用计算应同时考虑企业生产类型的特点和管理要求两个方面。在同一企业里,可以采用一种成本计算方法,也可以采用多种成本计算方法,即多种成本计算方法同时使用或多种成本计算方法结合使用。成本计算方法一经选定,一般不得随意变更。

八、汽车维修企业固定资产和库存物资管理

汽车维修企业的固定资产和库存物资管理是企业维修业务成本核算和成本控制的主要部分,汽车维修企业的固定资产管理主要涉及汽车维修设备、企业办公设备、动力设备等固定资产的管理。汽车维修企业的库存物资管理主要涉及汽车维修所需的库存材料及配件的管理。

(一)汽车维修设备管理的内容

汽车维修设备管理的任务涉及设备的技术管理与经济管理,包括择优选配,合理使用,维护修理,适时改造、报废和更新,设备管理人员的岗位职责等。

维修设备的合理选择与配置遵循一般原则与基本程序结合;安装调试与交付使用结合;技术状况与分类标准结合。在合理使用中应注意宣传教育,合理使用,操作规程,文明生产;在设备的维护修理中,遵循机械设备维修要求,强制维修保养,根据设备状况进行修理,并严格鉴定与评估。投入使用的设备,应建立汽车维修企业的固定资产设备的台账、卡片与技术档案。必要时,应对设备进行合理的改造、报废与更新。

(二)汽车维修设备固定资产的折旧

汽车维修设备作为固定资产每月必须进行固定资产折旧核算,汽车维修设备的折旧首先要根据相关财务管理制度与设备技术寿命、经济寿命确定车辆与设备等固定资产的合理使用寿命,再选定合理的折旧方法,通常汽车维修设备的折旧方法包括平均年限法(直线法)、工作量法、加速折旧法等。汽车维修企业会计人员应采用合理的固定资产折旧方法定期计算确定每月折旧额并进行固定资产折旧的核算。图4.1展示了汽车维修企业固定资产的折旧方法。

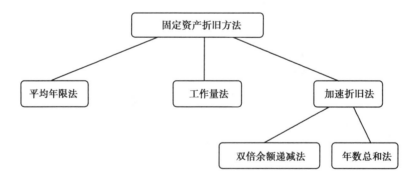

图 4.1 固定资产折旧方法

1.平均年限法

平均年限法又称为直线法,是将固定资产的折旧均衡地分摊到各期的一种方法。采用这种方法计算的每期折旧额均是等额的。其计算公式如下:

$$年折旧率 = (1 + 预计净利残值率) / 预计使用年限 \times 100\%$$

$$月折旧率 = 年折旧率 \div 12$$

$$月折旧额 = 固定资产原价 \times 月折旧率$$

上述计算的折旧率是按个别固定资产单独计算的,称为个别折旧率,即某项固定资产在一定期间的折旧额与该固定资产原价的比率。如果企业按分类折旧来计算折旧率,计算公式如下:

$$某类固定资产年折旧额 = (某类固定资产原值 - 预计残值 + 清理费用)/该类固定资产的使用年限$$
$$某类固定资产月折旧额 = 某类固定资产年折旧额 / 12$$
$$某类固定资产年折旧率 = 该类固定资产年折旧额 / 该类固定资产原价 \times 100\%$$

采用分类折旧率计算固定资产折旧,计算方法简单,但准确性不如个别折旧率。

采用平均年限法计算固定资产折旧虽然简单,但也存在一些局限性。例如,固定资产在不同使用年限提供的经济效益不同,平均年限法没有考虑这一事实。又如,固定资产在不同使用年限发生的维修费用也不一样,平均年限法也没有考虑这一因素。只有当固定资产各期的负荷程度相同,各期应分摊相同的折旧费时,采用平均年限法计算折旧才是合理的。

2.工作量法

工作量法是根据实际工作量计提折旧额的一种方法。这种方法可以弥补平均年限法只重使用时间,不考虑使用强度的缺点,计算公式为:

$$每一工作量折旧额 = 固定资产原价 \times (1 - 残值率) \times 预计总工作量$$
$$某项固定资产月折旧额 = 该项固定资产当月工作量 \times 第一工作量折旧额$$

3.加速折旧法

加速折旧法又称为快速折旧法或递减折旧法,特点是在固定资产有效使用年限的前期多提折旧,后期少提折旧,从而相对加快折旧的速度,以使固定资产成本在有效使用年限中加快得到补偿。常用的加速折旧法有双倍余额递减法、年数总和法两种:

(1)双倍余额递减法

双倍余额递减法是在不考虑固定资产残值的情况下,根据每一期期初固定资产账面净值和双倍直线法折旧额计算固定资产折旧的一种方法。其计算公式如下:

$$年折旧率 = 2/预计的折旧年限 \times 100\%$$
$$月折旧率 = 年折旧率 \div 12$$
$$月折旧额 = 固定资产账面净值 \times 月折旧率$$

这种方法没有考虑固定资产的残值收入,因此不能使固定资产的账面折余价值降低到它的预计残值收入以下,即实行双倍余额递减法计提折旧的固定资产,应当在其固定资产折旧年限到期的最后两年,将固定资产净值扣除预计净残值后的余额平均摊销。

【例2】　某企业一固定资产的原价为 10 000 元,预计使用年限为 5 年,预计净残值 200元,按双倍余额递减法计算折旧,每年的折旧额为:

$$双倍余额年折旧率 = 2/5 \times 100\% = 40\%$$
$$第一年应提的折旧额 = 10\ 000 元 \times 40\% = 4\ 000 元$$
$$第二年应提的折旧额 = (10\ 000 元 - 4\ 000 元) \times 40\% = 2\ 400 元$$
$$第三年应提的折旧额 = (6\ 000 元 - 2\ 400 元) \times 40\% = 1\ 440 元$$

从第四年起改按平均年限法(直线法)计提折旧。

第四、第五年的年折旧额=(10 000 元-4 000 元-2 400 元-1 400 元-200 元)/2=980 元

(2)年数总和法

年数总和法又称为合计年限法,是将固定资产的原值减去净残值后的净额和以一个逐年递减的分数计算每年的折旧额,这个分数的分子代表固定资产尚可使用的年数,分母代表使用年数的逐年数字总和。其计算公式为:

$$年折旧率=尚可使用年限/预计使用年限折数总和$$

$$月折旧率=年折旧率÷12$$

$$月折旧额=(固定资产原值-预计净残值)×月折旧率$$

汽车维修企业的办公设备及动力设备管理主要包括企业的办公设备保养与维护及用电管理、燃油管理及其他。汽车维修企业的办公设备及动力设备作为固定资产的折旧核算与以上汽车维修设备的折旧方法与核算相同。

(三)汽车维修企业库存物资管理

汽车维修企业的库存物资管理主要涉及汽车维修所需的库存材料及配件的管理。

汽车维修企业库存物资管理的主要任务是保证汽车维修正常进行,提高汽车维修企业管理水平。加强维修流动资金周转,提高企业经济效益。节约物资,减少资源消耗,提高宏观社会效益。

1.汽车维修物资的分类

汽车维修物资包括以下几个方面:

汽车配件包括易损件、一般配件、重要基础件及贵重总成。

维修辅助材料包括通配料、辅杂料、油润料、漆料;原材料及其他包括金属、非金属、燃料动力、工具等。

物资采购包括定点采购、合同采购。

入库验收是指库房保管要遵循库管职责、采购入库验收、库房管理、清仓查库、统计与核算。

2.配件采购与库房管理的基本要求

- 把好数量、质量、单据三关。
- 坚持凭证不全、手续不齐、数量不符、质量不合格的四不收制度。
- 基本方法有分类分区、四号定位、立牌立卡、五五摆放、ABC 管理法。
- 库存物资清仓盘点和回收利用包括清仓盘点与信息反馈、回收利用、修旧利废。

汽车维修物资的消耗定额管理是了解汽车修理材料消耗定额的作用、种类、制订和修订。并确定汽车维修物资的需要量与储备量,计算公式为:

$$经常库存储备定额=(最大储备量+最小储备量)/2$$

汽车维修库存物资发放制度包括汽车配件的核料制度和交旧领新发放制度;汽车维修辅助材料的发放;工具、量具及刀具的管理;库存物资的发放要登记出库领料单和库存物资材料

明细账等。

九、汽车维修企业财务报告

汽车维修企业财务报告通常包括会计报表及其附注,会计报表一般由资产负债表、利润表、现金流量表和会计报表附注组成。通过分析资产负债表可以了解企业的财务状况,对企业的偿债能力、资本结构是否合理、流动资金是否充足作出判断;通过分析利润表可以了解分析企业的盈利能力、盈利状况、经营效率,对企业在行业中的竞争地位、持续发展能力作出判断;通过分析现金流量表可以了解企业营运资金管理能力,判断企业合理运用资金的能力以及支持日常周转的资金来源是否充分并且有可持续性;通过会计报表附注可以了解企业使用的会计政策,以及会计报表中的一些重大变化与重大事项。

(一)汽车维修企业的会计报表

1.汽车维修企业的资产负债表

资产负债表是反映企业某一日期财务状况的会计报表,根据"资产=负债+所有者权益"的等式,依照一定的分类标准和一定的次序,将企业的资产、负债和所有者权益项目予以适当排列、编制而成。分析企业的资产负债表能正确评价企业的财务状况、偿债能力,这对于一个理性的或潜在的管理者而言是极为重要的。

资产负债表中的资产是企业因过去的交易或事项而获得或控制的能以货币计量的经济资源。资产负债表中的负债是企业负债状况的完全表露,是企业由过去的交易或事项引起而在现在某一日期承担的将在未来向其他经济组织或个人交付资产或提供劳务的责任。企业要想获得高速发展,适当负担一些债务是情理中的事,但如果负债过大,则企业的资产质量就会不高,泡沫成分也必然较大,这无疑蕴含着较大的经营风险。资产负债表中的所有者权益也即企业的净资产,是资产与负债的差额,表明了企业的管理者对企业净资产的所有权,也称产权,一般由股本、资本公积、盈余公积、未分配利润组成。由于这一部分直接影响投资收益,即分红送转,因此,特别值得管理者认真揣摩。

资产负债表是企业最主要的综合财务报表之一。它是一张平衡表,根据会计学上复式簿记的记账方法,企业的资产和负债双方在账面上必须平衡,资产负债表也就是资产和负债的平衡表,资产作为会计上的借方,列在表的左边,负债作为会计上的贷方,列在表的右边,两边的总金额必须相等。

假设一家企业的资产,如现金、银行存款、存货、机器设备等,总价值为5 000万元。这5 000万元的资产并不完全归这家企业的股东所有,因为企业在经营过程中总会有贷款或欠款。如果这家企业从银行取得1 500万元的贷款,并发生赊购价值500万元的商品业务时,那么,这家企业一方面有了资金(资产)5 000万元,另一方面欠银行和其他单位的债务(负债)2 000万元。作为企业5 000万元资产的来源渠道,一是靠2 000万元的负债,二就是靠股东的投资和企业的累积盈余,即3 000万元的股东权益(净资产)。下面对资产负债表的主要项目分别进行介绍。

（1）资产

企业的资产额在一定程度上反映了一家企业的规模和实力。从理论上讲,资产规模大的企业,发展相对稳健,经营成本与风险都小。当然,实际中不仅要看企业的资产规模,而且还要看资产质量。资产分为四大类,共30多项财务指标,从上至下按变现程序排列,变现最快的排在最上方,变现最慢的排在最下方。

①流动资产。流动资产是指企业日常经营所需的资金,以及那些在较少时间内能换成现金的短期资产。流动资产是最容易变现的资产,按变现快慢又有如下几种:货币资金、短期投资、应收票据和应收账款、预付账款、其他应收款、存货、其他流动资产。一般来说,分析流动资产状况,要重点考查其中的应收账款及期末存货。应收账款的余额过大,发生坏账的风险会相应增加,企业的正常运转可能会因此而受影响,风险也可能因此而出现;存货比例过大(即存货周转率过低),将不可避免地占用企业的资金,影响企业的资金流动和付现偿债能力,减低企业的活力。

②长期投资。长期投资指的是一年以上才能收回的投资。国内上市企业的长期投资主要是股权投资和联营投资两部分。要考查企业长期投资的资产质量,就要对长期投资的回报作最基本的评价。管理者应十分注意的是,一些企业一味注重规模、外延的扩大,不断向外投资,其子企业又投资孙企业,形成巨额的长期投资,但与之相应的投资回报率却很低。而合并报表往往将其中很大一部分抵销,表现为集团的存货和其他资产,淡化、掩盖了母企业长期投资存在的问题。

③固定资产。固定资产指的是厂房、设备等实物资产,包括已经建好使用中的固定资产和在建工程。一般来说,工业企业和基础设施类公用事业企业固定资产比例较大,商贸类企业固定资产比例较小。

④无形资产。无形资产反映企业各项无形资产的原价扣除摊销后的净额。流动资产、长期投资、固定资产属于有形资产,土地、房屋的使用权,商誉,专利则属于无形资产。我国宪法规定,城镇土地属国家所有,农村土地属集体所有。因而,作为有形资产的土地所有权不可能表现在企业的财务报表上,只有使用权才能转让,企业所拥有的地产只能作为土地使用权的"无形资产"。

（2）负债

负债即企业的债务,按偿债期是一年以内还是一年以上又可分为流动负债和长期负债。流动负债是指那些在一年内须偿付的债务,如应付员工的工资、应付未付的账款、应付未付银行和其他贷款人的票据、应交未交的税款等。长期负债是指那些在一年以上必须偿还的债务,主要是借银行的长期贷款,还包括企业发行的长期债券、长期应付款以及其他长期负债等。

（3）股东权益

股东权益就是企业的自有资产,包括股本金、资本公积金、盈余公积金(含公益金)、未分配利润等项目。

2.汽车维修企业的利润表

对企业管理者来说，最让他们关注的是利润表，因为利润表犹如企业的"成绩单"，能集中反映该企业在一定时期中的收入、费用、利润或亏损，揭示企业获取利润能力的大小、潜力以及经营趋势。利润表由3个主要部分构成：第一部分是营业收入；第二部分是与营业收入相关的生产性费用、销售费用、管理费用、财务费用、其他费用；第三部分是利润。

利润表的内容主要是企业的各项收入与支出，其编制必须基于某一定的期间，才能了解该期间内的收支情况，这是利润表与资产负债表编制上的显著差异之处。资产负债表是表示某一时点的静态报表，而利润表则是表示某一定时期的动态报表。如果说资产负债表是企业财务状况的瞬时写照，那么利润表就是企业财务状况的一段录像，因为它反映了两个资产负债表编制日之间企业财务盈利或亏损的变动情况。所以，利润表对企业的实力和前景具有特别重要的意义。通过分析利润表，可以了解企业的盈利能力、盈利状况、经营效率，对企业在行业中的竞争地位、持续发展能力作出判断。

利润表通常以年初为起始时间，然后按时间分为第一季利润表、上半年利润表、前三季利润表及全年度利润表。

3.汽车维修企业的现金流量表

在现金流量表中，重点是经营、投资、筹资三大活动所产生的现金流量。一般情况下，我们所关注的是现金流量净额，即现金流入减去现金流出的差额部分。如果有负数，需格外关注，并找出相应原因。一个企业是否有足够的现金流入是至关重要的，这不仅关系其支付股利、偿还债务的能力，还关系企业的生存和发展。因此，管理者、债权人在关心企业的每股净资产、每股净收益率等资本增值和盈利能力指标时，对企业的支付、偿债能力也应予以关注。在其他财务报表中，管理者只能掌握企业现金的静态情况，而现金流量表是从各种活动引起的现金流量的变化及各种活动引起的现金流量占企业现金流量总额的比重等方面去分析的，反映了企业现金流动的动态情况。管理者在研究现金流量表时，与其他财务报表结合起来分析，就会更加全面了解这一企业。

现金流量表主要由经营活动产生的现金流量、投资活动产生的现金流量、筹资活动产生的现金流量三部分组成。每一种活动产生的现金流量又分别揭示流入、流出总额，使会计信息更具明晰性和实用性。经营活动产生的现金流量包括购销商品、提供和接受劳务、经营性租赁、交纳税款、支付劳动报酬、支付经营费用等活动形成的现金流入和流出。由于商业信用的大量存在，营业收入与现金流入可能存在较大差异，能否真正实现收益，还取决于企业的收现能力。因此，了解经营活动产生的现金流量，有助于分析企业的收现能力，从而全面评价其经济活动成效。

投资活动产生的现金流量主要包括购建和处置固定资产、无形资产等长期资产，以及取得和收回不包括在现金等价物范围内的各种股权与债权投资等收到和付出的现金。企业投资活动中发生的各项现金流出，往往反映了其为拓展经营所作的努力，可以从中大致了解企业的投资方向。一个企业从经营活动、筹资活动中获得现金是为了今后的发展创造条件。现金不流出,是不能为企业带来经济效益的。当然错误的投资决策也会事与愿违,所以特别要求投资的项目能如期产生经济效益和现金流入。

筹资活动产生的现金流量包括吸收投资、银行贷款、偿还债务、发行股票、分配利润、发行债券等收到和付出的现金。现金流可用于扩大再生产,可用于引进先进的技术设备,可用来补充流动资金短缺,还可用来弥补亏损或还债等。

(二)财务报表附注

财务报表附注说明是为了帮助管理者理解会计报表的内容而对报表的有关项目等所作的解释,是企业对报表加以说明的补充资料,与会计报表共同构成一个有机整体。管理者利用会计报表附注说明可以了解到许多非常重要而从报表中无法找到的信息。其内容主要由以下3部分组成:

①企业经营业务情况和会计报表中有关项目的补充说明。

②企业执行会计制度的有关说明,主要包括:遵循的会计制度和财务制度;采用的主要会计处理方法;会计处理方法的变更情况、变更原因以及对财务状况和经营成果的影响。

③有关部门对企业情况的说明,其中主要是注册会计师的审计报告。我国制度规定,企业的会计报表必须经注册会计师的审计,并提出审计报告。在审计报告中,要对企业的会计报表进行公证,对企业的增资扩股、长期负债、存货构成、应收账项和应付账项进行说明。

十、汽车维修企业的财务分析

汽车维修企业会计编制财务报告之后,企业管理人员就必须审查财务报告并进行必要的财务分析。汽车维修企业的财务活动分析是根据财务报表揭示收入、费用、利润、资产、负债、所有者权益六个会计要素之间的关系,借以评价企业财务状况和经营效果,为企业经营决策和经营管理提供依据。

(一)汽车维修企业财务分析的目的、依据、方法及指标

财务分析的目的是评价企业经营效果、评价企业偿债能力、衡量企业经济能力、预测企业未来趋势。财务分析的依据是企业财务报告(包括会计报表的主表、附表、附注和财务情况说明书等)。财务分析的基本方法包括比较分析法、比率分析法、趋势分析法、因素分析法。

财务分析的常用指标是资产负债率、营运资本、流动比率、速动比率、现金比率、应收账款周转率、存货周转率、流动资产周转率、总资产周转率、营业毛利率、营业利润率、产品销售利润率、资本金利润率、税前利润率和成本费用利润率等。

(二)汽车维修企业财务分析的内容

汽车维修企业财务分析的主要内容包括以下4个方面:

①企业偿债能力分析:包括短期偿债能力分析与长期偿债能力分析,短期偿债能力分析指标包括流动比率、速动比率和现金比率;长期偿债能力分析指标包括资产负债率、应收账款周转率、存货周转率等。

②运营能力分析指标：包括流动资产周转率、固定资产周转率和总资产周转率。

③盈利能力分析：包括营业利润率、成本费用利润率、资产总额利润率、资本金利润率及所有者权益利润率的分析。

④财务状况趋势分析：计算和对比前后数年财务报告中主要财务指标及变化率，观察其变动数额和幅度，分析其变动趋势，并预测未来。

（三）资产负债表的分析

资产负债表内容庞杂，数字繁多，初步阅览一遍后，则要对资产负债表的一些重要项目，尤其是期初与期末数据变化很大，或出现大额红字的项目进行进一步分析。比如，企业总资产在一定程度上反映了企业的经营规模，而它的增减变化、企业负债与股东权益的变化有极大的关系，当企业股东权益的增长幅度高于资产总额的增长时，说明企业的资金实力有了相对的提高；反之则说明企业规模扩大的主要原因是负债的大规模上升，进而说明企业的资金实力在相对降低、偿还债务的安全性亦在下降。又如，企业应收账款过多，占总资产的比重过高，说明该企业资金被占用的情况较为严重，而其增长速度过快，说明该企业可能因产品的市场竞争能力较弱或受经济环境的影响，企业结算工作的质量有所降低。再如，企业年初及年末的负债较多，说明企业每股的利息负担较重，但如果企业在这种情况下仍然有较好的盈利水平，则说明企业产品的获利能力较佳、经营能力较强。

由于现代经营的多样性与财务报表的复杂性，有时候只看一两个数据还不能清楚地看清企业的状况，因此，可以运用一些基本财务指标进行比率计算，以便更好地阅读与分析财务报表。从资产负债表中我们可以获得以下几项主要财务指标：

1.反映企业财务结构是否合理的指标

①固定资产比率＝固定资产/总资产×100%。固定资产是衡量一家企业有没有稳定可靠的家当的一个重要标志，有较多的固定资产，还可以以此作抵押或担保进行融资，扩大业务规模。不过，第三产业，如金融、内外贸、科技咨询、房地产等，却并不需要很多的固定资产，特别是高科技企业，固定资产往往并不多。这个比率应根据行业而定。

②净资产比率＝股东权益总额/总资产×100%。该指标也叫股东权益率，主要用来反映企业的资金实力和偿债安全性，它的倒数即为负债比率。净资产比率的高低与企业资金实力成正比，一般应在50%左右，但对于一些特大型企业而言，该指标的参照标准应有所降低。

③资本化比率＝长期负债/（长期负债+股东股益）×100%。该指标主要用来反映企业需要偿还的及有息长期负债占整个长期营运资金的比重，因而该指标不宜过高，一般应在20%以下。

④资产负债率＝负债总额/资产总额×100%。资产负债率是一项衡量企业利用债权人提供资金进行经营活动的能力的指标，也反映债权人发放贷款的安全程度。资产负债率不能过高。因为企业的所有者即股东，一般只承担有限责任，而一旦企业清算时，资产变现所得很可能低于其账面价值，如果资产负债率过高，债权人可能蒙受损失。当资产负债率大于100%，表明企业已资不抵债。

2.反映企业偿还债务安全性及偿债能力的指标

（1）流动比率指标

流动比率的计算公式为：流动比率＝流动资产/流动负债。

该指标主要用来反映企业偿还债务的能力。一般来说，流动比率要大于1，最好在5和2之间。流动比率越大，表示企业拥有自有流动资产越多，借贷流动资产越少，资产流动性自然就高，偿债能力也就越强。但过高的流动比率也是反映企业财务结构不尽合理的一种信息，它有可能是企业某些环节的管理较为薄弱，从而导致企业在应收账款或存货等方面有较高的水平；企业可能因经营意识较为保守而不愿扩大负债经营的规模；股份制企业以发行股票、增资配股或举借长期借款、债券等方式筹得的资金后尚未充分投入营运；等等。但就总体而言，过高的流动比率主要反映了企业的资金没有得到充分利用，而该比率过低，则说明企业偿债的安全性较弱。

（2）速动比率

速动比率的公式为：速动比率＝速动资产（流动资产−存货−预付费用−待摊费用）/流动负债。

在通常情况下，该比率应以1∶1为好，但在实际工作中，该比率（包括流动比率）的评价标准还须根据行业特点来判定，不能一概而论。

3.反映股东对企业净资产所拥有的权益的指标

反映股东对企业净资产所拥有的权益的指标计算公式为：

$$每股净资产＝股东权益总额/（股本总额×股票面额）$$

该指标说明股东所持的每一份股权在企业中所具有的价值，即所代表的净资产价值。净资产即股本、资本公积金、法定盈余公积金、任意盈余公积金、未分配利润诸项目的合计，它代表全体股东共同享有的权益，有人也称其为股票净值。净资产的大小是由企业经营状况决定的。企业的经营成果越好，净资产越高，股东所享有的权益就越多。

分析以上数据与指标，我们可以对汽车维修企业的财务结构、偿债能力等方面进行综合评价。这需要管理者能够以综合、联系的眼光进行分析和评价。举例来说，企业净资产比率很高，说明其偿还期债务的安全性较好，但同时就反映出其财务结构不尽合理。作为一个长期管理者，所关心的就是企业的财力结构是否健全合理；相反，若以债权人的身份出现，就会非常关心该企业的债务偿还能力。另外，由于资产负债表只反映企业某一方面的财务信息，因此管理者要对企业有一个全面的认识，不能静态地看一个数据或一张报表的内容，而应将各种财务数据结合起来综合分析才能看出问题的实质，得出正确的结论。

（四）利润表的分析

利润表是一张动态表，反映了企业在某一时期的经营成果，是一个比较直观的经营状况表。其主要内容和分析方法如下。

根据利润表提供的数据，并结合年度报告中的其他有关资料，特别是资产负债表中的有关资料，汽车维修企业管理者可以从以下几个方面进行分析：

1.企业主营业务的盈利能力

毛利率的计算公式为:毛利率=(主营业务收入-营业成本)/主营业务收入。

如果企业毛利率比以前高,可以说明企业生产经营管理具有一定的成效,同时,在企业存货周转率未减慢的情况下,企业的主营业务利润应该有所增加。反之,当企业的毛利率有所下降,则应对企业的业务拓展能力和生产管理效率多加考虑。

2.企业的综合盈利能力

同资产负债表一样,利润表的分析也不能静态地看一个数据或一张报表的内容,而应将各种财务数据结合起来综合分析才能看出问题的实质。管理者尤其应重视以下指标:

(1)净资产收益率

净资产收益率=报告期净利润/报告期加权平均净资产×100%

这个指标一方面反映出企业的盈利能力,另一方面也可以用来说明企业经营者在为所有股东拥有的资产争取充分收益的能力。虽然对股东来说,唯有税后利润才是实实在在的回报,可是对企业来说,其所创造的全部利润,包括上缴给国家的税收,均是其获利能力的标志。

(2)总资产收益率

总资产收益率=利润总额/年初和年末的资产平均余额×100%

年初和年末的资产平均余额=(年初资产总额+年末资产总额)/2

该指标表明一家企业总共投入多少总资产(包括借来的资产),又创造了多少盈利,这是考核其投入产出比率的重要指标。一般而言,该指标越高越好。

(3)主营业务收入增长率

主营业务收入增长率=(本期主营业务收入-上期主营业务收入)/上期主营业务收入×100%

该指标可以用来衡量企业的维修业务生命周期,判断企业发展所处的阶段。一般来说,如果主营业务收入增长率超过10%,说明企业维修业务处于成长期,将继续保持较好的增长势头,尚未面临产品更新的风险,属于成长型企业。如果主营业务收入增长率在5%~10%,说明企业维修业务已进入稳定期,不久将进入衰退期,需要着手开发新维修业务。如果该比率低于5%,说明企业维修业务已进入衰退期,保持市场份额已经很困难,主营业务利润开始滑坡,如果没有已开发好的新业务,将步入衰落。

(4)成本费用利润率

成本费用利润率=利润总额/成本费用总额×100%

这是一项衡量企业成本费用与利润关系的指标,反映企业投入产出水平,即所得与所费的比率。一般来说,成本费用水平低,则企业盈利水平高;反之,成本费用水平高,则企业盈利水平低。

3.企业的经营能力

汽车维修企业的盈利能力是以某一特定时点为基准的,有的企业以这个时点测算的盈利能力特别强,可能是突然接到一笔大生意,或有意外的营业外收入等;有的企业以那个时点测算的盈利能力较差,也可能是刚投入的资本尚未发挥作用产生效益等。因此,在分析企业盈

利能力的同时,还得看它的经营能力。分析经营能力主要有以下四个指标:

(1)销售利润率

$$销售利润率=销售利润/销售收入$$

该指标实在地反映销售出的产品到底实现了多少利润。

(2)存货周转率

$$存货周转率=销售成本/存货平均余额$$

存货周转率是衡量汽车维修企业销售能力和分析存货库存状况的一项指标。一般而言,存货周转率越高越好,因为存货周转率越高,说明企业对存货的利用率越高,存货积压少,因持有存货所支付的利息以及仓储费就低,表明企业的经营管理效果越好。存货周转率越低,说明企业的存货积压或滞销,如果存货积压和滞销,会给企业带来一系列隐患。

(3)应收账款周转率

$$应收账款周转率=销售收入/应收账款$$

这个比率表示别人欠的钱通过销售及服务一年中能周转几次,当然是周转越快越好。一个企业收账迅速,可以减少坏账损失,既节约资金,又表明企业信用状况好。与此指标相关的还有应收账款周转次数和应好账款周转天数。总的来说,应收账款周转率越高,表明应收账款越少,一年中周转的次数越快,企业的经营状况与经营能力越好。

(4)总资产周转率

$$总资产周转率=销售收入/总资产×100\%$$

该项指标反映资产总额的周转速度。周转越快,反映资产利用效果越好,销售能力越强,进而反映出汽车维修企业的偿债能力和盈利能力令人满意。企业可以通过薄利多销的办法,加速资产的周转,带来利润绝对额的增加。

汽车维修企业管理者在阅读利润表时,如果单纯看利润的多少显然是不全面的,实际上,我们在阅读与分析利润表时,要全面观察、客观分析。比如利润,我们就不能只看利润的多少,还要看利润的来源与构成。如前所述,企业利润主要由三部分构成,即营业利润(主业务利润加上其他业务利润)、投资收益和营业外收入。营业利润是核心,比例一般应在70%以上。投资收益是多元化经营的需要,拿出一部分资金向其他行业和企业投资,既可让暂时不用的资金产生效益,又可产生多元化收益。

[复习与思考]

一、填空题

1.汽车维修企业财务管理的对象可概括为汽车维修的_____和_____费用,汽车维修企业的生产成本、辅助费用以及营业费用、管理费用、财务费用等期间费用。

2.营业费用包括维修订单及维修完成交付使用过程中应由企业负担的_____、装卸费、_____、保险费、展览费、_____等,以及为销售本企业配件材料等而发生的各种费用等。

3.管理费用是汽车维修企业的行政管理部门为组织和管理生产经营活动发生的各种各样的费用。如企业行政管理部门人员的_____、差旅费、_____、业务招待费、坏账损失等。

4.汽车维修企业财务管理的职能包括_____职能和_____职能。

5.作为管理者,其出资方式主要有现金投资、_____投资、_____投资、土地使用权投资等。

6.根据我国《企业会计制度》规定,企业的自有资金包括实收资本、_____、盈余公积和_____。

7.借入资金的来源主要来自银行和非银行金融机构、社会等渠道,一般采用银行借款、_____、发行债券等方式进行筹措。

8.应付票据是一种较便捷的筹资方式。应付票据分为商业承兑汇票和_____汇票。

9.汽车维修企业的固定资产管理主要涉及_____、动力设备与能源、_____等固定资产的管理。

10.汽车维修企业的营业收入分两类,其一为_____收入也叫汽车维修收入,其二为_____收入。

11.汽车维修企业的库存物资管理主要涉及汽车维修所需的_____及配件的管理。

12.配件采购与库房管理的基本要求是:把好_____、_____、单据三关,持凭证不全、手续不齐、数量不符、质量不合格的四不收制度。

13.库房管理的基本方法有:有_____、四号定位、立牌立卡、_____、ABC管理法。

14.汽车维修企业总支出(成本与费用)=_____+期间费用。

15.汽车维修企业财务分析的主要内容包括企业偿债能力分析、营运能力分析、_____和财务状况趋势分析。

16.汽车维修企业财务管理岗位,包括财务总监、_____、出纳。

二、判断题

(　　)1.生产成本是汽车维修直接消耗的人工、材料、配件费用及其他费用。

(　　)2.辅助费用是汽车维修企业间接发生的除直接成本之外的人工、材料费用及其他。

(　　)3.营业费用是企业在维修汽车过程中,发生各种各样的经营费用支出。

(　　)4.管理费用是汽车维修企业的行政管理部门为组织和管理生产经营活动发生的各种各样的费用。

(　　)5.财务费用是企业为筹集生产经营所需资金发生的一些费用,如利息净支出、汇兑净损失、金融机构的手续费等。

(　　)6.汽车维修企业财务管理的基本职能即汽车维修财务核算,是发挥其他职能的基础。没有汽车维修财务核算,汽车维修财务的预测、决策、计划、控制、分析和考核,都无法进行。

（　　）7.自有资金的所有权归属企业的所有者,所有者凭其所有权参与企业的经营管理和利润分配,并对企业的经营状况承担有限责任。

（　　）8.企业对自有资金依法享有经营权,在企业持续经营期间,除管理者依法转让外,一般不得以任何方式抽回其资本金。

（　　）9.借入资金体现了企业与债权人的债权、债务关系,属于企业的债务,是债权人的权益。

（　　）10.利润分配原则要遵循如下分配顺序:交税;补亏;提成;分配。

（　　）11.主营业务利润=主营业务收入-职工薪酬-配件材料费用-辅助费用-经营费用-管理费用-财务费用。

（　　）12.汽车维修企业的经营成本=直接成本+间接成本。

（　　）13.科学的汽车维修企业成本管理要求企业必须加强经济责任制、加强定额、编制计划、严格控制开支。加强汽车维修企业内部经济核算,特别是工时核算、单车核算、班组核算等措施。

（　　）14.盈利能力分析包括销售收入利润率、成本费用利润率、资产总额利润率、资本金利润率及所有者权益利润率。

（　　）15.财务报告的种类包括资产负债表、利润表和现金流量表。

三、问答题

1.请简述汽车维修业务的主营业务收入、直接成本、辅助费用、管理费用、销售费用、财务费用。

2.根据以上叙述,分析在汽车维修经营业务中如何进行成本费用的控制和收入的拓展。

模块二　实训操练

实训一　资料的收集和分析

一、实训内容

1.延伸盈利概念内容。

2.各品牌汽车售后特色服务项目的资料分享,与延伸盈利的关系。

二、实训准备

1.授课老师提前布置收集各品牌汽车售后特色服务项目资料的任务。

2.分组开展案例讨论,以4~5人为1组。

3.围绕资料提出问题进行初步讨论。

三、实训组织

1.指导老师引导小组布置好课堂讨论座次。

2.组长组织小组讨论,并记录讨论过程和结果。

3.每个小组整理讨论结果,提炼核心观点。

4.每组派一名代表上台展示,表达讨论的观点。

5.指导老师引导小组间进行观点的补充,激发创造新思维。

6.指导老师点评讨论的观点。

四、实训评价

1.本次课老师的评价和组长的评价各占50%。

2.评价参考

(1)课前准备充分,课堂讨论积极、认真。

(2)团队协作较好。

(3)考虑问题全面,能提出独到的见解。

(4)表达陈述流利,观点合理。

实训二　汽车售后服务运营考核指标的实践

一、实训内容

1.汽车售后服务运营考核指标的概念和计算。

2.汽车售后服务运营考核指标的计算及指标的目标值。

二、实训准备

1.授课老师提前布置各小组选3~4个考核指标,到企业收集数据,模拟计算。

2.分组开展案例实训活动,以4~5人为一组。

3.围绕指标提出问题,进行初步讨论和数据的收集、模拟。

三、实训组织

1.授课老师指导小组布置好课堂讨论座次。

2.组长组织小组的数据的收集,并对记录过程和结果。

3.每个小组整理讨论、计算结果,提炼自己的观点、想法。

4.每组派一名代表上台展示,表达讨论的观点。

5.指导老师引导小组间进行考核指标的理解补充,激发创造新思维。

6.指导老师点评讨论的观点。

四、实训评价

1.本次课的老师的评价和组长的评价各占 50%。

2.评价参考

(1)课前准备充分,企业收集数据认真。

(2)积极参与活动,团队协作较好。

(3)表达流畅,对指标理解正确。

任务五
汽车维修企业客户关系管理与对外合作

知识目标：

1.了解客户关系管理的起源与产生原因。

2.认知客户价值。

3.了解实施 CRM 的重要意义。

4.认知客户满意度、忠诚度及其相互之间的关系。

5.理解汽车维修企业关键业绩指标 KPI。

能力目标：

1.对不同生命周期的客户管理。

2.开发潜在客户。

3.客户资格鉴定。

4.对流失客户的管理。

5.正确处理客户投诉。

模块一　汽车维修企业客户关系管理与对外合作

[案例导入]

泰国东方饭店的魔力

于先生经常到泰国出差，并下榻东方饭店，第一次入住东方饭店时良好的饭店环境和服务就给他留下了深刻的印象。当他第二次入住该饭店时几个细节更使他对饭店的好感倍增。那天早上，在他走出房门准备去餐厅时，楼层服务生恭敬地问道："于先生是要用早餐吗?"于

91

先生很奇怪,反问:"你怎么知道我姓于?"服务生说:"我们饭店规定,晚上要背熟所有客人的姓名。"这令于先生大吃一惊,因为他频繁往返于世界各地,入住过无数高级酒店,但这种情况还是第一次碰到。

于先生高兴地乘电梯到餐厅所在的楼层,刚刚走出电梯门,餐厅的服务生就说:"于先生,里面请。"于先生更加疑惑,因为服务生没有看到他的房卡,就问:"你知道我姓于?"服务生答:"上面的电话刚刚下来,说您已经下楼了。"如此高的效率让于先生再次大吃一惊。于先生刚走进餐厅,服务小姐微笑着问:"于先生还要老位置吗?"于先生的惊讶再次升级,心想"尽管我不是第一次在这里吃饭,但最近的一次也在一年前了,难道这里的服务小姐记忆力那么好?"

看到于先生惊讶的神情,服务小姐主动解释说:"我刚刚查过电脑记录资料,您去年8月8日在靠近第二个窗口的位子上用过早餐。"于先生听后兴奋地说:"老位子!老位子!"服务小姐接着问:"老菜单,一个三明治,一杯咖啡,一只鸡蛋?"现在于先生已经不再惊讶了,"老菜单,就要老菜单!"于先生已经兴奋到了极点。

上餐时餐厅赠送了一碟小菜,这种小菜于先生是第一次看到,就问:"这是什么?"服务生后退两步说:"这是我们特有的小菜。"服务生为什么要后退两步呢?他是怕自己说话时口水不小心落在客人的食品上,这种细致的服务不要说在一般的饭店,就是在美国最好的饭店里于先生都没有见到过!这一次早餐给于先生留下了终生难忘的印象。

后来,由于业务调整,于先生有3年的时间没有再到泰国去,在于先生生日的时候,突然收到一张东方饭店发来的生日贺卡,里面还附了一封短信,内容是:"亲爱的于先生,您已经有3年没有来我们这里了,我们全体人员都非常想念您,希望能再次见到您,今天是您的生日,祝您生日愉快。"于先生非常激动,并表示如果再去泰国,一定要住东方饭店,而且要说服所有的朋友也像他一样选择!

这封信的信封上面贴着一枚6元的邮票,6元钱就这样温暖了一颗心。

思考:

1.如果你是于先生,你会再次入住东方饭店吗?

2.泰国东方饭店的魔力是什么?

一、客户关系管理概述

客户关系管理,英文名称 Customer Relationship Management,简称 CRM。

(一)客户关系管理的起源与产生原因

1.客户关系管理的起源

20世纪80年代初,美国开始推行专门收集客户与公司联系的所有信息的"接触管理"(Contact Management)。

1985年,巴巴拉·本德·杰克逊提出了关系营销的概念,即把营销活动看成一个企业与消费者、供应商、分销商、竞争者、政府机构及其他公众发生互动作用的过程,其核心是建立和发展与这些公众的良好关系。该理论的提出使人们对市场营销理论的研究又迈上了一个新的台阶。

1990年,"接触管理"演变成包括电话服务中心支持资料分析的客户关怀(Customer Care)。

1990年美国计算机技术咨询和评估集团(Gartner Group Inc)提出了一种供应链的管理思想企业资源计划,即ERP(Enterprise Resource Planning),它是指建立在信息技术基础上,以系统化的管理思想为企业决策层及员工提供决策运行手段的管理平台。

在ERP的实际应用中人们发现,由于ERP系统本身功能方面的局限性,也由于IT技术发展阶段的局限性,ERP系统并没有很好地实现对供应链下游(客户端)的管理,针对3C因素中的客户多样性,ERP并没有给出良好的解决办法。另一方面,到20世纪90年代末,互联网的应用越来越普及,CTI(Computer Telecommunication Integration)客户信息处理技术(如数据仓库、商业智能、知识发现等技术)得到了长足的发展。结合新经济的需求和新技术的发展,Gartner Group Inc在1999年提出了CRM概念。

2.客户关系管理的产生原因

(1)需求的拉动

很多企业在信息化方面已经做了大量工作,也获得了很好的经济效益。但同时,在很多企业内部,销售、营销和服务部门的信息化程度却不能适应业务发展的需要,对销售、营销和服务的日常业务的自动化和科学化要求越来越高。这是客户关系管理应运而生的需求基础。

在工作过程中,我们经常会从客户、销售、营销和服务人员、企业经理那里听到各种抱怨。

客户:两个业务员给我的优惠不一样,哪一个才可靠;我的车没有任何问题,怎么还不停地打电话来要我进厂;我在公司官方网站上留言,怎么没有人联系我?

销售人员:每天接待这么多客户,但是真正成交的却没几个,浪费了大量时间和精力。没在公司,客户打来电话,我却不记得客户的信息了,要是能看到公司电脑里的资料就好了;我这次面对的是一个老客户,什么样的优惠政策才能让他满意呢?

营销人员:去年在营销上开销了2 000万元,我怎样才能知道这2 000万元的回报率;在展览会上一共收集了4 700张名片,怎么利用它们才好;展览会上,我向1 000多人发放了公司资料,这些人对我们产品的看法怎样,谁是真正的潜在客户?

服务人员:很多客户所说的故障都是自己的误操作引起的,接这样的电话占去了太多时间,帮他检查下来也没办法收取修理费用,工作枯燥而无聊。

经理:有个客户半小时以后就要来谈最后的签单事宜,但一直跟单的人最近辞职了,而我作为销售经理,对与这个客户联系的来龙去脉还一无所知,真急人;有三个销售员都和这个客户联系过,我作为销售经理,怎么知道他们都给客户承诺过什么;这个大客户,我该派哪个销售员去跟进呢?

上面的问题可归纳为两个方面:

其一,企业的销售、营销和客户服务部门难以获得所需的客户互动信息。

其二,来自销售、客户服务、市场、制造、库存等部门的信息分散在企业内,这些零散的信息使企业无法对客户有全面的了解,各部门难以在统一的信息的基础上面对客户。

这需要各部门对面向客户的各项信息和活动进行集成,组建一个以客户为中心的企业,实现对面向客户的活动的全面管理。

（2）技术的推动

20世纪90年代以来,计算机的普及提高了人们的工作效率,为企业CRM提供了设备基础。大型关系数据库技术、数据挖掘技术的出现,提高了企业搜集、整理、加工和利用客户信息的能力,为企业分析、发现客户需求提供了必要的技术保障。而互联网技术的应用和普及,更使得企业可以不受时空限制,随时随地与客户进行沟通交流。《中国互联网络发展状况统计报告》统计显示,截至2018年12月,我国网民规模达8.29亿。

此外,电子商务在全球范围内正开展得如火如荼,改变着企业做生意的方式。企业可通过因特网开展营销活动,向客户销售产品,提供售后服务,搜集客户信息。重要的是,这一切的成本非常低廉。

沃尔玛超市对顾客的购买清单信息的分析表明,啤酒和尿布经常同时出现在顾客的购买清单上。原来,美国很多男士在给自己小孩买尿布的时候,还要为自己带上几瓶啤酒。而在这个超市的货架上,这两种商品离得很远,因此,沃尔玛超市就重新分布货架,即把啤酒和尿布放得很近,让购买尿布的男人很容易地看到啤酒,最终使啤酒的销量大增。这就是著名的"啤酒与尿布"的数据挖掘案例。

（3）管理理念的更新

经过二十多年的发展,市场经济的观念已经深入人心。面对广泛的经济、技术和文化变革,许多企业都试图增强其现有的客户关系的价值和盈利能力。企业的经营理念已经从"以产品为中心"向"以客户为中心"转移。为了克服传统市场营销中的弊病,实现这种转移,现代市场营销理论的核心已经由原来的4P发展演变为4C,实现了真正意义上的以客户为中心。

现在是一个变革的时代、创新的时代,领先竞争对手一步,就可能意味着成功。业务流程的重新设计为企业的管理创新提供了一个工具。在引入客户关系管理的理念和技术时,不可避免地要对企业原来的管理方式进行改变,变革、创新的思想将有利于企业员工接受变革,而业务流程重组则提供了具体的思路和方法。

在互联网时代,仅凭传统的管理思想已经不够了,互联网带来的不仅是一种手段,而且它触发了企业组织架构、工作流程的重组以及整个社会管理思想的变革。

（二）客户关系管理

最早提出客户关系管理概念的Gartner Group认为:所谓的客户关系管理就是为企业提供全方位的管理视角,赋予企业更完善的客户交流能力、最大化客户的收益率。

然而不同的研究机构有着不同的表述:

Hurwitz Group 认为客户关系管理的焦点是自动化并改善与销售、市场营销、客户服务和支持等领域的客户关系有关的商业流程。客户关系管理既是一套原则制度，也是一套软件和技术。它的目标是缩减销售周期和销售成本，增加收入，寻找扩展业务所需的新的市场和渠道以及提高客户的价值、满意度、营利性和忠实度。客户关系管理应用软件将最佳的实践具体化并使用了先进的技术来协助各企业实现这些目标。

IBM 则认为客户关系管理包括企业识别、挑选、获取、发展和保持客户的整个商业过程。IBM 把客户关系管理分为三类，即关系管理、流程管理和接入管理。

从管理科学的角度来考察，客户关系管理源于市场营销理论。从解决方案的角度考察，客户关系管理是将市场营销的科学管理理念通过信息技术的手段集成在软件上，得以在全球大规模的普及和应用。

作为解决方案的客户关系管理，集合了当今最新的信息技术，它们包括因特网和电子商务、多媒体技术、数据仓库和数据挖掘、专家系统和人工智能、呼叫中心等。

作为应用软件的客户关系管理，凝聚了市场营销的管理理念。市场营销、销售管理、客户关怀、服务和支持构成了客户关系管理软件的基石。

综上，客户关系管理有以下三层含义：体现为新态企业管理的指导思想和理念；是创新的企业管理模式和运营机制；是企业管理中信息技术、软硬件系统集成的管理方法和应用解决方案的总和。

CRM 不只是一个软件，还是方法论、软件和 IT 能力的综合，是商业策略。我们给客户关系管理的定义：企业为提高核心竞争力，利用相应的信息技术以及互联网技术来协调企业与顾客间在销售、营销和服务上的交互，从而提升其管理方式，向客户提供创新式的个性化的客户交互和服务的过程。其最终目标是吸引新客户、保留老客户以及将已有客户转为忠实客户，增加市场份额。

（三）客户资源管理

1.客户价值管理

客户价值需要从两个方面来认知：一是企业为客户提供的价值，即从客户的角度来感知企业提供产品和服务的价值；二是客户为企业提供的价值，即从企业角度出发，根据客户消费行为和消费特征等变量测度出客户能够为企业创造的价值，该客户价值衡量了客户对企业的相对重要性，是企业进行差异化决策的重要标准。

客户方面，研究人员认为，客户价值是客户从某种产品或服务中所能获得的总利益与在购买和拥有时所付出的总代价的比较，即客户从企业为其提供的产品或服务中所得到的满足 $Vc=Fc-Cc$（Vc：客户价值，Fc：客户感知利得，Cc：客户感知成本）。

随着市场竞争的加剧，商品同质化倾向越来越强，客户越来越看重企业是否能满足其个性化需求和提供高质量的服务，伴随该过程，客户价值也在悄然发生着变化。理性消费阶段，客户不但重视产品价格，而且看重产品质量，追求物美价廉；感觉消费阶段，客户注重产品的形象、品牌、设计和使用的方便性等；感情消费阶段，客户追求购买和消费过程中感情上的满足感。这样的演变从注重物质利益到注重精神感受,实际上是人类社会追求更高层次需求在市场经济中的体现,这也充分反映了研究客户满意的重要意义。

企业方面,即企业从客户的购买中所实现的企业收益。客户价值是企业从与其具有长期稳定关系的并愿意为企业提供的产品和服务承担合适价格的客户中获得的利润,也即顾客为企业的利润贡献。"长期稳定的关系"表现为客户的时间性,即客户生命周期(CLV)。一个偶尔与企业接触的客户和一个经常与企业保持接触的客户对于企业来说具有不同的价值。这一价值是根据客户消费行为和消费特征等变量所测度出的客户能够为企业创造出的价值。

客户价值管理将客户价值分为既成价值、潜在价值和影响价值,其作用在于满足不同价值客户的个性化需求,提高客户忠诚度和保有率,实现客户价值持续贡献,从而全面提升企业盈利能力。

(1)既成价值

在研究企业客户的既成价值时,客户与企业的这种关系会保持一段时间,在该过程中,客户对企业的价值体现除了利润的增加、成本的节约,还有客户的既成影响价值。

(2)潜在价值

潜在价值是指如果客户得到保持,将在未来进行的增量购买给企业带来的价值。潜在价值主要考虑两个因素:企业与客户可能的持续交易时间和客户在交易期内未来每年可能为企业提供的利润。

(3)影响价值

当客户高度满意时,带来的效应不仅是自己会持续购买公司产品,而且通过他们的指引或者参考来影响其他客户,并使他们前来购买所产生的价值称为影响价值。

完整的客户价值管理包括三个步骤:

①所需数据采集。掌握不同客户价值,将有限的资源定位于正确的客户。对高价值客户应预先采取留住客户的行动,将资源集中于最有价值客户而不只是目前业务最繁忙的客户,持续关心具有未来潜在业务和影响价值的客户,避免只给一次性购买最大量服务的客户以最好的服务。

②客户价值分析。判断客户的不同价值和等级,关注客户价值的变化。根据客户价值的变动可以及时发现客户行为的改变,从而能够提前给高价值客户奖励或者减少其不满意度,以维持和提高价值。

③决策。根据不同客户价值来决定各个方面应该采取的措施,如市场营销活动决策。

2.客户生命周期管理

客户生命周期管理是指从一个客户开始对企业进行了解或企业对某个客户进行开发,到客户与企业的业务关系完全终止且与之相关的各种事宜完全处理完毕的这段时间。客户生命周期可分为考察期、形成期、稳定期和退化期四个阶段。考察期是客户关系的孕育期;形成期是客户关系的快速发展阶段;稳定期是客户关系的成熟期和理想阶段;退化期是客户关系水平发生逆转的阶段。在这四个不同阶段,交易量、价格、成本、间接效益、交易额以及利润等变量的变化情况也各不相同,如表5.1所示。

表5.1　客户关系发展各阶段相关变量的变化情况

生命周期 / 变量	考察期	形成期	稳定期	退化期
交易量	总体很小	快速增长	最大并持续稳定	回落
价格	为吸引客户,一般为较低的基本价格	有上升趋势,形成期后期变得明显	价格继续上升,具体取决于公司的增值能力	开始下降
成本	最高	明显降低	继续降低至一个底线	回升,但一般低于考察期
间接效益	没有	后期开始有间接效益,并有扩大趋势	明显,且继续扩大	缩小
交易额	很小	快速上升,形成期后期接近最高水平	稳定在一个高水平	开始下降
利润	很小甚至负利润	快速上升	继续上升,但后期减缓,最后稳定在一个高水平上	开始下降

(1)考察期

考察期,是关系的探索和试验阶段。在这一阶段,双方考察和测试目标的相容性、对方的诚意、对方的绩效,考虑如果建立长期关系双方潜在的职责、权利和义务。双方相互了解不足,不确定性大是考察期的基本特征,评估对方的潜在价值和降低不确定性是这一阶段的中心目标。在这一阶段,客户会下一些尝试性的订单,企业与客户开始交流并建立联系。在这一时期,企业应该充分利用自己的客户数据库,挖掘有潜在价值的目标客户,加强与这类客户的交流,使他们成为本企业的真正客户。

(2)形成期

形成期,是关系的快速发展阶段。双方关系能进入这一阶段,表明在考察期双方相互满意,并建立了一定的相互信任和交互依赖。在这一阶段,双方从关系中获得的回报日趋增多,交互依赖的范围和深度也日益增加,逐渐认识到对方有能力提供令自己满意的价值(或利益)和履行其在关系中担负的职责,因此愿意承诺一种长期关系。在这一阶段,双方的了解和信任不断加深,关系日趋成熟,双方的风险承受意愿增加,由此双方交易不断增加。当企业对目标客户开发成功后,客户已经与企业发生业务往来,且业务在逐步扩大,此时已进入客户成长期。企业的投入和开发期相比要小得多,主要是发展投入,目的是进一步融洽与客户的关系,提高客户的满意度、忠诚度,进一步扩大交易量。此时客户已经开始为企业作贡献,企业从客户交易获得的收入已经大于投入,开始盈利。

（3）稳定期

稳定期，是关系发展的最高阶段。在这一阶段，双方含蓄或明确地对持续长期关系作了保证。双方对对方提供的价值高度满意，为能长期维持稳定的关系都作了大量有形和无形投入，以及有较大或较频繁的交易。因此，在这一时期双方的交互依赖水平达到整个关系发展过程中的最高点，双方关系处于一种相对稳定状态。此时企业的投入较少，客户为企业作出较大贡献，企业与客户交易量处于较高的盈利时期。

（4）退化期

退化期，是关系发展过程中关系水平逆转的阶段。关系的退化并不总是发生在第四阶段，实际上，在任何一阶段关系都可能退化。引起关系退化的原因很多，如一方或双方经历了一些不满意，需求发生变化等。此时，企业有两种选择，一种是加大对客户的投入，重新恢复与客户的关系，进行客户关系的二次开发，另一种做法便是不再做过多的投入，渐渐放弃这些客户。

（四）实施客户关系管理的意义

传统的汽车维修企业管理往往通过维修价格、维修技术水平来提高企业竞争优势，占取市场份额。然而企业在发展，市场在成熟，要想在竞争中立于不败之地，加强客户关系管理就成为全面提升企业核心竞争力的重要手段。

1.实施客户关系管理是客户满意的保障

开发一个新客户的成本是维持一个老客户的5~6倍，而流失一位老客户的损失，需争取10位新客户才能弥补。如果将每年的客户关系保持率增加5个百分点，则可将利润增长85%；令客户满意的公司，年平均业绩增长率为12%，市场占有率增长60%；服务品质低劣的公司，年平均业绩增长率只有1%，而市场占有率下降2%；一个满意的客户会向其他3个人讲述他的经历，而一个不满意的客户会向其他15个人讲述他的经历。从上述资料中不难理解客户满意是企业生存和制胜的关键，是企业核心竞争力的体现。

2.实施客户关系管理形成和提升企业的品牌价值

第一，在市场逐渐成熟的今天，维修质量、价格的竞争已经走向极限，而创新和差异化的竞争是通过客户服务管理来实现的，力争比竞争对手在服务上做得"多一点""好一点"，使客户更满意，体现服务的"差异化"，才能形成自己的服务品牌价值。第二，汽车维修属于服务性质的消费，具有服务的四大特性，即无形性、不可分离性、差异性和不可储藏性。客户在购买实体商品时可以通过观察、触摸和测试产品来进行质量评判，而进行汽车维修之前是无法评价其质量优劣的，客户只能依赖企业的声誉。因此，建立和维持汽车维修企业的声誉，也就是提升自己的品牌，建立良好的口碑是一个重要的任务。而树立良好口碑最好的方式就是为客户提供优质的服务，进行有效的客户关系管理。

3.实施客户关系管理将成为企业利润的源泉

客户是企业利润的中心，要想保留老客户、开发新客户就必须依靠优质的客户服务管理。汽车维修企业的利润同样来源于其服务对象，也就是汽车的拥有者、使用者甚至生产者，只有通过优质的客户服务管理来为其提供良好的服务,才能够获取新的客户和留住老客户以获得源源不断的利润。美国通用公司在本土的一个调查资料显示,汽车维修企业中一个忠实客户对企业的贡献:今后 20 年中 5 辆新车的销售利润、5 辆二手车的销售利润、5 辆新车的维修工时的利润、5 辆新车配件销售的利润,其总共为企业带来的利润将大于 2 万美元,其中还不包括他推荐的其他客户带来的潜在利润。

[案例导入]

顺利完成拜访前的电话联系

总机:“国家制造公司。”

麦克:“请问比尔·西佛董事长在吗?”

知道并说出客户的姓名是很重要的,尤其是在初次接触的时候。如果麦克问:“请问董事长在吗?”这种只有头衔没有姓名的话题显得太不适当了。

总机听了麦克的问话以后,毫不犹豫地把麦克的电话转到董事长办公室,由董事长的秘书小姐接听。

秘书:“董事长办公室。”

麦克:“你好。我是麦克·贝柯。请问比尔·西佛董事长在吗?”

麦克先自我介绍,然后说出西佛董事长的名字。这让人觉得麦克跟比尔早就认识,他们是朋友。如果秘书真是这么想,那她一定把电话转接给比尔。这样,麦克希望和比尔通话的目的就达到了。不过,秘书没有这么想,她小心翼翼地继续问。

秘书:“西佛先生认识你吗?”

麦克:“请告诉他,我是温彻斯特公司的麦克·贝柯。请问他在吗?”

麦克并不认识比尔,他不能回答秘书的问题。麦克只好再自我介绍一次,这次他说出了公司的名字。麦克在谈话中,一直不忘记说“请问他在吗?”这是不断地对秘书询问,使秘书不得不对这个询问做适当的答复。麦克也希望秘书小姐不再问问题。

秘书:“他在。请问你找他有什么事?”

秘书很直爽地回答,但附带了一个问题:“请问你找他有什么事?”

麦克:“我是温彻斯特公司的麦克·贝柯。请教你的大名。”

麦克没有正面回答秘书的问题。麦克只是重复说着秘书和公司的名称。他也附带问了一个问题,他想知道秘书小姐的名字,待日后再通话时,能拉近彼此的距离。

秘书:“我是玛莉·威尔逊。”

麦克:“威尔逊小姐,我能和董事长通话吗?”

秘书:“贝柯先生,请问你找董事长有什么事?”

麦克:“威尔逊小姐,我很了解你做秘书的处境,也知道西佛先生很忙,不能随便接电话,不过,你放心,我绝不占用董事长太多的时间,我相信董事长会觉得这是一次有价值的谈话,绝不浪费时间。请你代转好吗?"

麦克确实遇到了困难,但他仍不气馁,试图突破困境。他坚持一个原则——不向秘书小姐说出自己的真正目的,因为他顾虑一旦向秘书小姐说出自己的目的,再经由秘书小姐转达,难免会产生误解。

秘书:"请等一下。"

麦克的坚定语气,使秘书小姐不再难为麦克,她把麦克的电话转给董事长。

……

思考:

拨打电话时,如果非客户本人接听,应注意哪些问题?

二、开发潜在的客户

(一)客户定位

客户定位包括确认和审查,即谁是真正的客户、客户的类型和地位,客户的开放性程度、客户研究相关问题的意愿,以及客户咨询服务顾问的经历等。在营销中,客户定位是最核心的问题,起到把握全局、统领核心的作用。

要了解客户是否能在企业购买更多的产品或服务,主要依靠客户行为的分析,如购买频率、购买金额等。在汽车行业中,按照客户接受服务的频率可以把客户分为四种类型,分别是活跃客户、摇摆客户、摇摆趋于流失客户、流失客户。

活跃客户是指在一年内入厂 3 次及 3 次以上的客户;

摇摆客户是指在一年内入厂 2 次的客户;

摇摆趋于流失客户是指在前三个月至一年内入厂 1 次的客户;

流失客户是指一年内未入厂的客户。

(二)汽车维修企业有效客户

各种服务行业都有对有效客户的界定方法,一般均根据客户的消费情况来对管理内客户进行划分,即有效客户和无效客户。汽车维修企业管理内客户,即到汽车维修企业办理过汽车维修、保养、索赔、保险理赔等相关业务的客户。在某一个统计周期内,有一定贡献值的管理内客户即为有效客户。一般情况下,汽车维修企业会以一年或半年为一个统计周期,并统一制定客户贡献值。

汽车维修企业可以通过上年有效客户总量、本年有效客户总量、本年客户累计新增、上年有效客户持续到店、其他客户 5 个统计项目计算出两个非常重要的指标:有效客户总量增长率和有效客户保持率,具体情况如下:

1.上年有效客户总量

上年有效客户总量即上一个年度的有效客户总量,是计算有效客户总量增长率和有效客户保持率必不可少的基础数据。

2.本年有效客户总量

本年有效客户总量是指在统计周期(年度统计周期)内的所有有效客户的数量。本年有效客户总量包含本年客户累计新增、上年有效客户持续到店和其他客户。

(1)本年有效客户累计新增

本年有效客户累计新增是指在统计周期(年度统计周期)内新增加的有效客户数量,上年有效客户总量中不存在,只出现在本年有效客户总量中的客户数量。

(2)上年有效客户持续到店

上年有效客户持续到店是指在上一个统计周期中的有效客户,在新的统计周期内仍然继续到汽车维修企业进行车辆维修养护的这部分客户。

(3)其他客户

其他客户属于本年有效客户,但不是新增客户,也不属于上年有效客户,通过分析发现其他客户是在上一个统计周期之前的客户,也就是说其他客户是一个统计周期未到过服务店接受服务的这部分客户,也可以称之为上一统计周期内流失的客户。

3.有效客户总量增长率

有效客户总量增长率是指统计周期内有效客户相对于上一个统计周期的有效客户总量增长情况。

4.有效客户保持率

有效客户保持率指的是上一个统计周期内的有效客户在新的统计周期内仍然坚持到服务店接受服务的数量。

(三)客户资格鉴定

判断一个客户是否会成为潜在客户,一般来说他需具备金钱、决定权、需要3个条件,即需满足"MAN"三要素。

1.客户是否有购买能力

M代表Money,即金钱,也就是说该客户需具备一定的购买能力,买得起、用得起。

2.客户是否有购买决定权

A代表Authority,即购买决定权。客户往往是一个复杂的群体,根据其在购买行为发生时所起的作用,一般将其划分为6种角色。

①发起者。他是第一个提议购买商品或服务的人;

②影响者。他是对决策具有某种影响的人;

③决策者。他是对购买具有决定权的人;

④购买者。他是从事购买行为的人;

⑤使用者。他是使用该商品或服务的人;

⑥守门人。对于很多企事业单位来说,销售人员往往会遇到保安、秘书等,他们是控制信息流程和组织中其他流程的人,只有得到他们的配合,才能顺利开展进一步的销售工作。

这6种角色有时是集于一个人身上,有时是分属于不同的人。针对目标客户,我们需要做出详细的分析,才能制订出有针对性的营销措施。

3.客户是否有需求

N 代表 Need,即需求,在考虑和分析客户的购买需要时,应评估及审查客户购买的可能性,如果一个客户对所提供的产品或服务毫无兴趣,那么和他接触就无多大意义了。

(四)汽车维修企业潜在客户的开发

1.4S 店展厅接待渠道

4S 店展厅接待渠道主要是指各个汽车品牌专卖店或各大汽车销售卖场如汽车超市等汽车销售企业的现场展示场所,该渠道开发的客户主要是来现场看车的客户或来电话咨询的客户。我们通过该渠道获得的不仅是新购车辆客户的资料,这些资料中我们也可以发现有保养及维修车辆需求的客户。

2.汽车维修企业管理内客户资料分析

只要到汽车维修企业办理过汽车维修、保养、索赔、保险理赔等相关业务的客户,都会留有大量信息。我们通过一定的管理工具可以按照意愿进行汇总、筛选并做进一步分析,从而锁定潜在客户并制订具体的潜在客户开发对策。

3.书面资料渠道

汽车维服务人员通过查阅各种书面资料来寻找潜在客户也是一种非常有效的渠道。该渠道具体来说包括以下三个方面的资料:

①统计资料,主要指国家汽车相关部门的统计调查报告,如中国汽车统计年鉴、汽车行业统计调查资料、汽车行业团体公布的调查统计资料等。

②名录类资料,主要指各大企事业单位内部成员名录或社会上各种正式或非正式的团体的会员名录,包括企业客户名录、同学名录、会员名录、协会名录、职员名录、电话黄页、公司年鉴、企业年鉴等。

③报刊类资料,主要指与该汽车销售企业市场范围相关性较大的各类地方报纸,全国全球范围内颇具影响力的汽车专业性报纸和汽车杂志等。

在利用这些信息的过程中需要对信息可靠性进行分析,同时还要注意资料的时效性,这些都是十分必要的。

4.汽车展示会渠道

各种专门的汽车展示会是收集潜在客户的一条重要途径,常见的汽车展示会分为本公司举办的专场汽车展示会和其他公司或组织举办的汽车展示会。这两种类型的展示会作为收集潜在客户的重要途径我们必须做到“有备而战”。

①对于本公司的专场汽车展示会要参与策划整个展示会的方案设计,了解展示会的整个流程和具体环节,有针对性地设计潜在客户信息收集问卷或表格,预测客户的兴趣点,并准备一些客户关心较多的问题以便实现最佳现场解答。

②对于参加大型的其他组织举办的展示会,要收集全面的、准确的最新展会信息,了解参展单位以及参展品的特征,收集竞争对手和潜在客户资料,制订有效的间接收集潜在客户的

方案并充分论证其可行性。

③准备好专门的客户信息收集工具,比如纸、笔、名片、公司宣传册、客户信息登记表、数码相机、笔记本电脑等。

5.移动互联渠道

①汽车维修企业可建立自己的官方网站、官方微博及公众微信号,通过这些平台发布相关信息,增加与客户的沟通,获取更多客户关注点。

②汽车维修企业可以通过专门的汽车门户网站,如汽车之家、搜狐汽车、新浪汽车等,将产品信息和各种优质服务信息发布到网上,同时收集和浏览客户信息。

③汽车维修企业可以利用互联网上的商业企业信息搜索器获得客户信息,并有针对性地进行推广。

6.合作单位渠道

研究客户的生活轨迹就可以发现,他们每天的生活要接触大量的企业或组织,只要我们研究客户的生活规律,就很容易找到和我们拥有共同客户群的企业或者组织,如电信、航空公司、保险企业等。我们只要主动和这样的企业或组织联系,共同探讨合作方案,就会有源源不断的潜在客户。

［案例导入］

一堂生动的哲理课

一天,一位年近花甲的哲学教授在上他的最后一节课。在课程行将结束时,他拿出了一个大玻璃瓶,又先后拿出两个布袋,打开一看,一个口袋装着核桃,另一个口袋装着莲子。然后他对同学们说:"我今天给你们做一个实验,我还是在年轻时看到过这个实验的。实验的结果我至今仍然常常想起,并常用这个结果激励自己,我希望你们每个人也能像我一样记住这个实验,记住这一实验结果。"老教授把核桃倒进玻璃瓶里,直到一个核桃也塞不进去为止。这时候他问"现在瓶子满了吗?"学过哲学的同学已经有了几分辩证的思维。"如果说装核桃的话,它已经装满了。"教授又拿出莲子,用莲子填充装了核桃后还留下的空间。然后,老教授笑问道:"你们能从这个实验里概括出什么哲理吗?"同学们开始踊跃发言,并展开争论,有人说这说明了世界上没有绝对地满。有人说这说明了时间像海绵里的水,只要想挤,总可以挤出来的。还有人说这说明了空间可以无限细分。

最后,老教授评论说:"你们说的都有一定的道理,不过还没有说出我想让你们领会的道理。你们是否可以逆向思考一下呢?如果我先装的是莲子而不是核桃,那么莲子装满后还能再装下核桃吗?你们想想看,人生有时候是否也是如此,我们经常被许多无谓的小事所困扰,看着人生沉埋于这些琐碎的事情之中,到头来,却往往忽略了去做那些真正对自己重要的事情。结果,白白浪费了许多宝贵的时间。所以,我希望大家能够永远记住今天的实验,记住这个实验的结果,如果莲子先塞满了,就装不下核桃了。"

人的生命短暂,时间有限,我们必须清晰地认识到哪些事情是最重要的,哪些事情是最关键的。我们应该分清事情的轻重缓急,先做那些对实现自己使命而言最重要的事情,这样我们就不会捡了芝麻,丢了西瓜。我们的人生就不会那么庸俗,那么碌碌无为,那么屏弱,那么难以选择。否则,有一天我们终将发现我们所得的远远大于所放弃的东西。

思考:

1.所有客户给企业带来的利益都一样吗?

2.企业是否该对每一位客户投以一样的精力?

三、客户分层管理

对企业来讲,不同的客户有着不同的采购规模,不同的利润贡献程度,我们应在有限的资源条件下,采取不同的销售策略,合理有效地管理客户。

(一)ABC 分类法

ABC 分类法又称巴雷托分析法,是由意大利经济学家维尔弗雷多·巴雷托首创的。1879年,巴雷托在研究个人收入的分布状态时,发现少数人的收入占全部人收入的大部分,而多数人的收入却只占一小部分,并发现 20%的人口占有 80%的财富,而 80%的人口只占 20%的财富。后来美国质量管理大师约瑟夫·朱兰把这一现象叫作巴雷托法则,也就是人们常说的"80/20 法则",这一法则同样适用于客户管理领域。

ABC 分类法的核心思想是在决定一个事物的众多因素中分清主次,识别出少数的但对事物起决定作用的关键因素和多数的但对事物影响较少的次要因素,从而有区别地确定管理方式的一种分析方法。

(二)ABC 客户分类法

ABC 客户分类法是我们区分不同类客户价值的实用方法,以客户的消费额或利润贡献等重要指标为基准,把客户分为 A 类客户(关键客户)、B 类客户(主要客户)、C 类客户(普通客户)三个级别,如表5.2 所示。

表 5.2 客户 ABC 分类法

客户类型	客户名称	客户数量比例/%	客户为企业创造的利润比例/%
A	关键客户	5	50
B	主要客户	15	30
C	普通客户	80	20

1.A 类客户(关键客户)

A 类客户是客户金字塔中最上层的客户,是在过去一定时间内消费额最多的前5%的客户。这类客户是企业的优质核心客户群,由于他们忠诚度较高,对企业贡献最大,能给企业带来长期稳定的收入,所以是非常值得企业花费大量时间和精力来提高其满意度的。企业应进行重点管理A类客户。对A类客户的管理我们应做到:指派专职营销人员经常联络、定期走访,为他们提供最快捷周到的服务,使他们得到最大的优惠,企业领导也应定期与之沟通交流;密切注意A类客户所处行业趋势,内部人事变动等异常动向;优先处理A类客户的抱怨和投诉。

2.B类客户(主要客户)

B类客户是指处于客户金字塔中间,在过去一定时间内消费额最多的前20%客户中,除去A类客户后的客户。这类客户一般来说是企业的大客户,但不属于优质客户。他们对企业经济指标完成的好坏构成直接影响,不容忽视。企业对他们应进行次要管理,投以相当的时间和精力关注这类客户的生产经营状况,并有针对性地提供服务。对该类客户的管理,企业需注意:指派专职营销人员经常联络、定期走访,为他们提供服务的同时要给予更多关注,营销主管也应定期走访;密切关注该类客户所处行业趋势,内部人事变动等异常动向。

3.C类客户(普通客户)

C类客户是指上述两种客户以外的80%的客户。这类客户对企业完成经济指标的贡献甚微,消费额占企业总消费额的20%左右,不过他们数量较大,具备一定增长潜力。企业对他们可以进行一般管理,在提供基础性服务、控制总服务投入时,也应将精力重点放在有挖掘潜力,可提升等级的客户身上,使其早日升级为B类客户,甚至是A类客户。

清楚了解了客户层级分布后,企业即可根据客户价值来策划与之匹配的客户关怀项目,针对不同层级客户群的需求特征、消费行为、期望值等制订不同的销售策略,配置不同的服务人员、服务项目及相关资源。同时重点关注部分可提升层级客户群体,使企业在维持成本不变的情况下,创造出更多的价值和经济效益。

三、流失客户管理

汽车行业的根本就是客户,客户是企业的根本资源,也是企业的最大"无形资产"。《哈佛商业评论》统计,开发一个新客户的成本是留住一个老客户成本的五倍,留住老客户比开发新客户显然更为经济有效。然而随着客户车辆生命周期的延续,客户流失似乎已成为一种必然趋势,如果我们不知道如何去关注和管理这部分客户,那么"流失"必将变为永久的"失去"。

1.发掘流失客户

流失客户是指在规定时间段内,无回站进行过保养、维修、装饰等行为的客户。

6个月未进站的客户称为短期流失,他们并不一定是真正流失的客户,如有些用车较少的客户6个月还未达到进厂的里程数。因此统计出来的短期流失客户需进行跟踪回访,确认客户状态。

一年以上未进站的客户为主要的流失客户,称为长期流失,企业需通过电话调查用户真正流失的原因,并有针对性地开展活动项目,从服务站内部管理抓起,真正从服务意识、服务能力上去改变。

另外有部分流失客户可能是过路车,即非本站客户,企业可以通过历次维修记录和客户登记的地址进行识别。

按照保修期分类(购车时间和行驶里程),可将流失客户分为保内流失和保外流失两类。

2.客户流失原因分析

价格差异:竞争对手之间的价格差异,直接导致客户大量转移至价格低廉的维修站,加上市场上非授权修理厂提供的车辆维修保养价格优势,导致客户流失。

距离位置:客户本能反应为就近原则维修,在其他方面优势相同的前提下,客户选择位置最近的服务网点维修,出保车辆更是以近为原则,不论维修资质,只图方便。

服务水平:公司人员的素质,对服务细节的把握程度、对客户的尊重程度都是服务水平的缩影。不欺客,兑现承诺,树立诚信机制,保持沟通,对每一个客户平衡管理,都是服务水平的体现。若客户遇到服务较差的客服,自然转而投奔其他企业。

自然流失:客户转行转业、迁移,死亡;车辆置换、报废;由企业自身的原因倒闭,与客户失去联络,客户失控,这类情况属于自然流失,不可控。

3.流失应对措施

①对保修期内客户,保证其不流失是客户服务工作的最基本、最重要的内容。企业应利用所有可能的渠道向所有客户宣传在 4S 店维修保养是物有所值的;准确地将客户相关信息录入 DMS 系统进行实时提醒监控;提升软硬件服务技术水平;实行会员积分制。

②对于临近出保客户,服务工作是决定客户是否流失的关键。企业应增加延保方案;加大优惠力度;设立代金券增加客户进厂次数;推出相应续保优惠政策。

③保修期外客户是维修产值和利润的重要来源,企业应足够重视。对于该类客户,企业应进行套餐保养,加大优惠力度;针对没有时间、经常忘记来店保养的客户赠送上门取、送车服务,或开展巡回服务,提前预约,定时定点为客户保养维修;针对联系电话不对的流失客户,可以通过新车销售时留的单据找到地址进行上门拜访。

[案例导入]

一个小姑娘是如何成为 A 企业的机票订购供应商的

A 企业的员工因业务需要经常往返于各地,机票业务都是外包,很多机票代理公司都希望能承接该企业业务。其中一家公司的业务员是个小姑娘,她非常执着。

她找到 A 企业的负责人说:"你能不能把这项业务给我做?"负责人说:"对不起,我们已经有订票供应商了。"小姑娘说:"你现在有了订票供应商也没关系,我们可能比不上他,但是我们能够给你提供一些额外的服务。如果你在他那遇到临时订不上票的情况,就来找我们公司吧。"

事实上,A公司在现有供应商那里订不上票的时候,在她那里一般也订不上。但是她会上门给你道歉,假设得知你要订去贵阳的机票,她就给你一套贵阳的地图,并且告诉你贵阳哪里好玩,什么好吃。

就这样,这个小姑娘默默无闻地坚持了一年。

刚开始A企业的员工没有感觉到什么不同,但有一次一个员工需要临时退票,而供应商不给退,这位员工就很气愤:"因为是临时退票就不给退,别忘了,我们可是你的大客户啊。"这时候他想起了那个小姑娘的服务:"我们在你这里订了无数的机票了,怎么就没见你像人家这样服务呢?"

久而久之,大家都对现有的订票供应商表示了不满,意见被纷纷反映到了负责人那里。到了年终重新审定代理资格的时候,可想而知,A企业最终换掉了原来的订票供应商,把生意转给那个小姑娘做了。

思考:

小姑娘依靠什么获得的成功?

四、客户满意及客户忠诚管理

满意,就是一个人将对一种产品的可感知效果或结果与他的期望值进行比较后所形成的一种失望或愉快的感觉状态,是一种心理感受。这里的满意不只是客户对服务质量、服务态度、产品质量和产品价格等方面直观的满意,还包括企业所提供的产品或服务与客户期望的吻合程度。其用数学公式可以表示为:

$$满意=可感知效果/期望值$$

当满意的数值小于1时,表示客户对产品或服务的可感知效果低于自己的期望值,即产品或服务没有达到自己的期望目标,这时客户就会不满意。该值越小,表示客户越不满意。

当满意的数值等于1或接近1时,表示客户对产品或服务的可感知效果与自己的期望值是匹配的,这时客户会表现出满意。

当满意的数值大于1时,表示客户对产品或服务的可感知效果超过了自己的期望,这时客户就会兴奋、惊奇和高兴,这时客户就是高度满意或非常满意的。

上述提到的客户的期望,形成于客户过去的购买经验以及他人的言论中,企业将期望值提得太高,客户很可能就会失望。但另一方面,如果企业将期望值控制得太低,就很可能无法吸引足够的消费者。

(一)汽车售后服务客户满意度

目前在汽车行业的售后服务满意度调研中,各个品牌所聘请的调研公司不尽相同,其应用的调研方法略有不同。但目前为止,国际上很多消费者都会根据第三方汽车调研机构(J.D.Power)的调查结果为自己所要购买的车辆作参考,世界各大汽车制造厂商都将J.D.Power排名的提高作为自己工作的方向。因此我们就以J.D.Power的服务满意度调研为例介绍一下汽车服务满意度调研方法。

售后服务满意度研究（Customer Satisfaction Index，CSI）进入中国已经第 16 个年头。这项研究评测拥车期为 12~36 个月的车主在过去 6 个月对授权经销商服务部门维修或保养服务的满意度。这个拥车时间段通常是车辆保修期的重要组成部分。这项研究通过五个衡量因子确定总体售后服务满意度。五个因子（按重要性排序）包括"服务质量"（22%）、"服务后交车"（20%）、"经销商设施"（20%）、"服务顾问"（19%）和"服务启动"（19%）。客户满意度得分（1 000 分制）衡量授权经销商在满足客户对售后服务体验的期望方面的表现。

各因子中包含更小的因素，各因素都可以转化成相关的问题，客户可以通过这些客观性问题反映出实际的满意程度。需要注意的是，各因子及因素的设定、权重都会随着市场环境的变化而变化。

（二）汽车行业客户忠诚度

客户忠诚，是指客户对某一特定产品或服务产生了好感，形成了"依附性"偏好，进而重复购买的一种趋向。客户忠诚度是指客户忠诚的程度，是一个量化概念。客户忠诚度是指质量、价格、服务等诸多因素的影响，使顾客对某一企业的产品或服务产生感情，形成偏爱并长期重复购买该企业产品或服务的程度。

客户忠诚主要通过客户的情感忠诚、行为忠诚和意识忠诚表现出来，其中情感忠诚表现为客户对企业的理念、行为和视觉形象的高度认同和满意；行为忠诚表现为客户再次消费时对企业的产品和服务的重复购买行为；意识忠诚则表现为客户做出的对企业的产品和服务的未来消费意向。这样由情感、行为和意识三个方面组成的客户忠诚营销理论，着重于对客户行为趋向的评价，通过这种评价活动的开展，反映企业在未来经营活动中的竞争优势。其具体表现为以下几点：

①忠诚的客户是企业最有价值的顾客。

②客户忠诚的小幅度增加会导致利润的大幅度增加。

③客户忠诚营销理论的关心点是利润。

建立客户忠诚是实现持续的利润增长的有效方法。企业必须把做交易的观念转化为与消费者建立关系的观念，从只集中于对消费者的争取和征服转为集中于消费者的忠诚与持久。

客户忠诚度是客户忠诚营销活动中的中心结构，是消费者对产品感情的量度，反映出一个消费者转向另一品牌的可能程度，尤其是当该产品要么在价格上，要么在产品特性上有变动时，随着对企业产品忠诚程度的增加，基础消费者受到竞争行为的影响程度降低了。客户忠诚度是反映消费者的忠诚行为与未来利润相联系的产品财富组合的指示器，对企业产品或服务的忠诚能直接转变成未来的销售额。

客户忠诚可以为企业创造出相当可观的利益，如果一个公司始终如一地提供高价值的产品和服务，并能够赢得客户对产品的忠诚，就会带来后面一系列的收益，并在竞争中处于绝对优势地位。忠诚客户的价值体现在以下几个方面：

①增加收入。

②降低营销成本。

③良好的形象效应和口碑效应。

④集中精力发展有增加价值的客户。

⑤有助于新产品或新服务项目。

（三）客户忠诚度与满意度的关系

市场激烈竞争的结果使许多产品或服务在品质方面的区别越来越小，这种产品同质化的结果使产品的品质不再是客户消费选择的主要标准，客户越来越看重厂商能否满足其个性化的需求和能否为其提供高质量与及时的服务，这样对客户满意和忠诚进行研究的工作便越来越重要了。

客户满意和客户忠诚是一对相互关联的概念，但两个概念有着明显不同。实际上，客户满意是客户需求被满足后的愉悦感，是一种心理活动。客户满意度与态度相关联，争取客户满意的目的是尝试改变客户对产品或服务的态度；而忠诚客户所表现出来的却是购买行为，并且是有目的性的，经过思考而决定的购买行为。衡量客户忠诚度主要有两个方面，即客户的保持度和客户的占有率。忠诚的客户群体是一个相对稳定的群体。从来没有永远的忠诚，企业无法买到客户的忠诚，只能增加客户的忠诚。

1.客户满意不等于客户忠诚

客户忠诚的概念引自客户满意的概念，是指客户在满意基础上产生的对某种产品品牌或公司的信赖、维护和希望重复购买的一种心理倾向，客户忠诚实际上是一种客户行为的持续性。客户忠诚度是指客户忠诚于企业的程度，客户忠诚表现为两种形式，一种是客户忠诚于企业的行为；一种是客户忠诚于企业的意愿，而一般的企业往往容易将这两种形式混淆，其实这两者具有本质的区别，前者对于企业来说并不产生直接的价值，而后者对企业来说则非常具有价值。道理很简单，客户只有意愿，却没有行动，对企业而言没有意义。

2.客户忠诚是客户满意的提升

客户忠诚是客户满意的升华。客户满意是一种心理程度的满足，是客户消费之后所表现出的态度；客户忠诚出自客户满意的概念，客户忠诚则可以促进客户重复购买行为的发生，是一种后续的、持续的交易行为。对大多数企业来说，客户的忠诚才是更重要的，是更需要关注的，而客户的满意并非客户关系管理的根本目的。

3.客户忠诚比客户满意更有价值

很多时候，许多企业并没有深刻理解客户满意与客户忠诚内涵的差异，将两者混淆使用，使得企业的客户关系管理步入了某些误区。企业所面临的现实情况是，在竞争日趋激烈、以客户为导向的市场环境中，越来越多的公司持续追逐客户满意度的提升，并且大多数时候，很多企业追逐的成效并不尽如人意，并且发现企业如果只是追求客户满意度，在某种程度上往往并不能解决最终问题。因为大多数时候，企业的客户满意程度虽然提高了，但企业的获利能力并没有立即得到改善，企业利润并没有得到增加。究其原因，关键就是企业没有使客户对企业的满意上升到对企业的忠诚。满意的客户并不一定能保证他们始终会对企业忠诚，并不一定会因此产生重复购买的行为而给企业带来价值。

[**案例导入**]

掉进痰盂里的衣服

有一位客人在就餐时，出了很多汗，于是就把外衣脱下来挂在了衣架上。到就餐结束时，他发现衣服已经从衣架上滑落了，衣架下有一个痰盂，衣服刚好掉进了痰盂里，弄得很湿，很脏，他非常不高兴。

这位顾客就把店方的管理人员找来了："衣服滑落，我相信它是自然滑落，不是员工弄的。但是如果你们的痰盂不放在衣架下的话，衣服是不可能掉进痰盂里的。现在衣服掉进痰盂里弄脏了，我心里非常不舒服，有些恶心，甚至对我这件衣服产生了一点心理障碍，我要求你们全额赔偿。这件衣服是桑蚕丝制品，价值1 380元，在某某商厦买的，不信你们可以去验证。"

管理人员和这位就餐者经过长时间的协调和沟通后，由店方负责给顾客干洗这件衣服，然后把当时的消费打了很大折扣。顾客走了以后，管理人员说，之所以发生这样的事情，是因为服务人员的工作出现了失误，干洗这件衣服的费用应该由服务员来承担，消费折扣由酒店方来承担。

接下来，服务员就随便找了一家干洗店把衣服干洗了，但是当服务员把这件衣服取回来给就餐者送去时，就餐者穿在身上后发现衣服严重变形。就餐者拿着衣服去找店方老板，要求全额赔偿这件衣服，最后的处理结果是将这件衣服折算成现金赔偿给顾客了。

管理人员在处理这件事情的过程中，犯了两个比较致命的失误。一、如果是稍微有一点经验的管理者，他宁可店方多支付一些干洗费用，也不会让员工来承担干洗衣服的费用。因为只要店方承担干洗费用，就必然涉及衣服的接管与送回，也涉及洗衣的结果顾客是否满意，因此店方应承担干洗费用，让顾客自己去干洗。二、大部分店方服务员对干洗并不十分了解，对这件衣服质地的认识以及相关知识也缺乏了解。管理者在员工洗衣服之前应有充分的交代，告诉员工这件衣服不是一件普通的衣服，不能随随便便找一家干洗店，一定得找一个非常有专业水准的高档干洗店。如果作了充分的交代，员工把这件衣服送进一个有专业水准的高档干洗店，干洗店的工作人员对衣料的识别以及相关知识非常专业，这个投诉案例的结果就不一样了。

思考：

如果你是这位客人，你还会再来这家餐厅就餐吗？为什么？

五、正确处理客户投诉

（一）抱怨和投诉分析

1.客户抱怨

分析客户投诉,首先要了解客户抱怨。抱怨是指客户在购买产品或服务时并未得到期盼值的满足,因此而诉说产品或服务提供者的过错。

2.客户投诉

客户投诉是指客户购买或使用商品、服务时发现问题后向企业进行申诉,即客户因对产品或服务不满而向有关部门或人员申诉的行为。客户投诉一般会产生两种结果,一种情况是企业妥善解决了客户的投诉,客户会再次购买该产品或服务;另一种情况是问题没有得到妥善解决,可能就会造成客户流失。

对服务不满意的客户投诉比例是:4%的不满意客户会投诉,而96%的不满意客户通常只有抱怨并不会投诉,但是会把这种不满意告诉他周围的人。在这96%的人背后会有10倍的人对你的企业不满,但是只有4%的人会向你反映。因此,有效地处理客户投诉,能有效地为企业赢得客户的高度忠诚。

（二）客户投诉处理的意义

对客户服务工作而言,客户投诉的处理是一项非常具有挑战性的工作,而对服务顾问来讲,如何有效地处理客户投诉是一个亟待解决的问题。如何处理客户投诉,直接关系到企业能否更好地满足客户的需求,关系到企业收益的程度,从长远看,甚至关系到企业的可持续发展,因此投诉处理对企业具有非常重要的意义。

1.投诉能体现客户的忠诚度

客户之所以投诉,很重要的一点是问题需要得到解决,此外客户还希望得到企业的关注和重视。有时客户之所以不投诉,是因为他不相信问题可以得到解决或者他的投入和产出不成正比,而投诉的客户往往是忠诚度很高的客户。

那些肯向企业提出中肯意见的人,往往都是对企业依然寄有期望的人,他期望企业的服务能够得到改善,同时还会无偿地向你提供更多的信息。因此,投诉的客户对于企业而言是非常重要的。有效地处理客户投诉,就能有效地为企业赢得较高的客户忠诚度。

2.投诉处理对企业的好处

①有效地维护企业自身形象。

②挽回客户对企业的信任。

③及时发现问题并留住客户。

（三）客户投诉的四种需求

1.被关心

客户需要企业对他表示出关心与关切,而不是让他感觉企业对他不理不睬或应付。客户还希望自己受到重视或善待。他们希望接触的人是真正关心他们的要求或能替他们解决问题的人,他们需要理解的表达和设身处地的关心。

2.被倾听

客户需要企业公平的对待,而不是听企业埋怨、否认或找借口。倾听可以针对问题找出解决之道,并可以训练客户服务人员远离埋怨、否认、借口。

3.服务人员专业化

客户需要明白与负责的反应,客户需要一个能用脑而且真正为其用脑解决问题的人,一个不仅知道怎么样解决问题,而且负责解决问题的人。

4.迅速反应

客户需要企业迅速且彻底的反应,而不是拖延或沉默。客户希望听到"我会优先考虑处理您的问题"或"如果我无法立刻解决您的问题,我会告诉您处理的步骤和时间"。

(四)处理客户投诉步骤

1.接受客户的愤怒

客户投诉时常常都带有情绪或者比较冲动,作为企业的员工应该体谅客户的心情,以平常心对待客户的过激行为,不要把个人的情绪变化带到投诉的处理中。

2.倾听客户的投诉

大部分情况下,投诉的客户都需要忠实的倾听者,而不是喋喋不休的服务人员,这样只会使他们的情绪更差。

3.尊重与理解

要能够尊重客户的投诉,尊重客户的愤怒,多站在客户的立场思考问题,体会客户的真正感受。

4.保持微笑

俗话说,"伸手不打笑脸人",员工真诚的微笑能化解客户的坏情绪,满怀怨气的客户在面对春风般温暖的微笑时会不自觉地减少怨气。

5.先处理心情再处理事情

任何人在情绪差时都较难理智地处理问题,因此,服务人员应将客户的坏情绪处理得当后再做具体投诉事宜的处理。

6.关键问题复核

引导客户说出问题的重点,有的放矢,对关键问题进行复核确认。

7.道歉

如果没有错就没理由惊慌,如果真的出错,就要勇于面对。客户之所以生气是因为遇上问题,企业如果漠不关心或据理力争,找借口拒绝,只会使对方火上浇油,适时地表示歉意会达到意想不到的效果。

8.认清客户投诉

客户的投诉究竟是服务人员沟通不到位,还是产品服务不到位,还是客户的误解,是投诉处理人员需要注意的问题,认清客户投诉的真相。

9.解决问题

探询客户希望解决的办法,一旦你找到方法,就征求客户的同意,如果客户不接受你的方法,需问他有什么提议或希望解决的方法,不论你是否有权决定,都要让客户随时清楚地了解你的进程,如果你无法解决,还可推荐其他合适的人,但要主动地代为联络。

10.核查客户满意度

通过客户投诉前面的步骤和处理,询问客户是否满意。

11.感谢

客户投诉对企业具有非常重要的意义,我们应感谢客户的投诉,并欢迎其随时向我们反映所遇到的问题以给我们解决的机会。

12.整改

在客户投诉的过程中,我们有哪些方面做得不够好,哪些人员的服务不到位,这是有效处理投诉的关键要点,是后期工作中需要整改、重点关注的事项。

六、汽车行业客户关系管理效果评估

CRM 工作的效果直接关系着客户满意度和企业利润,因此,必须做出定期的效果评估,分析 CRM 的投入和产出,了解客户关系的现状与问题,以此为依据进一步完善客户服务工作。

评估工作应引入可量化的 KPI 关键业绩指标(Key Performance Indication,KPI),用以考核是否提升和改善实际效果,以便修订改善计划或重新制订提升方案,即通过对组织内部某一流程的输入端、输出端的关键参数进行设置、取样、计算、分析和衡量流程绩效的一种目标式量化管理指标。它是把企业的战略目标分解为可运作的目标的工具,是企业绩效管理系统的基础。

(一)入厂情况相关 KPI

(1)首次保养获得率

计算经销店销售出车辆中的首次保养的回店情况,计算购车客户对经销店的满意度和服务的延续程度,计算方法如下:

首次保养获得率=首次保养入厂台次数/经销店销售应回店首保客户数

(2)保养获得率

汽车技术的不断进步让汽车的系统与结构越来越复杂,也让万能型的维修模式也变得越来越不能适应。

按照每年度每位客户保养汽车 4 次来计算经销店实际获得保养台次数的百分比,该数据反映客户对经销店的忠实程度,以及对保养服务及价格等的认可程度。其计算方法如下:

保养获得率=保养入厂台次数/经销店保有客户数×4

(3)付费维修流失率

计算经销店保有客户的付费维修中有多少是在经销店外进行的,从而反映客户对经销店维修的质量、价格、便利程度等的满意度和忠诚度。其计算方法如下：

付费维修流失率=保有客户中在其他经销店付费维修台次数/经销店客户付费维修台次数

（4）事故维修流失率

计算经销店保有客户的事故维修中有多少是在经销店外进行的，从而反映客户对经销店事故维修的质量、价格、便利程度等的满意度和忠诚度。其计算方法如下：

事故维修流失率=保有客户中在其他经销店或维修厂事故维修台次数/

经销店客户事故维修台次数

（5）索赔维修流失率

计算经销店保有客户的索赔维修中有多少是在经销店外进行的，从而反映客户对经销店索赔维修的质量、价格、便利程度等的满意度和忠诚度。其计算方法如下：

索赔维修流失率=保有客户中在其他经销店索赔维修台次数/经销店客户索赔维修台次数

（6）服务保持率

计算经销店各年销售出车辆中，本年度有多少车辆继续选择在经销店接受服务，计算客户对经销店服务、价格、便利程度等的满意度和忠诚度。其计算方法如下：

服务保持率=本年度回店客户中某年经销店销售客户数/某年度经销店销售新车数量

（7）客户回店频率

计算经销店保有客户的平均回店次数，为经销店分析经营状况和制订年度计划提供基础数据。其计算方法如下：

客户回店频率=经销店年度维修总台数/经销店保有客户数

（8）流失率

计算经销店保有客户的流失数量，为经销店提供调查和改善依据，为分析经营状况和制订年度计划提供基础数据。其计算方法如下：

流失率=经销店流失客户数/经销店保有客户数

（9）各车龄结构比例及流失率

计算各车龄的客户数量分别占经销店总客户数量的百分比，以此为依据开展有针对性的工作，并根据各车龄客户车单价的不同，制订年度计划。总流失率拆分到各车龄客户，及时发现问题，做好有针对性的预防工作，与服务保持率的分析过程一致。其计算方法如下：

各车龄结构比例及流失率=经销店流失各车龄客户数/经销店保有客户数

（10）各忠诚等级客户结构比例及流失率

计算各忠诚等级的客户数量分别占经销店总客户数量的百分比，以此为依据开展有针对性的工作，并根据忠诚等级客户车单价的不同，规划服务工作重点与提升目标。总体流失率拆分到各忠诚等级客户，重点挽救忠诚客户，及时了解流失原因，做好有针对性的预防工作。其计算方法如下：

各忠诚等级客户结构比例及流失率=经销店流失各等级客户数/经销店保有客户数

（二）盈利情况相关 KPI

分析经销店经营状况时,各车单价及毛利率是非常重要的基础数据,及时统计车单价和毛利率的变化情况,了解满意度和利润的变化,及时做出相应调整以避免利润流失,及时统计各忠诚等级客户的车单价及毛利率,分析忠诚客户提供的利润与满意度的关系,以此为依据制订服务方案。

（1）保养车单价及毛利率

计算保养车单价及毛利率,可以衡量经销店的价格是否合理,利润是否合理。其计算方法如下:

$$保养车单价=保养维修总收入/保养维修总进厂台次数$$

$$毛利率=（保养维修收入-保养维修配件成本）/保养维修收入$$

（2）一般维修车单价及毛利率

计算一般维修车单价及毛利率,可以衡量经销店的价格、利润是否合理。其计算方法如下:

$$一般维修车单价=一般维修总收入/一般维修总进厂台次数$$

$$毛利率=（一般维修收入-一般维修配件成本）/一般维修收入$$

（3）事故维修车单价及毛利率

计算一般维修车单价及毛利率,可以衡量经销店的价格、利润是否合理。其计算方法如下:

$$事故维修车单价=事故维修总收入/事故维修总进厂台次数$$

$$毛利率=（事故维修收入-事故维修配件成本）/事故维修收入$$

（4）各车龄客户车单价及毛利率

计算各车龄客户车单价及毛利率,了解贡献程度的不同,计算客户维系成本的不同。其计算方法如下:

$$某车龄客户维修车单价=某车龄客户维修总收入/某车龄客户总进厂台次数$$

$$毛利率=（某车龄客户维修收入总和-某车龄客户维修配件成本总和）/$$
$$某车龄客户维修收入总和$$

（5）各忠诚等级客户车单价及毛利率

计算各忠诚等级客户车单价及毛利率,了解贡献程度的不同,计算客户维系成本的不同。其计算方法如下:

$$某忠诚等级客户维修车单价=某忠诚等级客户维修总收入/某忠诚等级客户总进厂台次数$$

$$毛利率=（某忠诚等级客户维修收入总和-某忠诚等级客户维修配件成本总和）/$$
$$某忠诚等级客户维修收入总和$$

（三）满意度调研

满意度调研分为厂家对经销店的调研以及经销店自己开展的维修后回访、定期满意度调研、针对群体客户的满意度调研和各种沟通拜访中的信息收集。以此为依据及时了解问题,制订相应提升方案。

（1）服务态度满意度

了解经销店员工最基本的服务质量，是客户满意的基础。

（2）价格满意度

了解客户对经销店服务价格的认可程度，比较经销店与其他经销店的价格差异，客户对价格差异的看法。

（3）流程满意度

站在客户的角度了解经销店服务流程便利与否，及时调整和完善。

（4）硬件设施满意度

了解客户的需求，调整硬件设施。

（5）便利化程度满意度

了解经销店开展的便利化服务客户的接受程度及需求程度，对调查客户希望的便利服务进行可执行性分析。

（四）活动情况相关 KPI

活动开展前制订相关 KPI 目标，活动结束后统计分析，评估活动在经销店和客户心中两个不同视点的效果，并作出相应整改措施以便下次活动的顺利进行。

（1）活动邀请成功率

计算经销店活动通知客户中有多少人在活动期间进店参与，以此作为下次同类型活动的依据。其计算方法如下：

活动邀请成功率＝活动期间参加活动的被邀请客户数/经销店邀请参加活动客户数

（2）活动车维修单价

了解维修活动期间车单价，评估活动是否达到目的，为下次同类型活动收集基础数据。其计算方法如下：

活动车维修单价＝参加活动客户维修总收入/参加活动总客户数

活动车维修毛利率＝（活动车收入－活动车成本）/活动车收入

（3）活动满意度

调查参加活动客户对活动的满意度，了解问题所在，为后续同类型活动改善提供参考。

［**复习与思考**］

1.什么是客户关系管理？其产生的原因是什么？

2.如何进行客户价值管理？

3.客户生命周期包括哪几个阶段？如何进行管理？

4.简述客户关系管理的重要意义。

5.如何鉴定客户资格？

6.简述汽车维修企业开发客户渠道。

7.什么是80/20法则？客户ABC分类法是什么？

8.什么是客户满意度？什么是客户忠诚？客户忠诚度与客户满意度是什么关系？

9.如何处理客户投诉？

10.简述汽车维修企业的关键业绩指标。

模块二　实训操练

实训一　客户满意度回访

一、实训内容

客户几天前在本企业进行了车辆维修,现客户关系管理部门需要进行客户满意度回访。

二、实训准备

1.分组进行情境设置,并撰写相关回访话术。

2.场景工具准备,如电话、记录本等。

三、实训组织

1.指导教师引导学生进行分组,以4~5人为一组。

2.组长组织小组讨论,设置回访背景,如客户对价格不满意或抱怨等待时间长等。

3.组长组织小组讨论,所设背景下,客户服务人员应对话术。

4.各小组派出两名同学上台演示回访过程。

5.指导老师引导小组间进行补充。

6.指导老师点评。

四、实训评价

1.本组评价占20%,其他组评价占30%,指导教师评价占50%;

2.评价参考

①课堂讨论积极认真。

②表现能力强,充分展现所设置情境。

③电话礼仪规范。

④应对话术得当,考虑周全。

实训二　车辆交接

一、实训内容

为客户办理车辆交接时,客户发现车辆左前翼子板上有剐痕,而接车单上并未注明,客户认为是维修期间发生剐擦,不肯交钱提车。作为服务顾问的你,该如何处理。

二、实训准备

1.分组开展情境讨论,思考应对措施。
2.模拟场景准备。

三、实训组织

1.指导教师引导学生进行分组,以 4~5 人为一组;
2.组长组织小组讨论,该情境出现的原因及应对措施;
3.各小组整理讨论结果,提炼核心观点;
4.各小组进行情境模拟;
5.指导老师引导小组间进行补充;
6.指导老师点评。

四、实训评价

1.本组评价占 20%,其他组评价占 30%,指导教师评价占 50%;
2.评价参考
①课堂讨论积极认真。
②表现能力强,充分展现所设置情境。
③交车礼仪规范。
④应对话术得当。
⑤考虑问题周全,观点合理。

任务六
汽车维修企业的服务营销和企业文化

知识目标：

1.了解礼仪在汽车维修企业的重要性。

2.掌握维修企业日常礼仪规范。

3.了解建立企业文化的重要性。

4.把握塑造企业文化的目标和原则。

能力目标：

1.树立现代汽车维修企业的服务理念。

2.具备企业文化分析、建设及塑造的基本能力。

模块一　理论指导

[案例导入]

维修接待

　　杨女士是一家小型环评公司的老板，工作十分繁忙。这两天她感觉自己开的别克轿车在加速时有些发抖，于是她开车到她经常光顾的一家维修站，刚一进门就看见业务接待桌前围了很多人，她等了半天才排上队，开好了派工单。杨女士将车开进维修车间，看到车间车辆满满的，车间主任告诉她来得不是时候，再有半个小时才能给她检修，什么时候能修好，车间主任也说不清楚。这期间不停地有人打电话找杨女士，杨女士有点不耐烦，决定不修了，就这样，她开着"带病"的车返回了单位。

　　一连几天，她都开着这辆车办事，虽然有点不舒服，也只好勉强这样。忽然有一天，她接到一个电话,原来是她曾经去过的另外一家修理厂的服务顾问打给她的,问她车辆状况怎么样。她把一肚子委屈一股脑儿向服务顾问倾诉,服务顾问问她什么时候方便,可以预约,提前给她留出工位,准备好可能用到的配件和好的修理工。杨女士想了想,决定次日早晨9:00去。第二天早晨8:00,服务顾问就给杨女士打电话,说一切工作准备就绪,问杨女士什么时间赴约,杨女士说准时到达。当杨女士9:00开车到达修理厂时,服务顾问热情地接待她,并拿出早已准备好的维修委托书,请杨女士过目签字,领她来到车间。车间业务虽然很忙,但早已为她准备好了工位和维修工。维修工是一位很精明的小伙子,他熟练地操作仪器检查故障,最后更换了4个火花塞,前后不到半小时,故障就排除了。杨女士非常高兴,从此成为这家修理厂的老顾客。

思考:

1.如果你是第一家汽车维修站维修接待员,应如何做才能留住老客户杨女士?

2.如何将礼仪规范运用到企业的日常工作中?

一、营销礼仪在维修企业中的重要作用及规范

汽车行业的所有人都需要了解讲究礼仪的重要性,如果你平时多一个温馨的微笑,一个热情的问候,一个友善的举动,一个真诚的态度也许能给你的生活、工作增添更多的乐趣,使人与人更容易交往、沟通。我们作为社会生活的一员,有义务也有必要把讲求礼仪作为维护公共秩序、遵守社会公德的一个准则,通过自律不断地提高自身修养,使我们成为真正社会公德的维护者。

汽车服务礼仪是根据汽车维修企业实际情况制定的礼仪行为规范,如果员工认真遵守,在工作中灵活运用,可使之成为员工之间增进友谊、加强沟通的桥梁。"客户至上、服务至上",作为企业的服务宗旨,充分反映了企业对每位员工的期望。作为一名企业人,员工的一言一行都代表着企业的形象,对客户能否进行优质服务直接影响企业的声誉,即使企业有再好的商品,而对客户服务不周,态度不佳,恐怕也会导致企业的信誉下降,业绩不振。

总之,讲求礼仪是企业对每位员工的基本要求,也是企业服务宗旨的具体表现,我们要从多方面来把握。

(一)微笑

人与人相识,第一印象往往是在前几秒形成的,而要改变它,却需付出长时间的努力。良好的第一印象来源于人的仪表、谈吐,但更重要的是取决于他的表情。微笑则是表情中最能赋予人好感、增加友善和沟通、愉悦心情的表现方式。一个对你微笑的人,必能体现出他的热情、修养和魅力,从而得到你的信任和尊重。那么,大家在日常的生活、工作中是否面带微笑呢?

(二)仪表要求

大家清晨起床都充分计算了吃早餐、上班所需的时间,如果每天早起5分钟对自己的

仪表进行检查,有可能为你一天的工作增加自信,也可使其他人感到轻松、愉快。

（三）工作时保持自身良好的仪态

在工作中大家应注意自己的仪态,不但是自我尊重和尊重他人的表现,也能反映出一位企业员工的工作态度和责任感。

（1）站姿

正确的站姿是抬头、目视前方、挺胸直腰、肩平、双臂自然下垂、收腹、双腿并拢直立、脚尖分开呈 V 字形,身体重心放到两脚中间;也可两脚分开,比肩略窄,将双手合起,放在腹前或腹后。

（2）晨会

晨会要求除保持正确的站姿外,男职员两脚分开,比肩略窄,将双手合起放在背后;女职员双腿并拢,脚尖分开呈 V 字形,双手合起放于腹前。

（四）常用礼节

（1）握手

握手是我们日常工作中最常使用的礼节之一。握手时,伸手的先后顺序是上级在先、主人在先、长者在先、女性在先。握手时间一般以 2～5 秒为宜。握手力度不宜过猛或毫无力度。要注视对方并面带微笑。

（2）鞠躬

鞠躬也是人们表达敬意、尊重、感谢的常用礼节。鞠躬时应从心底发出对对方表示感谢、尊重的意念,从而体现于行动,给对方留下有诚意、真实的印象。

（3）问候

早晨上班时,大家见面应相互问好。一天工作的良好开端应从相互打招呼、问候时开始。公司员工早晨见面时互相问候。"早晨好!""早上好!"等(上午 10 点钟前)。因公外出应向公司内的其他人打招呼。在公司或外出时遇见客人,应面带微笑主动上前打招呼。下班时也应相互打招呼后再离开,如"明天见""再见""Bye-Bye"等。

（五）文明用语

客人来访或遇到陌生人时,应使用文明礼貌用语。

（1）基本用语

有客户来店时,服务接待必须竭诚相待,主动问候客户,站立、鞠躬、微笑着亲切地说"欢迎光临"。对预先知道来店的大客户要把写有"欢迎××先生"的欢迎牌放在企业的进口处。

"请",请客户自由参观时,销售专员要微笑着对客户说"请您自由地欣赏车辆,如有需要请您不要客气,随时找我",并且精神饱满地站在自己的岗位上,到客户表示对车辆感兴趣召唤自己为止,不要在展厅内随意走动。

"您还满意吗?""您觉得怎么样""请教您一些事情可以吗?"看到客户想询问事情,或是客户与你说话时,要主动回应;同时想方设法将客户带至会客区,端上饮料,尽可能延长客户的逗留时间,并采用以下说话方式"您还满意吗""您觉得×产品或者项目怎么样""我们已经为您准备好了饮料,如果方便的话,请您到桌子那边,请教您一些事情可以吗?"

"如果""如果方便的话""是否可以",询问客户联系方式的必要信息项目有:对方的姓名、工作单位、住址、联络方法、现在使用的车型、使用目的和用途。服务接待询问客户时使用如下用语"如果您有名片,能给我一张吗?"(没有名片的时候,记在记事便条上)"请问您贵姓?""请问您在哪里工作""如果方便的话,我想拜访贵公司,是否可以告诉我贵公司的地址和电话号码呢?""请问您现在驾驶的是什么车,这辆车的主要用途是什么?"

在客人告辞或离开企业送客户出厂时使用"再见"或"欢迎下次再来"。

注意对服务进厂的客户,千万不要在送别客户的时候说"欢迎下次再来",要说"祝您一路平安",或者"希望我们的服务让您非常满意"。

(2)常用语言

在日常工作中,汽车维修企业的员工留意使用以下语言"请""对不起""麻烦您⋯⋯""劳驾""打扰了""好的""是""清楚""您""××先生或小姐""贵公司""您好""欢迎""抱歉⋯⋯""没关系""不客气""见到您(你)很高兴""请指教""有劳您了""请多关照""拜托""非常感谢(谢谢)""如果有需要,请联系""再见(再会)"。

(六)电话礼仪

(1)接电话的四个基本原则

①电话铃响在三声之内接起。

②在电话机旁准备好纸笔进行记录。

③确认记录下的时间、地点、对象和事件等重要事项。

④告知对方自己的姓名。

(2)接电话时的注意事项

①拿起电话听筒,并告知自己的姓名。"您好,××企业××"(直线),"您好××企业××"(内线)。如上午10点以前可使用"早上好"。电话铃响三声以上时说"让您久等了,我是××企业××"。电话铃响三声之内接起,接电话时,不使用"喂⋯⋯"回答音量适度,不要用过高的声音告知对方自己的姓名。

②确认对方身份。"⋯⋯先生,您好!""感谢您的关照"等。

③听清对方来电用意,以"是""好的""清楚""明白"等进行回答,必要时应进行记录,谈话时不要离题。

④最后确认对方来电意图。"请您再重复一遍""那么明天9点在本公司见"等,确认时间、地点、对象和事由,如是留言必须记录下电话时间和留言人。

⑤结束语。"清楚了""请放心⋯⋯""我一定转达""谢谢""再见"等。

⑥放回电话听筒,等对方放下电话后再轻轻挂机。

(3)接听电话的重点

①认真做好记录。

②使用礼貌语言。

③说话要简洁、明了。

④注意听取时间、地点、事由和数字等重要词语。

⑤应避免使用对方不能理解的专业术语或简略语。

⑥注意讲话语速不宜过快。

⑦对方打错电话时要有礼貌地回答,让对方重新确认电话号码。

(4)拨打电话的注意事项

①准备。确认对方的姓名、电话号码,并准备好要讲的内容、说话的顺序和所需的资料、文件等,明确通话所要达到的目的。

②问候。告知对方自己的姓名,"您好!我是××公司××",一定要报出自己的姓名,讲话时要有礼貌。

③确认电话对象。"请问××先生在吗?""麻烦您,我要找××先生",必须确认接电话人的身份,如与要找的人接通电话后,应重新问候。

④电话内容。"今天打电话是想向您咨询一下关于……"应先将想要说的结果告诉对方,如是比较复杂的事情,请对方做记录。对时间、地点、数字等进行准确的传达后可总结所说内容的要点。

⑤结束语。使用"谢谢""麻烦您了""那就拜托您了"等用语,语气要诚恳、态度要和蔼。

⑥放回电话听筒。等对方放下电话后再轻轻挂机。

(5)拨打电话的重点

①要考虑打电话的时间(对方此时是否有时间或者是否方便)。

②注意确认对方的电话号码、单位、姓名,以避免打错电话。

③准备好要用到的资料、文件等。

④讲话的内容要有次序,且简洁明了。

⑤注意通话时间不宜过长。

⑥要使用礼貌用语。

⑦外界的杂音或私语不能传入电话内。

⑧避免工作时间打私人电话。

讲电话时,如果发生掉线、中断等情况,应由打电话方重新拨打。

(七)座位次序

拜访客户或有客户来访时,应知道如何安排座位。

会谈时的座位安排主宾坐在右侧,主人坐在左侧。如需翻译员、记录员则分别安排坐在主宾和主人的身后。如果会谈桌一端朝向正门,即纵向摆放,则以进门方向为准,右侧为客方,左侧为主方。

会客室的座位安排

①会客室离门口较远的席位为上席,一般情况下,客人来访时按照职位顺序从内向外入座。

②远离办公台或窗户对面的席位为上席(客人席)。

③办公台前的座位为主人席,其旁边且远离门口的席位为客人席。

④会议室门口右侧为客人席,左侧为主人席,远离门口的为上席。如是圆形桌时远离门口的席位为上席。

⑤宴会时离门口最远的那边为上座,一般酒店都会标示。

⑥乘汽车时的座位安排应遵循右为上、左为下、后为上、前为下的原则。一般情况下,驾驶人后排右侧是上宾席。

⑦乘列车时列车行驶方向靠窗子的座位为上席,然后是其对面的座位,再后是行驶方向靠过道的座位,最后是其对面的座位。

(八)名片的使用方法

名片是工作过程中重要的社交工具之一。交换名片时也应注重礼节。我们使用的名片通常包含两个方面的含义,一是表明你所在的单位,另一个是表明你的职务、姓名及承担的责任。总之,名片是自己(或公司)的一种表现形式。因此,在使用名片时要格外注意。

(1)名片的准备

①名片不要和钱包、笔记本等放在一起,原则上应该使用名片夹。

②名片可放在上衣口袋(但不可放在裤兜里)。

③要保持名片或名片夹的清洁、平整。

(2)接收名片

①必须起身接收名片。

②应用双手接收。

③接收的名片不要在上面作标记或写字。

④接收的名片不可来回摆弄。

⑤接收名片时,要认真地看一遍。

⑥不要将对方的名片遗忘在座位上,或存放时不小心落在地上。

(3)递名片

①递名片的次序是由下级或访问方先递名片,如介绍时,应由先被介绍方递名片。

②递名片时,应说"请多关照、请多指教"之类的寒暄用语。

③互换名片时,应用右手拿着自己的名片,左手接对方的名片,然后用双手托住对方的名片。

④互换名片时,也要看一遍对方的职务、姓名等。

⑤遇到难认的字,应事先询问对方。

⑥在会议室如遇到多数人相互交换名片时,可按对方座次排列名片。

(九)接待客户的一般程序

①客户来访时马上问候,以"您好!""早上好!""欢迎光临"等语言开场,并马上起立,目视对方,面带微笑,握手或行鞠躬礼。

②询问客人姓名,使用"请问您是……""请问您贵姓?找哪一位?"等问句,之后必须确认来访者的姓名,如接收客人的名片,应重复"您是××公司××先生"。

③客人所找的人在店时,对客人说"请稍候";不在时,对客人说"对不起,他刚刚外出,请问您是否可以找其他人或需要留言",做好记录并尽快联系客人要寻找的人。

④引路时对客人说"请您到会议室稍候,××先生马上就来""这边请"等。接待员引路时应注意以下几点:

a.在走廊引路时,应走在客人左前方的2~3步处。引路人走在走廊的左侧,让客人走在路中央。要与客人的步伐保持一致。引路时要随时注意客人,适当地作些介绍。

b.在楼梯间引路时,让客人走在正方向(右侧),引路人走在左侧。

c.途中要注意引导提醒客人,拐弯或有楼梯台阶的地方应使用手势,并提醒客人"这边请"或"注意楼梯"等。

⑤送茶水时,对客人说"请""请慢用"等,且要保持茶具清洁,摆放时要轻,行礼后退出。

⑥送走客人时,使用"欢迎下次再来""再见"或"再会""非常感谢"等语言,并充分表达出对客人的尊敬和感激之情;道别时,招手或行鞠躬礼。

(十)访问客户

作为企业的员工,经常因各类公务而去访问、拜访客户,因此,访问时礼节、礼仪也是非常重要的。

①访问前应与对方预约访问的时间、地点及目的,并将访问工程记录下来。

②访问时,要注意遵时守约。

③到访问单位前台时,应先自我介绍"您好!我是同××先生预约过的×××公司的××,能否通知一下××先生?"

④如果没有前台,应向附近人员询问。

⑤如果被访问人繁忙或先去办理其他事情或改变时间再进行访问时,"您现在很忙,那么我们约在明天××时再见面好吗?"等。

⑥如需等候访问人时,可听从访问单位接待人员的安排,在会客室等候。在沙发上边等候边准备使用的名片和资料文件等。

⑦看见被访问人后,应起立(初次见面,递上名片)问候。

⑧如遇到被访问人的上司,应主动起立(递上名片)问候,会谈重新开始。

⑨会谈尽可能在预约时间内结束。

⑩告辞时,要与被访问人打招呼道别。

⑪会谈时,要注意谈话或发言时声音不要过大。

(十一)办公室礼节应用

在公司的办公场所,接待客人、洽谈业务时,有许多场合需要用到下列礼仪,如果员工能掌握了解它,会使工作变得更加自如顺利,客户也会产生宾至如归的感觉。

1.开门次序

①向外开门时。先敲门,打开门后把住门把手,站在门旁,对客人说"请进"并施礼。进入房间后,用右手将门轻轻关上。请客人入座,安静退出。此时可用"请稍候"等语言。

②向内开门时。敲门后,自己先进入房间,侧身,把住门把手,对客人说"请进"并施礼。轻轻关上门,请客人入座后,安静退出。

2.搭乘电梯

①电梯里没有其他人的情况。在客人进电梯之前进入电梯,按住"开"的按钮,此时请客人再进入电梯。如到达目的地时,按住"开"的按钮,请客人先下。

②电梯内有其他人。无论上楼下楼都让客人、上司优先。

③电梯内的礼仪。先进入电梯的人应靠后站,以免妨碍他人乘电梯。电梯内不可大声喧哗或嬉笑打闹。电梯内已有很多人时,后进的人应面向电梯门站立。

(十二)办公室规定

办公室内严禁吸烟、喝茶、看报和闲聊。

1.需要注意的办公细节

①进入他人办公室时,必须先敲门再进入,已开门或没有门的情况下,应先打招呼,如"您好""打扰一下",再进入。

②传话。传话时不可交头接耳,应使用记事便签传话。传话给客人时,不要直接说出来,而是应将事情要点转告客人,由客人与待传话者直接联系。退出时,按照上司、客人的顺序打招呼退出。

③会谈中途上司到来的情况。必须起立,将上司介绍给客人,向上司简单汇报一下会谈的内容,然后重新开始会谈。

2.办公秩序

(1)上班前的准备

上班前应充分计算时间,以保证准时出勤。作为一名社会人,一名企业员工,应以文明行为出现于社会、公司。如可能发生缺勤、迟到等现象时,应提前跟上级联系(最好提前一天),计划当天的工作内容。

(2)工作时间

①在办公室。不要私下议论、窃窃私语。办公桌上应保持清洁,办公用品应摆放整齐。以饱满的工作热情开始一天的工作。离开座位时,将去处、时间及办事内容写在留言条上以便他人安排工作(离开座位前应将机密文件、票据、现金和贵重物品存放好)。离开座位时,将办公桌面整理好,椅子放回办公桌下。

②在走廊、楼梯、电梯间。走路时,要舒展肩背,不要弯腰驼背。有急事也不要跑步,可快步行走。按照右侧通行的原则,如在反方向行走遇到迎面来人时,应主动让路。遇到客人找不到想要去的部门时,应主动为其指路。在电梯内为客人提供正确引导。

（3）午餐

午餐时间一般为12:00—13:30（各个企业有自己的规定）。不得提前下班就餐。在食堂内，要礼让，有秩序排队。不浪费饭菜，注意节约。用餐后，保持座位清洁。

（4）在洗手间、茶水间、休息室

上班前、午餐后等人多的时间，注意不要影响他人，要相互礼让。洗手台使用后，应保持清洁。不要忘记关闭洗手间、茶水间的水龙头，以免浪费水。

（5）下班

下班前将下一天待处理工作记录下来，以方便第二天工作。整理好办公桌上的物品、文件（机密文件、票据和贵重物品要存放好）。

（十三）建立良好的人际关系

同事之间建立良好的人际关系是正常、顺利工作的基本保证，因此，我们需要注意以下几点：

①遵时守约。一个不遵时守约的人，往往不被他人信任。

②尊重上级和老同事。与上级和老同事讲话时，应有分寸，不可过分随意。

③公私分明。上班时严禁用公司电话拨打私人电话，也不可将公共财物据为己有。

④加强沟通、交流。工作要积极主动，同事之间要互通有无、相互配合。

⑤不回避责任。犯错误时，应主动承认，积极改正，不可回避责任，不相互推诿。

⑥态度认真。过失往往是因准备、思考不充分而引起的，如有难以把握的地方应对其再次确认检查。

（十四）如何做一名被上级信赖的部下

①把握上、下级的关系。公司的正常运转是通过上传下达、令行禁止维持的，上下级要保持正常的领导与被领导关系。

②不明之处应听从上级指示。在工作中如遇到不能处理、难以判断的事情，应主动向上级汇报听从指示。

③不与上级争辩。上级布置工作时，应采取谦虚的态度，认真听讲。

④听取忠告。听取忠告可增进彼此信赖。

⑤不应背后议论他人。背后议论他人表明自身的人格低下，是可耻的行为。

二、汽车维修企业的企业文化与形象战略

汽车维修企业的质量既包括维修作业质量又包含维修服务质量，两者相辅相成。从技术角度上讲，汽车维修质量是指汽车维修作业对汽车完好技术状况和工作能力维持或恢复的程度；从服务角度讲，汽车维修质量是指用户对维修服务的态度、水平、及时性、周到性以及收费等方面的满意程度。

事件的背后实质上是企业文化的一种反映。

（一）企业文化概述

企业文化，一方面是为了保证企业的生存，使企业组织具备不断改进的能力，提高企业组织的竞争力；另一方面更是为了实现个人与工作的真正融合，使人们在工作中体会生命的意义。因此，致力于人的发展的企业文化，才能锻造出强大的公司。

长期以来，人们认为，公司的经营目的是非常清晰的，那就是利润、收益。但现在已有很多人开始反思，做企业的目的到底是什么？是不是就是投资回报最大化？有人说，这太可怕了，是不是为此就可以不择手段？投资收益就像生命需要氧气一样，但只注意呼吸，就没有生命的意义。不是说利益不重要，这是不言自明的。世界上没有不想盈利的企业，汽车服务企业也是如此，重要的是，在价值选择中如何进行价值排序，什么应当放在首位？这个问题不解决，企业迟早会陷入困境，大量企业的实践证明了这一点。这是一个层层递进的序列，第一是企业文化，如果没有企业文化，就不能保持百年不衰；第二是企业的价值观，只认识到这一点是远远不够的，再进一步深入下去，人们会发现，最内在的是企业伦理。正确的价值排序，是企业生存和生命的本质。如果企业没有认识到这一点，最终将失去竞争力。

1.企业文化概念

企业文化一词，源于英文"Corporate Culture"。"Corporate"有团体的、法人的、共同的等含义。企业文化又称公司文化、组织文化和管理文化。在 20 世纪 80 年代，"Corporate Culture"被西方管理学界频繁使用时，由于中国当时实行"部—局—公司—厂"直线管理格局，大多数公司都是兼有行政与经营职能的一级组织，为避免发生误会，就把这个新术语翻译成了企业文化。企业文化实际上是整体文化系统下面的一种分支文化，是用文化学的理论和方法，研究经济与文化融合的现象时产生的一种亚文化。

关于企业文化的定义，国内外有 400 多种，几乎每一个管理学家和企业文化学家都有自己的定义。虽然人们使用的词语组合不同，但基本含义是一致的，即企业在一定价值体系指导下所选择的那些普遍的、稳定的、一贯的行为方式的总和。企业文化与其他文化的区别在于，企业文化是从事经济活动的组织中形成的一种组织文化，所包含的价值观念、行为准则等意识形态和物质形态均为该组织成员所共同认可。企业文化有广义和狭义之分，广义的企业文化是指企业物质文化、行为文化、制度文化、精神文化的总和。狭义的企业文化是指以企业价值观为核心的企业意识形态。

2.企业文化的结构

（1）思想内涵

企业文化的思想内涵包括企业哲学、经营理念与企业精神。企业哲学主要包括企业的价值体系和综合处理信息的方法，在总体上规范了企业的经营宗旨和行为经营理念是企业经营的指导思想，是经过整理后可以宣示于人的条理性思想，是企业的使命和经营目标，直接决定了企业的经营行为。企业精神指企业在生产经营实践活动中形成的，促进企业发展并能激发职工干劲的一种无形的力量，包括创新精神、独立与协作精神、顽强拼搏的精神、务实的精神等。

（2）信息网络

企业文化的信息网络是连接企业组织中各种信息通道的网状结构,包括正式渠道、非式渠道和纵横交错的立体式渠道三种。正式渠道犹如一个人的动脉血管,非正式渠道犹如静脉血管与经络系统。只有全身的动、静脉血管与所有经络系统都通畅,人体才是健康与充满活力的。在企业的信息网络中,各种信息往往不是以单一的渠道或方式发布,而是纵横交错,如蛛网般密布,以立体的网络式发布和接收。因此,这些网络组成了纵横交错的立体式渠道信息网络。

（3）行为规范

企业文化的行为规范包括人们一般都认可的制度文化,但它又比制度文化广泛得多,事实上,企业的行为规范不是规章制度所能概括的。除了企业正式制定的规章制度能对企业人的行为进行规范以外,非正式制度所引导的行为规范,也就是企业的潜规则,对企业人的规范作用也很大,有时甚至超过正式的规章制度所起的作用。非正式制度形成的行为规范可能是建立在正式制度基础之上,并且形成对正式制度的一种反映和强化,也可能不是建立在正式规章制度之上,而是由有一定权力与威望的人引导的、企业真正实施的行为规范。因为不同企业所信奉的管理哲学不同,企业领导层身体力行的效应不同,所以他们所实施的管理制度和实践结果也会不一样,而这种管理制度与实践的不同,则会导致具有不同行为方式的企业文化出现。

（4）企业形象

企业形象包括外部形象和内部形象。外部形象主要指企业的名称标志、建筑装饰、标语口号、文化仪式、知名度、美誉度等;内部形象主要指企业风尚、工作氛围、设施摆放组合、装束等。只有将企业文化的全部内涵作为一个整体来考察,找出其中的不同层次及其内在联系,才能准确地理解企业文化。企业文化的体系是一个有机的整体,主要是以企业的信息网络为载体,存在于任何企业的任何时间与空间,外部导入的东西不易融入企业的血液和经脉,而一旦融入,就已经成为了企业文化。因此,企业文化不是可以简单地从外部导入的。

3.企业文化的层次

企业文化是一个复杂的整体,只有分清层次、理顺关系,整个企业文化才能提纲挈领、一目了然,在操作上也才能分层设置目标,制订具体措施以达到良好效果。

企业文化分为3个层次:一是物质文化层次,即企业环境以及一些文化建设的硬件设施;二是制度文化层次,包括企业中那些长期形成的习俗、礼仪、习惯,成文与不成文但已约定俗成的制度等;三是最核心的精神文化层次,主要指价值观念。

4.企业文化的思想内涵

企业文化的思想内涵是企业文化基本内容的第一个层次,也是企业文化建设中最重要的一个层次,包括企业哲学、企业的经营理念和企业精神。这一层次的建设一般来源于企业创始人和高层管理者的经营理念,如惠普的创始人奠定了惠普之道的基本点:信任和尊敬个人;而松下幸之助则亲自拟定了松下集团的 PHP 哲学——通过和平与幸福实现繁荣。

（1）企业哲学

企业哲学是企业处理经营与环境、经营与人、经营与物、经营与事，以及如何经营一个企业的根本观点、根本看法和根本思维方式，是对企业全部行为的根本指导。企业哲学是企业人格化的基础，是企业形成独特风格的源泉。企业哲学包括企业的价值体系和企业进行总体信息选择与运用的综合方法。企业哲学中最根本的是企业的价值体系。人的价值观影响着人的行为举止，而企业员工的价值观和行为却能决定企业的行为方式。企业的价值观是一个企业获得成功的指南和动力。一个企业如果没有正确的、明确的价值观，就没有正确的方向，就不可能获得成功。

（2）企业的经营理念

企业的经营理念是指内部统一兼具外部特征的企业主导思想和观念，是企业的自我定位，是企业的使命和经营目标的凝结体，也是企业欲使社会公众广泛知晓和接受的独立品格。经营理念是企业价值系统的体现，是企业哲学的明晰化。它常常以口号或因定标语的形式展示于人，贯穿企业的生产行为、市场行为、研发行为、社会行为等方面。

经营理念是公司战略发展方向的构想，是企业长期学习，研究市场并在市场大海中畅游所掌握的一套规律性的东西。拥有良好明晰的理念，就能沉着应对突发事件，处变不惊。是否拥有正确的经营理念，将成为企业认识和适应经营环境的变化，左右企业命运的内在根据。因为产品竞争是由技术竞争力决定的，技术竞争力是由制度竞争力决定的，而制度恰好是物化了的理念的存在形式。因此，可以说理念才是第一竞争力，谁拥有正确的、不断创新的理念，谁就具有最强的竞争力。企业经营理念系统存在着核心理念，是经营理念的内核、经营的原点、经营的最高纲领、经营的统帅。一切自觉经营、系统经营的企业经营理念系统，都围绕核心经营理念而形成。核心经营理念包括企业共同的经营理念与企业个性化的经营理念。

①诚信的经营理念。诚信是市场经济的黄金规则，是现代文明的基石与标志。从古至今，诚信都是立身处世、从政经商的通理。只有在诚信理念的基础上，在企业内部的管理者对被管理者、下级对上级、员工与员工之间建立诚信机制，在企业与用户、消费者之间也建立诚信机制，才能保证企业兴旺。诚信是最重要的无形资产。如果现代企业不讲商誉、不讲经济信用，那么它的行为与其社会地位就是极不相称的。现代企业有雄厚的资金、先进的技术、优秀的管理人员，应当更注重诚信经营。

②企业个性化的经营理念。企业个性化的经营理念，又称为经营基本假设，任何企业的经营管理必须有经营的基本假设，这就是设定如何经营的最基本的前提和出发点。凡是自觉经营、理性经营的企业，都有自己的基本假设。如丰田的"合理化决定"、本田的"年轻人决定一切"，所有这些企业都依据基本假设，决定了企业如何经营，如何应对市场的基本方略，并根据它们形成和发展自己的基本价值理念，塑造自己经营的特色。

③企业核心经营理念的确立贯彻。提炼企业核心经营理念是企业文化塑造的根本要求。那么，如何提炼企业的核心经营理念呢？在进行理念定位时，关键步骤是把握自己真正相信的东西，而不是抓住其他公司定为理念的东西，也不是外在世界认为应该是理念的东西。

a.充分考虑自身特点,提出个性化的理念。企业文化要与行业特性和企业自身的经营特点相一致,因为适合的才是最好的。别人的企业文化理念可能很精妙、很高深,甚至已经很成功,但是未必适合自己的企业。一个企业在长期发展过程中,由于每个时期所处的内外环境不同以及管理者的思想观念不同,都会影响企业的价值取向,因而每个时期的企业价值观就可能不同,这样,企业就很难有一个一以贯之的共同的经营理念。这就要求我们在提炼企业理念的时候,首先要对企业在发展过程中所形成的不同的价值观念进行分析整合,精心提炼出最适应本企业发展、最有价值的理念,而不是简单地模仿别人提出的"团结、进取、求实、拼搏",这样没有任何本企业鲜明特征的所谓的"企业理念"。

b.深入考察企业生存的环境,提出有前瞻性的理念。要塑造优秀的企业文化,必须保证企业理念的前瞻性。而前瞻性的理念一定要建立在对企业深入了解的基础上,认真考察企业的生存环境,特别是其生存环境的变化因素。以敏锐的观察力和感知力去洞察那些人类认同的思想要素,使企业的发展方向与人类社会的发展方向一致;还要去发掘那些"小荷才露尖尖角"的幼苗,甚至隐而未显的因素,以把握企业发展的先机,真正做到"人无我有、人有我新、人新我特、人特我优"。

c.挖掘已被认同而有益于企业的理念,减少贯彻阻力。企业的文化理念应该是企业大多数员工都认同的,并且有益于企业成长壮大的理念。在提炼理念时,应做广泛全面的调查访谈,形成共同探讨公司文化的氛围。为了很好地挖掘企业的核心理念,促进企业发展,一些企业采取先由高层管理者分析企业内外的形势,制造危机感,让大家产生文化变革的需求和动机,然后在各个层面征求意见,取得对原有文化缺点和优势的认知;最后采取扬弃的办法,保留原有企业文化的精华部分,并广泛宣扬,使之成为企业员工都认知和认同的理念。企业在做品牌推广时,要让客户和顾客也认同企业的这种价值观念。

d.确认企业的核心理念,扩展理念体系。在挖掘企业核心理念的基础上,企业应该将自己的目标与挖掘的核心理念相对照,以确保企业目标的实现为前提,提炼并确认企业理念。因为良好的企业文化有非常强烈的目标要求,而企业理念必须成为保证企业长足发展的基石。同时,提炼出了新的企业理念,就要经过企业员工代表大会这个最高权力机构予以严肃确立,使全体员工对新的企业理念有一种严肃的、自豪的感受,从而自觉地以实际行动实践企业理念。

e.广泛传扬企业理念,使其真正成为企业一切行为的指导。企业理念要落实,必须得到员工的认同,而认同的基础首先是知晓。所以,宣传和阐释就显得至关重要。企业理念一经确立就必须通过各种宣传工具、各种宣传途径、各种宣传方式进行灌输教育,把企业精神所提倡的观念、意识和原则,把体现企业精神的先进思想灌输到员工的大脑中去,使之深入人心,从而使员工在企业活动中自觉或不自觉地表现出来。同时,企业在一切与外界的沟通中,都应有意识地宣扬企业文化。

④企业核心经营理念的塑造与落实。

a.企业理念的落实关键是转化为相应制度。不少企业的文化建设只停留在理念传扬的阶段,不能深入进行塑造,这一方面在于领导者缺乏系统建设企业文化的决心和勇气,另一方面是对企业文化塑造有误解,认为企业文化是以理念塑造为主,如果把它变成制度,就会削弱企业文化的凝聚作用。其实,优秀的企业文化建设恰恰需要把企业的理念展示出来,要落到纸面上,让大家有法可依、有章可循。尤其是人力资源制度,包括招聘、培训、考核、薪酬、任免、奖惩等,都应该深刻体现出公司的企业文化。

b.理念的落实需要人格化、故事化。在提炼出企业理念以后,不能仅满足于企业的中高层管理者认同,而是要让全体员工,甚至是临时员工的认同,这样才能真正发挥企业理念作用。企业文化的理念大都比较抽象,企业在塑造新的企业文化时,首先需要把这些理念变成生动活泼的寓言和故事,并进行宣传。企业领导者应该根据自己提炼的理念体系,找出企业内部现在或者过去相应的先进人物、事迹进行宣传和表扬,并从企业文化的角度进行重新阐释。同时,在企业文化的长期建设中,先进人物的评选和宣传要以理念为核心,注重从理念方面对先进的人物和事迹进行提炼,对符合企业文化的人物和事迹进行宣传报道。这样的榜样为其他员工树立了一面旗帜,同时也使企业文化的推广变得具体而生动。

c.理念的落实需要口号或标语的强调。企业口号是企业最简短、最明了、最具有冲击力的宣言。企业口号的形成是企业经营成熟的标志,又是企业个性形成的标志,企业经营核心理念用口号来集中表达是一个极有效的方法。能够迅速地被知晓,能够真正凝结企业理念的口号具有极强的宣言性和震撼性甚至永恒性。口号喊出了企业的智慧、企业的意愿,喊出了企业内心的追求,喊出了员工的力量,喊出了公众的认同。很多企业把企业的核心理念以凝固的标语形式展示在企业的重要位置,雕刻上企业倡导的核心理念,对员工与来访客户熟知或了解企业核心理念,起到了很好的作用。

d.理念的落实需要管理者的示范作用。塑造并落实企业文化理念的办法有很多,但是关键在于企业管理者尤其是高层管理者,有没有决心和勇气先把自己塑造成为企业文化的典范,能不能自己首先认同并传播公司的文化,这是决定企业文化成败的关键。企业理念不是说在嘴上、写在纸上、挂在墙上的装饰品,而是需要企业从上到下,从管理者到员工身体力行的规范。因此,汽车服务企业的管理者在实际工作中一定要"绝知此事须躬行",率先垂范,自觉实践企业理念,要求员工做到的,自己首先做到,要求员工不做的,自己带头不抓企业员工也要时时处处体现企业理念的要求,真正把企业理念落实到自己的日常工作中去。

5.企业精神

精神决定一个人的层次与面貌,甚至决定人类某种文明的出现。企业精神是企业的灵魂。在企业经营中,尽管许多因素,诸如技术力量、销售能力、资金力量以及人才等都很重要,但最根本、最重要的还是正确的企业精神,因为在企业中,企业资本在有序流动中增值就是由人来推动的,信息的传递是以人为载体的,人与人都是在竞争中存在的。如果没有统一的精神,人们就会在信息传递的过程中变客观的正确传递于主观歪曲,这种竞争就是无序的,资本的运营就会在人与人的无序竞争之中混乱,企业内耗加剧,以致企业整体难以运行。如果我们在企业中树立一种统一的精神,那么企业的每一个成员就会以这种精神为轴心,推动着企业资本有序运动,所以,确立正确的企业精神,决定一个企业的生存与成长,决定一个民族与国家的命运,意义是重大的。只有有了正确的企业精神才会激发广大员工的使命感,只有有了正确的企业精神,企业在解决各种复杂问题时才会有正确的基础;只有以正确的企业精神为基础,人员、技术、资金才能真正发挥作用。因此,为使企业经营健全发展,首先就必须从确立企业精神做起。

企业精神不是一句口号、标语,也不是鼓动人心的几句话,是对企业使命、宗旨、目标凝结成一种信念、情感、意志的表达。企业在形成自己文化的过程中,必须形成自己的企业精神。而企业是否形成了自己的精神,要看它是否具有个性,是否对员工的行为具有推动作用、鼓舞作用和支撑作用。企业精神不可能抽象形成,必须把企业精神的形成和强烈的经营愿望相结合,在经营愿望的不断实现中,形成和强化企业精神。首先,企业精神与经营愿望相结合,就会使经营愿望变得十分强烈;其次,企业精神与经营愿望结合,就会产生巨大的经营热情;最后,企业精神与经营愿望相结合,就会产生深刻的经营智慧。

(二)企业文化建设

企业文化建设不可能一蹴而就,它是一个系统工程,必须持久、深入、全面地开展。企业文化纲要的制订,只是为企业文化建设打下一个良好的基础,而企业文化的实践化,还有待于长期、大量的艰苦工作。

企业文化的建设原则要体现企业的竞争精神,这种竞争精神可以包容在各种基本价值观之中,这些价值观与创新、忠诚及提高生产力密切相关。企业文化建设的8大原则如下。

(1)目标原则

企业行为是有目标的活动。企业文化必须把有价值的目标反映出来,使每个员工都明确他们的工作是与这一目标相联系的,这样,员工就会感到自己的工作意义重大,并且"自我实现"的需要可以得到满足。领导者的任务是要把目标传达给每个员工,借此带动员工,这就是"目标驱动"。具有竞争力的领导者会把"我们的灵魂"与"我们的工作"连在一起,并因为有真正的拥护者和追随者而使企业实现其崇高而长远的目标。

对于目标原则,可以从以下两条来检验:

①员工是否了解自己企业的长远目标,是否认为自己的工作具有真正的社会价值。

②管理阶层在制定政策时是否考虑企业的目标,还是只针对眼前的情况而采取权宜之计。

(2)共识原则

企业是否成功,要看它能否聚集众人的创意,能否激励员工和管理人员一起创造性地思考和工作。现在的员工都受过专门的教育和训练,文化知识素质较以前有大幅度提高。他们不再习惯于一味地跟着别人跑,不再需要俯首帖耳、唯命是从,都有自己的头脑,有自己的价值目标,要求领导和管理方式从"指挥式"转向"共识式"。管理者的重要使命在于决策,决策有指示式、咨商式和共识式。共识式决策就是在决策时召集较多同事或部属坦诚、充分地商讨而达成一致,因而人人都有主人翁感,员工将企业的决定视为自己的决定,因而全身心地为企业服务。

对共识原则的实施,主要根据以下两条来检验:

①影响整个企业的重大决策,是否采取共识方式判定。

②管理人员是否具备采取共识式决策所需要的作风和技能。

(3)卓越原则

追求卓越就是"求好",一个企业的一切工作都应以卓越的方式完成。卓越是关于杰出工作信念的理想境界,是一种精神,一种动力,一种工作伦理,并不只指工作绩效的完美无缺。卓越掌握着一个人或一个企业的生命和灵魂,所有成功的企业都培养出了追求卓越的精神,这就是求新求变、更上一层楼的精神。

对于卓越原则的实施,主要根据以下 3 条来检验:

①是否所有员工和管理人员都定期进行自我评价,并注意自我教育和改进等。

②管理人员一般对目前的成绩感到满意或一直不满意。

③企业对员工的创新作为是否一贯采取主动奖励措施。

(4)一体原则

坚持一体原则,就是要追求企业全体成员的"一体感",也就是员工认识到个人利益与企业利益息息相关。个人是企业的所有者之一,当企业能够满足自己"拥有的需要"时,员工是愿意保护企业并使其免受伤害的,员工会为企业的成功而感到喜悦、鼓舞,为企业的失败而感到沮丧、痛苦,进而能做到为整体利益而牺牲眼前利益。创造这种"一体感"的关键在于减少不必要的管理层次,并尽量让企业最基层的人员担当重任,不再强调管理阶层与员工之间的界限,而是最大限度地强调企业全员的参与和共识。管理者通过个人的表率作用,表现出对员工的信任和引导员工产生"自我拥有"的满足感。

对一体原则的实施,可以考虑根据以下 3 条加以检验。

①管理者是否认为员工也在决策过程中有所贡献。员工是否觉得自身努力的目标对整个企业目标的实现有帮助。

②晋级、加薪和奖赏是否依据个人的能力而非根据其他,如地位等。

③当企业整体受益时,企业内部的各阶层是否都分享到了奖励与荣誉。

(5)成效原则

企业成员的每一项成就都应该得到企业和领导者的肯定和鼓励。成效原则是把员工的利益与工作的成绩联系起来,如员工的工资可以按工作的成绩来支付,而不是按权力和资历来定。但更重要的是要给员工带来优胜感和光荣感,即精神上的奖赏,因为没有别的奖赏能比上司、同行给予的由衷赏识更能激励人心、更具威力了。

对于成效原则的实施,可根据以下 3 条来检验。

①企业给出的最大奖赏是按成效还是按资历来决定的。

②是否依据企业内不同机构的优异程度而分别设立不同的奖金制度的。

③是否根据个人的成绩来决定晋升的。

（6）实证原则

企业成功的概率，在一定程度上取决于是否把基本的数学观念、数学工具运用到企业决策中，企业是否具有一般意义上的科学态度，也就是讲不讲实证原则。科学的态度就是善于思考，对被认为"已知的"事物追根究底，这是一种极好的素质，它与智力的习性恰好相反。

对于实证原则，可以从以下 3 点来检验：

①每个管理者与员工所组成的团队是否知道本身负责的资料，是否能看到这些资料，以及是否如期把资料绘成图表。

②当问题出现时，是否搜集资料并作分析，以便决策采取何种相应措施。

③分析资料是否运用统计程序，资料是否在工作场所公布。

（7）亲密原则

亲密原则就企业中人与人之间的关系而言的。亲密感是存在于企业及其成员之间的一条看不见的线，是一种非常基本的人性追求。所谓亲密感，指的是给予和接纳爱的能力。也就是说，个人在与企业内的其他成员相处时必须以真诚、友善、尊重、信任和关心他人的方式把自己投入，并使对方给自己以同样的真诚、友善、尊重、信任和关心。当个人与企业之间的关系健全时，亲密感大都能存在。有亲密感，才能提高信任、牺牲和忠诚的程度。

对于亲密原则的实施，可以从以下 3 点加以检验。

①企业是否经由它的政策与行动来显示关心每位员工在企业内的发展。

②员工在企业中，是否感到如鱼得水般的快乐，是否获得了必需的安全感。

③员工们是否经常愿意自觉组合以贡献自己的创意。

（8）正直原则

正直，是企业文化赖以建立的基石，也是领导者不可或缺的品质。正直就是诚实、前后一致、表里一致，以负责的态度采取行动。领导者要使企业的目标得以实现，就必须取得下属的信任和支持。而正直的精神是最富有人格说服力的，它能鼓舞员工，激发他们的干劲。未来的领导者拥有的指挥权将越来越有限，必须依靠他们人格的力量，通过鼓舞和引导来强化他们的号召力。

对于正直原则的实施，可以从以下 3 点加以检验。

①制订决策时，是否优先考虑对客户与员工的长期益处。

②企业内的沟通渠道是否会让员工知道企业的真正目标以及做某种决定的动机。

③管理人员是否具有足够的魅力吸引员工，使之心悦诚服，长期跟随。

此外，企业文化的建设特别要做到以下几点。

①企业文化建设必须基于企业和整个社会。

②企业文化建设必须要由企业员工共同参与，不能仅靠少数人关起门来做文章。

③企业文化建设要抓住企业的主要矛盾和主要特征，有鲜明的特点和个性，不能千篇一律。

④企业文化建设要尊重本国民族优良的传统和习惯，与宏观文化融为一体，而不能脱离

本国国情。

（三）企业文化建设程序

企业文化的建设应该在企业内外部环境综合分析的基础上,建立具有企业特色、适合企业自身实际、反映企业发展要求的企业文化,图6.1给出了企业文化建设的一般程序。

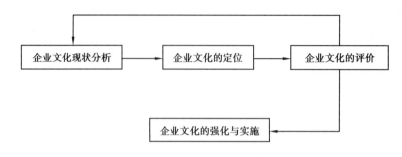

图6.1　企业文化建设的程序

1.企业文化的现状分析

企业文化的形成是一个长期复杂的过程,会受到许多因素的制约。要倡导优秀的企业文化,首先要对企业进行企业文化的诊断,认真考察企业的企业文化现状,分析对企业文化产生影响作用的各种内外部环境,从而确定企业文化建设的发展方向。

企业文化诊断可从以下几方面入手:

①企业文化的评价首先要对民族文化环境进行分析,民族文化环境分析大体包括3个方面,第一,民族文化传统、企业文化的传统分析。因为企业文化只能根植于民族文化的土壤之中,所以,对民族文化环境因素,要尽量分清哪些是有利因素,与物质文明水平相适应,不能脱离实际的不利因素,以便利用有利因素,摒弃或改造不利因素,如中华民族有质朴善良、吃苦耐劳、重义轻利的优良传统,但也有平均主义、官僚主义、裙带作风等不好的习惯。这就需要在分析中分清精华和糟粕,区别对待。第二,除大的民族传统外,还要分析企业所在地的地方文化特色,即风土环境。地方文化特色同样是企业文化建设不可缺少的重要因素之一。第三,涉外企业还需要分析有关国家的民族文化、地方文化,国外民族文化的分析方法和基点与民族文化传统的分析相同。

②政治经济环境分析。社会政治经济环境对企业文化建设具有强有力的影响与制约作用。在我国的社会主义制度下,企业文化建设要始终坚持在党的领导下,同时,还要坚持党的基本路线、方针和政策,并根据市场经济的要求来建构与之相适应的企业文化模式。

③企业内部环境分析。企业内部环境就是企业自身对企业文化建设所能提供的有利条件以及有哪些不利因素,如部门、行业的特点,领导者的政治、业务、文化素质和企业领导能力,员工队伍的政治、业务、文化素质和团结协作能力,企业的工艺、技术、设备条件是先进还是陈旧,企业内部的机制是高效率、充满活力,还是低效率、人浮于事。此外,还应对企业文化的现状作出分析,包括企业的成长及其发展过程、经济发展现状、行为习惯、传统作风、企业形象和人际关系现状等。

2.企业文化定位

企业文化定位是指企业根据内外部环境条件及社会发展趋势的要求,确定本企业的文化价值观导向,提炼企业精神,形成自身的企业文化风格。

企业文化定位除应遵循企业文化的8大原则之外,还应注意以下几个方面:

(1)明确指导思想

企业文化建设的目标,是要使企业成为一个理想、权利、利益和命运的共同体,使员工真正成为企业的主人,从而最大限度地发挥其主动性和创造性,增强企业活力,推动企业发展。企业文化的根本要求是要在大力提高员工整体素质上下功夫,努力造就一支有理想、有道德、有文化、守纪律的员工队伍。

(2)确立价值观念

共同的价值观念是企业文化的核心。要建立一个企业的企业文化,首先必须根据企业的实际,归纳、提炼企业的价值观念。价值观念一经确定,就应以企业员工容易理解和接受的语言、方法、形式表达出来,通过各种传播手段不断灌输和强化,并真正落实到实际工作中,以此来带动企业文化建设的全面进行。

(3)形成独特风格

企业文化应突出企业的个性,没有个性,也就失去了事物存在的基础。企业文化不能千人一面、众口一词、空洞雷同,否则便不会有生命力和感染力。不同企业有着不同的环境背景、不同的发展背景、不同的生产经营方式和不同的人员素质结构,这就要求每一个企业根据本企业的实际,构建具有本企业特色的企业文化,形成自己独特的企业文化风格。

3.企业文化的识别或评价

企业文化是存在于企业中的一种知觉,可以通过一个企业具有的10个特征来识别或评价。

①成员的一致性。员工与作为一个整体的企业保持一致的程度,而不是只体现出他们的工作类型或专业领域的特征。

②团体的重要性。工作活动围绕团队组织而不是围绕个人组织的程度。

③对人的关注。管理决策要考虑结果对企业中人的影响程度。

④单位的一体性。鼓励企业中各单位以协作或者相互依存的方式运作的程度。

⑤控制。用于监督和控制员工行为的规章、制度及直接监督的程度。

⑥风险承受度。鼓励员工进取、革新及冒风险的程度。

⑦报酬标准。同资历、偏爱或者其他非绩效因素相比,依员工绩效决定工资增长和晋升等报酬的程度。

⑧冲突的宽容度。鼓励员工自由争辩及公开批评的程度。

⑨手段——结果倾向性。管理更注意结果或成果,而不是取得这些成果的技术和过程的程度。

⑩系统的开放性。企业掌握外界环境变化并及时对这些变化作出反应的程度。

以上 10 个特征是一个复合体,并且相对稳定和持久,如通用汽车公司被普遍描述成冷静的、正规的、不愿冒险的公司,在 20 世纪 30 年代,它是如此,现在基本上还是这样。

4.企业文化的强化与实施

企业文化的建设具体做法有以下几种:

(1)领导表率

企业领导是企业文化的倡导者和塑造者,更是企业文化的实施者。一方面,领导通过归纳提炼,将企业文化升华,并通过宣传鼓动,使企业文化在企业中得以推广和实施;另一方面,领导以自己的作风、行为在企业文化建设过程中起着潜移默化、率先垂范的作用。事实说明,要使企业的价值观念和行为规范真正成为企业员工的共同观念和自觉行为,不是靠行政命令和强制性压力,很大程度上依赖于企业领导对员工的感染力。因此,企业领导言传身教、身体力行,是企业文化建设中最关键的环节。

(2)榜样示范

榜样是企业文化的要素之一。在塑造优秀企业文化的过程中,榜样起着引导作用、骨干作用和示范作用。企业中的榜样是企业文化的生动体现,他们为全体员工提供了角色模式,建立了行为标准。榜样往往成为一个企业文化的具体象征。在建设企业文化过程中,要特别注意发现、培养、宣传企业自己的榜样人物。

(3)故事熏陶

企业文化的价值观往往会反映在企业的一些"故事"或"传说"当中。在一个有着强有力文化的企业中,"故事"或"传说"往往很多,如企业是如何艰苦创业的,如何在竞争中取胜,如何走出困境,如何开发新产品,如何对待企业的"功臣"等。每一个事件都会留下一串故事。企业经历的事件越多,企业文化就越成熟,留下的"故事"或"传说"也就越多。通过"故事"或"传说"比喻,或其他口头或非口头的方式,企业可以广泛地在员工中传播它的思想意识和价值观。这种方式对新加入企业的成员理解企业文化背景尤为有效。

(4)仪式强化

企业文化的生长,需要通过各种具体的活动和一定的形式来催化"一蹴而就",企业文化必须通过传播,以在员工中不断得到强化。

(四)企业形象

企业文化结构建设中有一个重要的内容就是企业形象建设,作为现代市场竞争条件下的战略手段——企业形象塑造已成为众多企业制胜的法宝。企业文化与企业形象是两个相互包含的概念和范畴,是一种你中有我、我中有你的相辅相成的关系,共同构成企业的资源。企业文化具体反映和表现企业理念,同时也丰富企业理念的内涵。企业文化是在企业理念的指导下和企业运行的过程中,由员工群体所创造的,并得到全体员工认可的价值标准和行动规范的总和。企业形象是指人们通过企业的各种标志(如产品特点、行销策略、人员风格等)而建立起来的对企业的总体印象,是企业文化建设的核心。

1.企业形象要素

形象是主体与客体的相互作用。一般的企业形象是指企业通过产品及包装、建筑装饰等各种物品和自身行为等表现出来,在社会上和消费者中形成的对企业的整体看法和最终印象。企业文化管理中形成的企业形象,是指企业在自己的价值观和经营理念的指导下,为适应社会公众和消费者的需要,按照一定的标准和要求,综合运用创意策划、企业标志、广告宣传、商标选型和公共关系等手段以及各种媒介传播,把以企业价值观为基础的企业经营理念和产品服务特色,展示给社会公众和目标消费者,使他们对企业产生良好印象和认同感,并转化为相应的基本信念和综合评价,从而为企业创造一种理想的经营环境。

企业形象是企业的所作所为在社会公众和消费者心目中的一种客观性反映,是企业展示于社会公众和消费者的形态、相貌和美誉程度,是展现企业精神风貌和经济实力的一面镜子。企业形象管理思想是在市场经济条件下产生和发展起来的,是以全面提高企业内在素质与外在表现为目标的企业文化管理的重要内容。

企业形象是企业素质的综合体现,是企业的特质与实力的最充分的表现形态。企业形象具有很高的无形价值。有关专家预言,21世纪企业形象将借助高效的新闻媒体和信息高速公路,使信息传递和信息增值成为更有效的企业竞争武器。

2.企业形象的分类

①总体形象和特殊形象。按照企业形象的内容,可以分为总体形象和特殊形象。总体形象是企业呈现在社会公众面前的整体形象,主要体现于企业的知名度和美誉;特殊形象是企业因某种需要而将企业的某一方面展示给社会公众而形成的形象。

②期望形象和现实形象。根据企业形象的现实性,可以分为期望形象和现实形象。期望形象是企业期望在公众中留下的形象,又称理想的形象或期待的形象,是企业塑造与改善自己形象的努力方向和奋斗目标;现实形象是企业社会公众及社会舆论对企业的真实看法和评价。

③根据企业形象的真实性,可以分为真实形象和虚假形象。真实形象是企业展现在社会公众面前的、合乎实际情况的形象;虚假形象是企业在公众心目中的失真印象或被歪曲了的形象,往往导致企业决策的失误。

根据企业形象的可见性,可以分为有形形象与无形形象。有形形象是可以通过人们的感觉器官感受到的企业有关实体,如企业的外观、环境、设备、产品、职能等具有物质化特征的形象;无形形象是指在有形形象的基础上,通过人们的记忆、思维等心理活动在头脑中形成的企业形象。

3.企业外部形象的载体

企业的名称、标志、建筑、装饰、产品与服务的质量、广告宣传和企业高层管理者与员工的谈吐行为及装束等是企业外部形象的载体。

①企业的名称是构成企业形象的一个重要因素。企业的名称不仅是企业注册的需要、对

外称呼的需要,还反映了企业人特有的期望和目标。

②企业的商标是企业外部形象的重要内容。商标是一个企业信用的象征,是品质的保证。对有声望的企业来说,商标是非常宝贵的财富。

③建筑式样和装饰、产品包装体现着一定的思想内涵。建筑式样和装饰、产品包装这类外显事物属于设计方面的形象,体现着一定的思想内涵。

④产品的质量和包装对一个企业及其产品的形象有重大影响。质量是消费者在消费行为中用钱做出的判断和思考,是产品成为传世名品的重要条件。

⑤优质服务塑造企业外部形象。

⑥广告宣传使企业及其产品产生很好的、长久的形象。广告宣传的目的就是给广大公众留下很好的印象,从而使企业及其产品产生很好的、长久的形象。因此,广告宣传应与企业的经营理念以及公司的特色相一致。

⑦企业人员的言谈举止和装束直接展示企业形象,企业人员特别是企业高层管理人员和窗口服务员工的言谈举止和装束,直接展示了企业形象。

总之,企业的外部形象是企业实力、技术能力、文化魅力、经营风格和企业商誉的最佳表征。它不仅表达了企业价值观的取向,而且代表了一个企业的历史、风格、追求和向往,是企业形象高度综合性和概括性的表现。企业外部形象是社会公众和消费者判断和评价企业形象优劣的一个最重要的标尺之一,从一定意义上讲,企业外部形象标志着一个企业市场竞争能力的高低。因此,对企业外部形象的塑造,不仅要在维持企业正常运转的建筑物、设备和产品包装等方面做到"精雕细刻",使其既符合实用美观的标准又反映企业特色和现代性的特征;而且更要在企业标志以及各种代表企业形象的其他物质形态等方面做到"精心点缀",使企业外部形象成为企业形象最具传播力和感染力的表现形式,抓住与社会公众和消费者每一次"目光捕捉"的机会,产生"一见钟情"的视觉效果,力求给社会公众和消费者以最佳的"第一印象"。

4.企业形象的内部展示

企业形象的内部展示也就是企业的内部形象,包括企业制度的制定与实施,企业风尚、民主氛围、设施摆放组合等有形与无形的表现。

企业的内部形象是企业的组织制度、管理行为、技术水平和服务水平等在企业内部员工心目中的一种客观性反映,以及投射到社会上所形成的社会综合性评价。企业的内部形象是企业的思想内涵在制度行为领域的具体展示和表现,是整体企业形象塑造成功与否的关键环节。

企业制度是企业管理的基础,但是,当制度内涵未被员工心理认同时,制度只能反映管理规律和管理规范,对员工只是外在的约束,当制度内涵已被员工心理接受并自觉遵守时,制度就变成了一种支配行为的文化,并由此形成一种独特的形象。企业理念的特色和制度的有效性,在一定程度上直接反映出企业价值观的优劣。因此,为适应现代管理发展的要求,企业内部形象的塑造,一方面应体现企业组织管理制度的科学性和文化管理的特色,另一方面更应将"一切以用户为中心"的企业价值观贯彻到员工的具体行为中去。

（五）塑造企业形象

企业形象的塑造是一个系统工程，对良好的企业形象刻意追求的过程。

（1）建立优秀的价值观是塑造企业形象的基础

企业价值观对企业经营活动形成指导和导向，是企业形象的核心，没有这个核心，企业必将人心涣散，行为不一致，从而对企业形象产生不良的影响。在知识经济条件下，企业价值观应包括服务社会、以人为本、不断创新、讲究信誉、明确使命、服务先导等富有时代特色的内容。

1）充分体现有管理制度特色的人的价值观的塑造

企业内部形象的塑造要充分依赖体现企业组织管理制度特色的人的价值观的塑造。这种价值观一旦形成，将对企业内部形象影响巨大。它是对企业形象各要素及其组合的优化培育过程，但是这个过程离不开正确、科学、鲜明、独特的企业价值观。企业价值观培育和造就的应该是形象的主体，并成为内外形象的塑造者。企业价值观是企业制度和企业行为的灵魂，主导着企业制度行为形象的性质和方向，从而成为激励员工奋发向上的动力源泉、培育和塑造出一系列崇高、积极的企业价值观，可以为企业和员工提供一个明确的奋斗方向和努力目标，并为满足员工高层次的精神需要提供一个正确的衡量标准和评价标准，这样有助于产生较持久的精神动力，使企业充满生机，这是塑造企业制度行为形象的内在保证。塑造正确企业价值观的根本目的就是要增强企业的凝聚力和企业员工的归属感，从而最大限度地激发企业员工的敬业精神和奋斗热情，并将这种精神和热情投入到企业的生产经营和管理活动中去，为社会公众和消费者提供富有企业特色的一流的产品和服务，造福社会和人类，在社会中塑造出合乎企业价值观和时代特色的企业组织行为形象。

2）制定和推行一系列契合企业价值观的组织管理制度

制度是管理的基础，然而，在相当多的企业中，企业的管理者制定制度只是为了摆设，为了应付检查，于是制度的制定者就自然是一些没有权力推行制度的人，例如，办公室工作人员，而这些人也有不少人是在别处抄一些比较接近的制度交差了事。这样的制度常常不能契合企业的价值观。在这些企业中，制度只是面具，或是一纸空文。企业管理者不会去理睬这些制度，员工也不会去认同这些制度。管理制度和规范应该是在企业文化中酝酿而成的，任何管理制度和规范的制定都不能脱离企业文化背景，不能脱离企业价值观的指导。制定企业的管理制度和规范，必须从实际出发，反映自身文化特色和业务特点，这样才能为员工所接受和认同。

企业的管理制度和规范应该是企业文化中相对稳定的，符合企业核心价值观的，并可通过实践检验为正确的东西，用条文的形式加以固定化，通过试行反复证明，并在员工中达成共识后，经过正式签发和颁布，要求员工共同遵守。实际上，只有与企业人的文化背景相适应的管理制度和规范，才能与企业的实际相符合，才具有执行力。否则，就会影响企业组织管理制度的运行效率，从而影响企业组织行为形象的塑造。企业领袖（也就是企业文化的旗手）如果按照企业价值观确定一种足以令员工激动并愿意与企业共进退的目标,制订切实可行的步骤,并将自己的思路、价值观与员工分享,经常刻意去创造一种让员工充满激情的工作氛围,那么,企业文化就有了根基。

同时,管理者的管理思想、经营理念、员工的价值观念是与工作中客观事物联系在一起的。客观事物的变化引起管理者的管理思想和经营理念以及员工价值观念的变化与提升。这种变化首先会在各种文化场合,如会议、问题研讨与磋商中表现出来,要求大家达成新的共识和认同。这种变化属于管理模式和管理制度、规范的不完善或与变化了的管理事务不相适应的东西,一旦达成共识就需要重新制定或加以修订。

3)将企业领袖所倡导的价值观内化为全体员工的价值观

企业价值观决定着企业形象塑造的效果。塑造企业形象应全面考虑企业自身的物质实力和企业价值观状况,然后运用适当的现代化传播手段集中体现企业形象的企业标志等物质形态。在社会上加以宣传,做到实事求是和表里如一。同时,企业领袖要身体力行,用自己的言行实践自己倡导的价值观。这样,企业领袖所倡导的价值观才能真正内化为全体员工的价值观,企业才能在社会公众和消费者心目中树立起良好的企业形象,挖掘企业潜能,认真设计、塑造企业形象。企业要塑造良好的形象,需要在充分挖掘企业潜能的基础上认真设计。

2.企业文化塑造的目的

对企业文化塑造应该报一种什么样的期望,企业文化究竟能给企业带来什么成果? 根据比较成熟的企业文化理论,可以把它归纳为一句话,即企业文化塑造的目的在于保证企业在不断变化的环境中持续发展。如果将其细化,可以分为如下三个部分。

(1)企业文化塑造是为了使企业适应不断变化的环境

企业的首要使命和最主要的使命就是要生存,要生存就必须适应周边的环境,并且当环境变化时,还必须能够适应这种变化。企业文化的塑造主要通过提高企业成员的凝聚力和企业对外部环境的影响力来实现这个目的。在企业文化塑造中,主要通过共同价值观的贯彻落实来增强内部的凝聚力,通过企业形象及产品、服务文化的塑造来形成外部环境的影响力。

(2)企业文化是为了企业经营绩效的提高

企业适应环境的方式也可以分为两种,即主动适应和被动适应,主动适应环境能促进经营绩效的提高,且适应能力越强,提高得越多,被动适应则会造成企业经营的停滞或危机。企业要想主动地适应环境变化,就必须有自己的企业文化,并且使之不断完善与更新来推动企业战略和管理变革。若等到环境逼迫企业变革的时候才有所动作,则为时已晚。

(3)企业文化是为了将企业的生命周期延长

任何事物都有生命周期,人类无法改变这个规律,但可以将这个周期延长。企业文化主要通过两种方式延长企业的生命周期,一是通过企业文化的不断创新,来长期保证企业对环境的主动适应;二是通过企业文化的传承,使企业避免受到个人及其他不利因素的影响。

3.企业核心价值观的评估

企业核心价值观在整个企业文化体系中居于核心地位,是企业文化能否对企业经营发挥正面作用的关键。核心价值观的确立与落实是企业文化塑造的核心内容,关系企业文化塑造的成败。在确立和落实企业核心价值观之前,企业对自己的核心价值观要有充分的认识。

(1)企业核心价值观是否是企业真正的价值观

企业在确立核心价值观之前,应该反问这是不是自己真正的价值观,是不是已经有了去贯彻落实这个价值观的思路和决心,比如企业确立以人为本的价值观,那么就要反思这是不是出于内心对员工的尊重,准备通过哪些方式来落实这个价值观。

(2)企业核心价值观是否符合企业大环境的需要

多数企业在这一点上已经有了共识,这里的大环境包括企业所面对的市场、顾客、员工、国家、社区等可以对企业产生影响的一切因素。企业应该考虑其价值观能否满足顾客、员工及社会的需要,以及与社会价值观念、道德观念、政治观念能否协调,与行业环境、区域环境及人文环境能否共生。企业价值观不仅不能和企业环境产生冲突,还应该对企业自身环境产生积极的影响。

(3)企业核心价值观有没有自己的特色

国内很多企业在这方面存在着较大的误区,塑造企业文化时,某公司聘请了另外一家企业的专家,参照他们的企业文化制定了一整套自己公司的核心价值观,并且建立了一套鼓励创新与竞争的管理制度,塑造企业文化大功告成。可是该公司为了什么去确立核心价值观?员工接受这些价值观吗?顾客会怎么看?这些问题如果没有解决,就谈不上企业的价值观。企业必须经过多次调查探讨,确立适合其行业特点和企业特色的,以"亲和、自然、和谐"为主体的核心价值观体系,通过一系列的运作,很快就能得到员工和顾客的认同。

任何企业都是独一无二的,企业价值观也一样。企业文化属于企业的核心竞争力,企业在确立核心价值观时,一定要以其自身为出发点,充分考虑其环境因素,确立有自己的特色并能促进企业发展的核心价值观,只有这样的价值观才更有利于企业文化的落实并对企业经营产生促进作用。

(4)由谁来做企业文化塑造工作

企业文化工作涉及企业的方方面面,在传统的企业组织架构下,企业领导和工会系统肩负着企业文化方面的职能。很多企业都没有专门的企业文化部门,而对企业文化稍微重视的企业,也只是将其挂靠在人力资源部门、工会或营销部门。这就造成了企业文化工作不系统、不持续,进而使企业文化工作成了摆设,不能为企业带来任何价值,甚至对企业经营产生负面影响。

企业如果没有专门的部门来系统地整合企业文化工作,就极容易造成以下几个方面的问题:

①企业文化工作效率低下。企业往往付出了较多的资源和精力,但企业文化并未得到显著的改善。比如企业花费了大量的资金做宣传,但其品牌却鲜为人知。

②企业文化对经营绩效的促进作用不明显。企业文化的真正目的就是提高经营绩效,但如果期望企业文化能对经营系统发挥正面作用,就必须做到企业经营管理体系与企业文化体

系的协调。

③企业文化工作甚至会对企业的经营造成负面影响。企业各个部门对企业文化的立足点不一样。比如有些以营销部门为主的企业把企业文化工作重点放在对外的传播上,但内部建设没有跟上,这样的企业极容易因为外强中干而导致危机。

鉴于此,企业在进行企业文化塑造时,应该有专门的企业文化部门来主持企业文化工作,其主要履行如下职责:

①企业文化战略规划。"凡事预则立,不预则废",企业文化工作也是这样,应该由企业文化部门根据企业整个内外部环境及企业的实际需要来制订企业文化战略及计划。

②企业文化运作管理。企业文化塑造是长期持续的工作,并且企业文化还应落实到企业每一项经营管理活动中去。企业文化部门应对整个企业文化工作进行有效的管理与控制,并根据运作的实际情况对企业文化战略作出修正与调整。

③企业理念的完善和更新。企业环境随时都在变化,企业的理念应随之不断完善和更新,否则就会出现经营的被动及危机。由于企业文化系统与环境的水乳交融,其对环境变化的敏感度要比企业战略及管理系统高。因此,企业文化系统要先于战略系统对环境变化作出判断,进而通过自身的变革来促进战略和管理变革,使企业长期处于主动和有利的位置,确保在企业文化塑造的关键环节上不出现偏差,否则就极有可能影响整个企业文化系统,从而影响企业的管理和经营。同时企业还要确立正确的思路,采取专业的方法。企业只有这样,企业文化塑造才能落到实处,也才能对企业经营产生真正的长期贡献。

[复习与思考]

1.维修企业服务礼仪的重要性是什么?

2.什么是企业文化?其思想内涵是什么?

3.企业文化建设应掌握哪些基本原则?

4.企业形象的要素有哪些?

模块二　实训演练

实训　案例分析

一、实训内容

案例分析:以某汽车维修企业为例,说明该企业的企业形象及企业文化,并进行评述。

二、实训准备

1.授课老师提前布置案例分析资料。

2.分组开展案例讨论,以 4~5 人为一组。

3.熟悉案例资料内容及案例背景。

4.围绕实训内容进行初步讨论。

三、实训组织

1.由组长组织小组讨论,并对讨论过程进行记录。

2.记录员整理小组讨论结果,提炼核心观点。

3.针对每组提炼的核心观点,安排小组之间进行互评。

4.老师最后做总体评价。

任务七
汽车技术服务

知识目标：

1.了解汽车技术服务的主要内容。

2.了解汽车维修技术人员培训的目的、意义、原则和有效性标准。

3.理解汽车技术服务针对的对象。

4.掌握如何获得汽车技术参数及技术指标。

5.掌握汽车维修流程和维修方法以及维修质量管理监控。

能力目标：

1.掌握常用检测诊断设备的使用。

2.能运用理论知识及实践经验进行汽车维修接待。

模块一　理论指导

[案例导入]

一汽捷达怠速不稳

一辆 99 款捷达轿车,配置 ATK 发动机,行驶里程约 20 万千米。该车怠速锉车,转速忽高忽低,遇红灯时常熄火,更奇怪的是开空调不提速,怠速转速也不受影响。

故障分析:用修车王 SY380 电脑诊断仪调出故障码,显示"系统正常",没有故障码。测试燃油压力为 280 kPa,拔掉油压调节真空管,油压升高到 310 kPa,正常。用万用表测量点火高压电阻,有两个缸为 6 kΩ,高出正常值 2 kΩ,更换高压线,再次启动车辆,车辆竟无法启动。

根据发动机工作原理,经过冷静分析,点火线圈有高压,喷油器工作正常,这种情况发动机不能启动大概有两个原因:一是油不进缸或过稀;二是混合气过浓。检查进气管没有破损,拔掉四个缸的喷油器的电源控制插头,启动发动机,正常。但3 s后烧完进气管燃油后又一次熄火。插上喷油器电源插头,车又启动了,但怠速不稳,忽高忽低似要熄火的样子。这可能是混合气偏浓,导致开空调时不提速,怠速也不下降。

弄清其工作原理后,用修车王SY380电脑诊断仪调出数据流分析观察,当空调开关打开时,发动机负荷进气流量由2.5 g/s上升到3.5 g/s,喷油脉宽由2 ms上升到3.2 ms,进气、喷油正常,但执行机构不动作,说明ECU控制器本身存在问题。

拔下节气门传感器插头,按该车提供的数据资料检查数据。打开点火开关ON:用万用表测量,4—7脚间4.8 V电压,正常;3—4脚间6 V,低于正常值3 V。关闭点火开关OFF:3—7脚节气门全开是电阻无穷大,关闭时为1.5 Ω,正常。怠速电机80 Ω,正常。检测结束,更换一块ECU控制器,故障解除。

思考:

1.本案例使用了什么检测设备?

2.本案例涉及哪些技术参数?

3.维修技术人员如何将理论知识与实际经验相结合?

从1886年第一辆汽车诞生至今,汽车已经有100多年的历史。相比美国、欧洲各国、日本等成熟的汽车社会,中国无论是汽车制造业,还是汽车后市场,都还较稚嫩。国外的汽车维修业基本是以小型化企业为主。其组成方式有品牌连锁经营,小型便捷,以人为本,电子化、网络化、信息化、人才培养规范化。在这些方面,我国与国外还存在很大差距。我国主要是以"师傅带徒弟"的方式来培养维修人员。大量新技术的发展,尤其是电子控制技术以及汽车检测诊断技术在汽车上的大量运用,"师傅"们已不能适应现代科技技术发展的需要。这就需要既掌握现代科学技术、检测诊断技术,又掌握车辆工作原理,并有一定工作经验的人才充实维修队伍,为汽车维修技术服务提供有力保障。

一、汽车维修技术基础知识

(一)常见的汽车检测诊断技术参数

汽车的检测与诊断是对汽车技术状况进行检测和评价,不仅要求有完善的检测、分析、判断的手段和方法,而且在检测诊断汽车技术状况时,必须选择合适的诊断参数,确定合理的诊断参数标准和最佳诊断周期。诊断技术参数及标准、最佳诊断周期是从事汽车检测诊断工作必须掌握的基础知识。

1.汽车诊断技术参数

诊断技术参数,是表征汽车、汽车总成及机构技术状况的量。汽车诊断技术参数包括工作过程参数、伴随过程参数和几何尺寸参数。

（1）几何尺寸参数

该参数可提供总成或机构中配合零件或独立零件的技术状况,如配合间隙、自由行程、圆度、圆柱度、端面圆跳动、径向圆跳动等。这些参数能表征诊断对象的具体状态。

（2）工作过程参数

该参数是汽车、总成或机构工作过程中输出的一些可供测量的参数,例如:发动机功率、汽车燃油消耗量和制动距离等。工作过程参数能表征诊断对象总体的技术状况,适合于总体检测。

（3）伴随过程参数

该参数是伴随工作过程输出的一些可测量参数,如振动、噪声、异响、温度等。这些参数可提供诊断对象的局部信息,常用于复杂系统的深入诊断。

2.汽车使用性能

汽车使用性能是指汽车在一定的使用条件下,以最高效率工作的能力。它是决定汽车利用效率和方便性的结构特征表征。汽车的主要性能包括汽车的动力性、燃油经济性、制动性、操纵稳定性、行驶平顺性、通过性、排放及噪声污染等。

（1）汽车的动力性

汽车的动力性可用 3 个指标来评定,即汽车的最高车速、加速能力和爬坡能力。

①汽车的最高车速是在平坦良好的路面(沥青铺设路面)所能达到的最高行驶速度。

②汽车的加速能力是指汽车在行驶中迅速增加行驶速度的能力。汽车的加速能力常用汽车原地起步的加速性和超车加速性来评价,超车加速的时间越短越好。

③汽车的爬坡能力是指汽车满载时,在良好的路面上以最低前进挡所能爬行的最大坡度。

（2）汽车的燃油经济性

汽车在一定的使用条件下,以最小的燃油消耗量完成单位运输工作的能力,称为其燃油经济性。我国和欧洲一样,均用百公里耗油多少升来作为汽车燃油经济性指标。

（3）汽车的制动性

汽车的制动性主要从制动效能、制动抗热衰退性和制动时汽车的方向稳定性这 3 个方面来评价。

①汽车的制动效能,是指汽车迅速降低行驶速度直至停车的能力。制动效能是制动性能最基本的评价指标,是由一定初速度下的制动时间、制动距离和制动减速度来评定。由于制动距离与行车安全有直接关系,因此,交通管理部门常按制动距离来制定安全法规。

②汽车的制动抗热衰退性,是指汽车高速制动、短时间内多次重复制动或下长坡连续制动时制动效能的热稳定性。

③汽车制动时的方向稳定性,是指汽车在制动时,按指定轨迹行驶的能力,即不发生跑偏、侧滑或甩尾失去转向能力。

（4）汽车的操纵稳定性

汽车的操纵稳定性包含着互相联系的两部分内容,一是操纵性,二是稳定性。操纵性是指汽车能及时准确地按驾驶员的转向指令转向;稳定性则是指汽车受到外界干扰后,能自行恢复正常行驶的方向,而不发生倒滑、倾覆、失控等现象。

（5）汽车行驶的平顺性

汽车行驶时,对路面不平度的隔振特性,称为汽车的行驶平顺性。汽车行驶时,路面的不平会激起汽车的振动,振动达到一定程度时,会使乘客感到不舒适和疲劳,或使货物损坏,还会缩短汽车的使用寿命。

（6）汽车的通过性

汽车的通过性是指汽车在一定的载质量下能以足够的平均经济车速,顺利地通过坏路或无路区域,并能克服各种障碍物且具有一定的寿命。汽车的用途不同,对通过性的要求也不一样。行驶在城市铺设路面的汽车,对通过性要求并不突出,但对农用车或军用车辆,就要求有良好的通过性,因为这类车辆所行驶的路面条件复杂且较恶劣。

（7）汽车的排放污染和噪声污染

汽车主要有3个排放污染源:一是发动机排气管排出的燃烧废气(柴油车还排放大量的颗粒物);二是曲轴箱排放物;三是燃料蒸发排放物。这些排放物对环境的污染极大,对人类身体产生严重的不良影响,降低汽车排放污染是一项重要工作。汽车的噪声随着城市汽车保有量的增加,已成了城市环境中最主要的噪声源。为了有效地控制城市的交通噪声,各国都制定了各种机动车的噪声标准及限值标准。

（二）常见的维修检测诊断设备

1.发动机检测诊断设备

发动机性能检测诊断设备有发动机台架试验设备、发动机功率测试设备、发动机转速表、气缸压力表、气缸漏气检测仪、发动机温度表等。

2.常用的底盘检测设备

汽车底盘的技术状况直接关系整车形式的安全操作稳定性,同时还影响发动机的动力传递的燃油消耗。

常见的检测设备有传动系游动角度检测仪、前轮定位仪、四轮定位仪、车轮动平衡仪、悬架和转向系检测仪及悬挂装置检测台等。

3.汽车电气与电子控制系统检测设备

其主要检测设备有汽车万用表、汽车示波器、传感器模拟测试仪、故障解码器等。

4.整车性能检测设备

整车性能检测设备有底盘测功机、五轮仪、油耗仪、轴重仪、制动试验台、前照灯检测仪、车速表试验台、废气分析仪、烟度计、声级计等。

二、汽车维修技术人员培训

(一)汽车维修技术人员培训的目的和意义

现代企业的竞争,实际上是人才的竞争。想要提高企业的竞争力,这就迫切需要加强职工技能培训,提高职工技能和知识,开发职工智慧潜能,激发职工创新欲望,增强职工市场竞争力,提升企业劳动绩效,促进企业又快又好地发展。企业员工培训是直接提高经营管理者能力水平和员工技能水平,为企业提供新的工作思路、知识、信息、技能,增长员工才干和敬业、创新精神的根本途径和极好方式。在我国传统的汽车维修企业中,维修人员的文化水平、理论基础、外语水平都较低,传统的培训方式大都采用师傅带徒弟的模式,很难达到机电一体化、懂电脑、会外语的现代维修技术人员的水平。汽车高科技的发展,从事汽车维修服务的技术人员必须具备高科技的素质,除了具有扎实的汽车专业理论外,还需要熟练使用各种汽车检测设备与仪器,能掌握一门外语,能熟练使用电脑分析及汽车维修专业 INTERNET 互联网查询汽车维修资料,对出现的各种疑难杂症进行分析,达到准确判断、熟练排除,以最低的成本、最短的工时、最优质的服务,排除各类汽车故障,使客户满意,提高企业竞争力。由此可见,组织技术人员培训是提高企业核心竞争力的有效途径。良好的培训对企业而言益处良多,主要体现在以下几个方面:

第一,增强职工的归属感和主人翁责任感。就企业而言,对员工培训得越充分,对员工就越具有吸引力,越能发挥人力资源的高增值性,从而为企业创造更多的效益。有资料显示,百事可乐公司对深圳 270 名员工中的 100 名进行一次调查,这些人几乎全部参加过培训。其中 80% 的员工对自己从事的工作表示满意,87% 的员工愿意继续留在公司工作。培训不仅提高了职工的技能,而且提高了职工对自身价值的认识,对工作目标有了更好的理解。

第二,培训能促进企业与员工、管理层与员工层的双向沟通,增强企业的向心力和凝聚力,塑造优秀的企业文化。不少企业采取自己培训和委托培训的办法培训技术人员。这样做容易将培训融入企业文化,因为企业文化是企业的灵魂,它是一种以价值观为核心对全体职工进行企业意识教育的微观文化体系。企业管理人员和员工认同企业文化,不仅会自觉学习掌握科技知识和技能,而且会增强主人翁意识、质量意识、创新意识,从而培养大家的敬业精神、革新精神和社会责任感,形成上上下下自学科技知识,自觉发明创造的良好氛围,企业的技能人才将茁壮成长,企业科技开发能力会明显增强。

第三,提高员工综合素质、生产效率和服务水平,树立企业良好形象,增强企业盈利能力。据美国权威机构监测,培训的投资回报率一般在 33% 左右。在对美国大型制造业公司的分析中,公司从培训中得到的回报率可达 20%~30%。

第四,适应市场变化、增强竞争优势,培养企业的后备力量,保持企业永继经营的生命力。企业竞争说穿了是人才的竞争。明智的企业家清醒地认识到培训是企业发展不可忽视的"人本投资",是提高企业"造血功能"的根本途径。美国的一项研究资料表明,企业技术创新的最佳投资比例是 5∶5,即"人本投资"和硬件投资各占 50%。人本为主的软技术投资,作用于机械设备的硬技术投资后,产出的效益成倍增加。在同样的设备条件下,增加"人本"投资,可达到投 1 产 8 的投入产出比。发达国家在推进技术创新中,不但注意引进、更新改造机械设备等方面的硬件投入,而且更注重以提高人的素质为主要目标的软技术投入。事实证明,人才是企业的第一资源,有了一流的人才,就可以开发一流的产品,创造一流的业绩,企业就可以在市场竞争中立于不败之地。

(二)培训原则

为了保证培训与开发的方向不偏离组织预定的目标,企业必须制定基本原则,并以此为指导。培训原则具体包括以下几个方面。

1.战略原则

企业必须将员工的培训与开发放在战略的高度来认识。员工培训有的能立竿见影,很快会反映到员工工作绩效上;有的可能在若干年后才能收到明显的效果,尤其是对管理人员的培训。因此,许多企业将培训看成只见投入不见产出的"赔本"买卖,往往只重视当前利益,安排"闲人"去参加培训,而真正需要培训的人员却因为工作任务繁重而抽不出身,结果就出现了所学知识不会用或根本不用的"培训专业户",使培训真正变成了只见投入不见产出的"赔本"买卖。因此,企业必须树立战略观念,根据企业发展目标及战略制定培训规划,使培训与开发与企业的长远发展紧密结合。

2.理论联系实际、学以致用原则

员工培训应当有明确的针对性,从实际工作需要出发,与职位特点紧密结合,与培训对象的年龄、知识结构、能力结构、思想状况紧密结合,目的在于通过培训让员工掌握必要的技能以完成规定的工作,最终为提高企业的经济效益服务。只有这样,培训才能收到实效,才能提高工作效率。

3.知识技能培训与企业文化培训兼顾的原则

培训与开发的内容,除了文化知识、专业知识、专业技能的培训内容外,还应包括理想、信念、价值观、道德观等方面的培训内容,而后者又要与企业目标、企业文化、企业制度、企业优良传统等结合起来,使员工在各方面都能够符合企业的要求。

4.全员培训与重点提高相结合的原则

全员培训就是有计划地、有步骤地对在职的所有员工进行培训,这是提高全体员工素质的必经之路。为了提高培训投入的回报率,培训必须有重点,即对企业兴衰有着重大影响的管理和技术骨干,特别是中高层管理人员,再者就是有培养前途的梯队人员,更应该有计划地进行培训与开发。

5.培训效果的反馈与强化原则

培训效果的反馈与强化是培训不可缺少的重要环节。培训效果的反馈指的是在培训后对员工进行检验,其作用在于巩固员工学习的技能,及时纠正错误和偏差,反馈的信息越及时、准确,培训的效果就越好。强化则是指反馈而对接受培训人员进行的奖励或惩罚。其目的一方面是奖励接受培训并取得绩效的人员,另一方面是加强其他员工的培训意识,使培训效果得到进一步强化。

（三）培训有效性标准

什么是培训有效性？简单地说，是指公司和员工从培训中获得的收益，对员工个人来说，收益意味着学到新的知识和技能；对公司来说，收益包括顾客满意度的增加，市场占有率的增加，最终是企业效益的增加。培训有效性往往是通过培训结果体现出来的，培训结果指的是用于评估培训的准则，而这些准则就成了培训有效性的标准。一般而言，培训有效性的标准常表现在以下几个方面。

1.员工知识的增加

通过培训，员工具备了完成本职工作所必需的基本知识，而且员工能很好地了解企业经营的基本情况，如企业的发展前景、战略目标、经营方针、规章制度等。

2.员工技能的提升

经过培训，员工完成了本职工作所必备的技能，如维修技能、操作技能、处理人际关系的技能等。

3.员工态度的转变

通过培训，企业与员工之间建立了相互信任的关系，增强了员工的职业精神，培养了员工的团队合作精神；同时，也增加了员工适应并融于企业文化的主动性。

4.员工行为的改变

员工知识技能的提高和工作态度的积极转变，主要体现在员工回到工作岗位后的行动中，把新知识技能运用到实践中，解决了以往工作中所遇到的困难和问题，转变原来的工作态度，增强企业主人翁责任感及团队合作意识，积极主动地为企业发展作出贡献。

5.企业效益的增加

员工将培训结果及时运用到工作中，提高企业产品和服务质量，降低企业的生产成本，最终提高了顾客的满意度，增加了企业的效益。

三、汽车维修技术管理

（一）汽车维修企业技术管理

汽车维修企业技术管理是整个汽车维修企业管理系统的一个子系统，是对汽车维修企业的技术开发、产品开发、技术改造、技术合作以及技术转让等进行计划、组织、指挥、协调和控制等一系列管理活动的总称。

汽车维修企业技术管理的目的，是按照科学技术工作的规律性，建立科学的工作程序，有计划地、合理地利用汽车维修企业技术力量和资源，把最新的科技成果尽快地转化为现实的生产力，以推动企业技术进步和经济效益的实现。

1.汽车维修技术管理的基本任务

①为汽车维修提供技术支持，主要包括汽车维修资料的查阅和保管；制度规范、操作规范、技术标准；协同对送修车辆进行初步检验；商定维修计划等。

②提高汽车维修技术水平,通过解决维修技术难题,引进维修新技术、新工艺和新材料的方式,合理地对维修、检测设备进行更新、改造,对维修人员进行培训,不断提高维修技术水平。

③强化企业管理技术手段,加强企业信息管理,实行计算机辅助管理,以减少管理成本、提高工作效率。

2.技术管理内容

①客户到达后,由业务人员陪同客户共同对送修车辆进行初步检验。

②进行故障判断,解答客户提出的问题。

③与车间主管共同商定维修计划,解决技术难题。

④在车辆维修过程中检查、监督修复情况,提供必要的技术支持。

⑤汽车专业技术资料的查阅和保管。

⑥车辆修复后进行详细检查。

⑦对全厂技术人员进行有计划、有重点的专业技术培训和考核。

⑧与车间主管一起共同组织技术人员进行外出急救、抢修。

⑨制定维护与修理规范、操作规范、技术标准。

⑩协同车间主管共同调整车间的工作量及测算车间工作效率,制定生产定额、维修工时定额。

⑪测算车间消耗材料的使用量和维修单元生产的成本。

⑫根据工作情况提出订购配件计划和清单。

⑬负责计算机系统的日常管理与维护。

3.技术管理的组织机构

汽车维修企业应根据企业的生产规模和工作特点,本着精简效能的原则,建立以总工程师或技术负责人为首的技术管理机构,配备少量精干的技术人员,并明确其技术岗位职责,深入生产第一线,加强汽车维修过程中的技术领导和管理,以履行技术管理职能为生产服务。车间技术负责人、主修人以及专职检验员在业务上受总工程师或技术负责人的直接领导。

4.技术管理的岗位职责

①执行上级颁布的技术管理制度,制定本企业各级技术管理部门及技术人员的技术责任制度。

②编制并实施本企业的科技发展规划、年度技术措施计划、设备购置和维修计划,搞好本企业的技术改造和技术革新工作,推广新技术、新工艺、新材料、新设备,开发新产品。

③解决本企业生产经营管理中的疑难技术问题和质量问题,努力提高车辆维修质量,并努力降低维修成本。

④切实做好本企业技术管理的各项基础工作,参与制定并实施本企业技术经济定额。

⑤领导并组织本企业的科技工作和技术培训工作,做好本企业技术职务的评定和聘任工作。

5.技术责任事故及处理

（1）技术责任事故的原因

由于技术状况不良或岗位责任失职所造成的事故，统称为技术责任事故。其包括管理不善、指挥失误、滥用职权、擅自处理而造成的事故；无照开车、无证操作，岗位失职或混岗作业造成的事故；违反安全操作规程，违章操作或超载超速造成的事故；失保失修、漏报漏修、维修不良或偷工减料而造成的事故；未经培训或试用而操作不当或操作失误，未经检验合格而擅自使用或不尊重检验人员意见而造成的事故；在应检或可检范围内由错检漏检而造成的事故；在销售、生产、供应和财务往来中发生错误及服务差劣等造成的商务事故；应检或可检范围内，由错检漏检或检验不严而造成的事故；在销售、生产、供应和财务业务往来中发生订货错误、合同错误、收支错误以及服务差劣等所造成的商务性事故；不按规章制度滥用职权、擅自处理而发生的事故。

（2）技术责任事故损失费

技术责任事故损失费包括直接经济损失费和间接经济损失费。

直接经济损失费包括修复设备或车辆损伤部位所发生的修理费用；损坏其他车辆、设备及建筑设施的赔偿费用；引起人员伤亡所发生的补偿费用；处理事故现场所发生的人工机具费；由商务事故直接造成生产经营损失的费用以及直接造成浪费或亏损的费用。

间接经济损失费包括在修复设备或车辆的事故损伤部位时，牵涉其他未损伤部位的拆装费和维修费；伤亡者及其他有关人员的交通费、住宿费、工资奖金及其杂费支出；由事故造成的停工停产和生产经营损失的费用。

（3）技术责任事故处理

确定事故等级应以直接经济损失为依据，技术责任事故的等级划分主要根据该事故造成的伤亡人数以及当地规定的直接经济损失额确定。技术责任分为全部责任、主要责任、次要责任和一定责任。凡管理不善、指挥失误或岗位失职造成的事故，由管理者、指挥者或岗位失职者负主要责任；凡属操作者无视安全操作规程，违章操作或操作失误，或无视工艺纪律及质量标准，偷工减料、粗制滥造而造成的事故，应由主操作人负主要责任。在应检及可检范围内经检验合格，在质量保证范围及质量保证期内发生质量事故，由检验员负主要责任；凡未经检验合格，或属检验人员无法检验、无法保证的部位发生事故，由主操作人负主要责任。在汽车维修过程中若发现问题而有可能危及安全或质量时，在生产经营管理中或商务活动中若发现问题而有可能危及企业利益时，经请示而获批准继续使用或继续执行而造成的事故由批准人负主要责任；应请示而不请示，或虽经请示而未获批准，擅自决定继续使用或继续执行而造成的事故，由擅自决定者负主要责任。

技术责任事故的处理原则：凡发生技术责任事故，无论事故大小、责任主次或情节轻重，事故者应首先保护现场，救死扶伤，并及时如实地报告，采取有效应急措施，做好善后工作，听候处理。

事故处理必须坚持四不放过原则，即事故原因不查清不放过，事故责任者未得到处理不放过,事故整改措施不落实不放过,事故教训未吸取不放过。

技术责任事故的处理的负责部门:凡发生立案事故,应由厂部负责部门登记申报、现场勘察、责任分析及事故处理。事故处理的负责部门如下:行车交通事故由车队负责;设备事故由设备管理部门负责;质量事故由质量管理部门负责;商务事故由经营管理部门负责,厂长监督;工伤事故由人力资源管理部门负责,工会监督。

技术责任事故的处罚办法有以下几个:不立案事故,由事故所在单位适当处罚;主要责任者应赔偿损失的 50%;次要责任者应赔偿损失的 25%;一定责任者应赔偿损失的 10%;立案事故的处罚规定如下:全部责任者应赔偿损失的 75%~100%;行车交通事故由交通监理部门负责处罚;发生伤亡事故,可根据《生产安全事故报告和调查处理条例》和企业相关制度进行处理。

(二)汽车维修流程

1.汽车维修服务流程的含义

汽车维修服务流程有狭义的和广义的两种。

狭义的汽车服务流程是从车辆进厂接待开始,经过开任务委托书、派工、维修作业、质量检验、试车、结算、车辆交付出厂这样一个过程,这也是多数汽车修理企业常见的传统流程。

广义的汽车服务流程不但包括从车辆进厂到出厂的这样一个传统的全过程,而且还包括车辆进厂前的预约、准备工作和车辆交付出厂后的跟踪回访工作。

2.汽车维修服务流程的作用

①明确服务人员的分工,通过电话预约、跟踪回访、处理好用户抱怨等手段,主动加强与用户的关系。

②服务过程程序化、服务行为规范化、服务结果标准化。

③提高内部工作效率。

④为用户提供快速、可靠、方便、一致、高效的服务。

3.汽车维修流程（图7.1）

(1)预约

预约:汽车维修企业与用户就维修时间和维修项目等预先约定的过程,包括主动预约和被动预约。主动预约是指企业根据掌握的客户档案,打电话给客户,了解车的运行状况,为车主制订一套保养计划,然后在应该保养的时候提前通知客户,即进行预约。同时参考车间的维修量、工作负荷对客户进行合理的安排,这就是主动预约客户。被动预约是指客户在开车时发现车的故障,或者客户自己看车主手册,觉得应该到保养时间了,客户为了节省时间,会打电话预约维修保养时间,以便维修中心能够在其到来之前准备好必要的工具、配件和工位,使客户到达时就能享受到车辆保养服务。其中,主动预约不仅可以体现企业对用户的关怀、增进与用户的情感交流,而且还可以展示企业形象、增加维修业务,提高汽车维

预约
⇓
准备工作
⇓
接车及制单
⇓
维修及进行工作
⇓
质检及内部交车
⇓
交车及结算
⇓
跟踪回访

图 7.1　汽车维修
流程图

修企业的营业收入。为此汽车维修企业前台业务人员在维修预约时,应讲究沟通技巧,认真倾听,做好记录。若有必要,还应在预约期满前及时提醒用户,以确认预约是否按时进行。预约后履行承诺,并进行相应的准备。

(2)准备工作

为了客户到来后能够很快如约开展车辆维修,预约人员同用户做好预约之后应及时通知业务接待(预约人员也可能就是业务接待),以便在用户到来之前做好必要的准备工作。在停车位、车间工位、维修人员、技术资料、专用工具、配件、辅料等方面都应该准备齐全,以免到时影响维修工作效率和质量。准备工作属于流程中的内部环节,与用户并无直接接触。如果可能,业务接待还应提前准备好任务委托书(或维修合同)。

(3)接车及制单

①签订任务委托书是用户委托维修企业进行车辆维修的合同文本,也称作维修合同。任务委托书的主要内容有用户信息、车辆信息、维修企业信息、维修作业任务信息、附加信息和用户签字。用户信息包括用户名称、联系方式等;车辆信息包括牌照号、车型、颜色、底盘号、发动机号、上牌日期、行驶里程等。

②填写接车检查单。检查验证的内容主要有车辆外观是否有划痕、内饰是否有脏污、随车工具附件是否齐全、车内是否有贵重物品等。

(4)维修及进行工作

①维修人员接到任务委托书或派工单后,应当及时、全面、准确地完成维修项目,不应超出维修范围进行作业。如发现维修内容与车辆的实际情况不完全相符,需要增加、减少或调整维修项目时,应及时通知业务接待,由业务接待估算相关维修费用、完工时间,取得用户同意后方可更改维修内容,并办理签字手续。

②新车型、新技术不断出现,对维修人员的综合技术素质要求越来越高,维修人员应当具备比较丰富的汽车理论知识与实践经验,受过专业培训并取得维修资格后方可上岗。在常规维护检查作业时,维修人员应当严格按照维护检查技术规范进行,更换、添加、检查、紧固等有关项目应做到仔细全面、准确到位,最后填写维护检查单。在故障修理作业中应当按照维修手册以及有关操作程序进行检修,并使用相关监测仪器和专用工具,不能只凭老经验、土办法,走捷径,违规作业。

③维修人员在作业中应当爱惜用户的车辆,注意车辆的防护与清洁卫生。如果有可能则需要给车辆加上翼子板护垫、座椅护套、方向盘护套、脚垫等防护用具。

④维修作业时应当注意文明生产、文明维修。做到零件、工具、油水"三不落地",随时保持维修现场的整洁,保持维修企业的良好形象。

(5)质检及内部交车

维修作业结束后,将车辆交付给用户前,有必要做一系列准备工作。这些准备工作包括质量检查、车辆清洁、准备旧件、完工审查、通知客户取车等。

①质量检查。质量检查有助于质检员发现维修过程中的失误和验证维修的效果,也对维修人员的考核提供基础依据,质量检查是维修服务流程中的关键环节。维修人员将车辆修竣后,需由质检员进行检验并填写质量检查记录。如果涉及转向系统、制动系统、传动系统、悬挂系统等行车安全的维修项目,必须交由试车员进行试车并填写试车记录。

②车辆清洁。用户的车辆维修完后,应该进行必要的车内外清洁,以保证车辆交付给用户时是一辆维修完好、内外清洁、符合用户要求的车辆。

③准备旧件。如果委托书中显示用户需要将旧件带走,维修人员则应将旧件擦拭干净,包装好,放在车上或放在用户指定的位置,并通知业务人员接待。

(6)交车及结算

①结算单内容。结算单是用户结算修理费用的依据,结算单中包括用户信息、用户车辆信息、维修企业信息、维修项目及费用信息、附加信息、用户签字等。用户信息包括用户名称、联系方式等;车辆信息包括牌照号、车型、底盘号、发动机号、上牌日期、行驶里程等;维修企业信息包括企业名称、地址、邮编、开户银行、账号、税号、电话等信息,以便用户联系;维修项目及费用信息包括进厂时间、结算时间、维修项目及工时费、使用配件材料的配件号、名称、数量、单价、总价等。用户签字意味着用户对维修项目以及费用的认可。

②结算单解释。业务接待应主动向用户解释清楚结算单上的有关内容,特别是维修项目工时费用和配件材料费用,让用户放心。如果实际费用与估算的费用有差异,那就应该要有一个令人满意的解释。

③维修过程解释。如果是常规维护,业务接待应给用户一份维护记录单,告诉用户下次维护的时间或里程,同时在车辆维护手册上做好记录。如果是故障维修,业务接待应告诉用户故障原因、维修过程和有关注意事项。

(7)跟踪回访

当用户提车离厂后,维修企业应在一周之内进行跟踪回访。其目的不但在于体现对用户的关心,更重要的是了解用户对维修质量、用户接待、收费情况、维修的时效性等方面的反馈意见,以利于维修企业发现不足,改进工作。

跟踪回访是维修服务流程中的最后一道环节,属于与用户接触沟通交流环节,一般通过电话访问的方式进行。在较大一些的维修企业由专职的回访员来做这项工作,在较小的维修企业可由用户顾问兼职来做。

(三)维修方法

汽车维修的方法可以归纳为:望问法、观察法、听觉法、试验法、触摸法、嗅觉法、替换法、仪表法、度量法、分段检查法和局部拆装法等方法。应用这些方法要以理论作指导,充分了解汽车的使用和维修情况,充分了解故障的发生情况。汽车上出现的较简单的故障,维修人员只凭经验和感官即可找到原因和所发部位;疑难故障,只能凭仪器和应用专门的故障诊断设备才能找到。仪器和设备使用中还要结合维修经验,灵活地运用这些故障诊断方法,对故障作出综合评价。在诊断中不断实践,不断总结和积累经验。

1.望问法

医生看病需要"望闻问切",汽车故障诊断也是一样,其中望和问是快速诊断汽车故障的有效方法。汽车发生故障需要诊断,修理人员第一眼看到汽车时,就应做出汽车形式和使用年限的初步判断,从外观上即可了解汽车的形式,这是非常重要的;从外观或翻转驾驶室暴露发动机,即可做出汽车使用年限的判断,有经验的维修人员甚至一下子就能做出汽车故障的判断。一辆汽车需要修理,维修人员一定要向使用者和车主询问,其中包括汽车型号、使用年限、修理情况、使用情况、发生故障的部位和现象,以及发生故障后汽车做了哪些检查和修理,尽可能深入地了解故障,这是一条捷径。通过了解汽车形式,可以反映出汽车的基本构造和性能。如果对汽车形式和结构了解,维修经验丰富,诊断就较容易;如果了解不够,查一查书和资料,也能掌握。通过深入询问,基本上可以了解故障所发生的部位。例如,可以询问到故障发生在发动机还是变速器;如果是发动机还能进一步了解到是电气故障还是机械故障;如果是机械故障还能了解到是曲柄连杆机构还是配气机构等,再进一步做出诊断就容易多了。故障确定后,维修就容易了。如果用户要对汽车进行大修,还应问清修发动机动力总成、修汽车底盘、修汽车驾驶室和车身、修汽车电气和汽车空调等,哪些部分和总成是维修重点等,以便制订出维修方案。

2.经验法

顾名思义,经验法诊断故障,是凭驾驶员和维修人员的基本素质和丰富经验,快速准确地对汽车故障做出诊断。所谓基本素质,无论是驾驶员还是汽车维修人员,都必须努力学习理论知识,并在实践中提高,从而获得基本的汽车知识和维修经验。只有在理论指导下的实践,才是正确的实践,才能在实践中总结和积累经验。维修经验也是十分重要的,有了维修经验,再遇到相同故障和类似故障很快就能解决。经验有个人经历的,有经过总结和积累的经验,还有从书本上和其他途径学习来的经验。只有将几者结合起来,才能不断积累经验,比较顺利地对汽车故障做出判断。例如柴油机出了故障,要将驾驶室翻转,翻转机构一时卡住了,驾驶室就翻转不起来,有经验者只要一推一撬一别,驾驶室立即翻转;如柴油机飞车故障,眼看柴油机转速急骤升高,响声越来越大,没有经验者怎么动也不能使柴油机熄火,有经验者只要轻轻将燃油箱上的燃油转换阀门转动45°,柴油机就能立即熄火,从而避免一次恶性事故的发生。因此维修人员要不断总结经验,把经验变成汽车维修的有力武器,不断用新知识和新经验武装自己,用经验解决汽车上的各种各样的疑难故障。

3.观察法

所谓观察法就是汽车修理工按照使用者告知的故障以及发生的部位,通过仔细观察故障现象,而后对故障做出判断,这是一种应用最多的、最基本的,也是最有效的故障诊断法。例如对发动机排气管冒蓝色烟雾的故障,可以通过冒蓝烟的现象来判断,如在使用过程中长期冒蓝烟,发动机使用里程又很长,一般可以判断为气缸或活塞环磨损,致使配合间隙过大,由于机油盘中的机油通过活塞环与缸壁之间的间隙窜入燃烧室引起的;如果只是在发动机刚一发动时冒出一股蓝烟,以后冒蓝烟又逐渐变得比较轻微,一般可以判断为发动机气门杆上的挡油罩老化或内孔磨损使挡油功能失效,而有少量机油沿着气门杆漏入气缸引起的。有经验者可以准确判断,经验不足者还应进一步观察。在观察过程中,还要用经验和理论做出周密的思考和推证,不能为表面现象所迷惑。有些现象对于有经验者也不是立刻就能看清楚的,那么就要多看几次,仔细地观察,才能由表及里,把故障现象看透。

4.听觉法

用听觉诊断汽车和发动机故障是常用的简便方法。当汽车运行时,发动机以不同的工况运转,汽车和发动机这个整体发出嘈杂但又有规律的声音。当某一个部位发生故障时就会出现异响,有经验者可以根据异响,判断汽车的故障。例如发动机曲轴和连杆机构响、主传动器响、传动轴响,都可以轻易地判断出来。一个好驾驶员应在行车中锻炼听觉,听清汽车各部位发出的声音,并从中判断出异响和故障。汽车发动机出现故障送修时,汽车维修人员可在停车状态下起动发动机,让发动机以不同的转速运转,以听觉诊断发动机的故障;对于底盘和传动器的故障,以路试的方法,让汽车以不同工况行驶,检查汽车故障;对于发动机的疑难故障,还可以借助于听诊器和简单的器具进行听诊。例如可用一个长杆听诊棒听诊曲轴和连杆机构的响声,可听到配气机构的响声;可用一个胶管,插进量油尺孔中,下端在机油盘油面之上可听清曲轴响声,可以听到活塞环对口处窜气的响声。在停车状态检查制动器,可在发动机熄火时踏一脚制动踏板,明显可以听到制动器抱死的声音;抬起制动踏板可以听到制动器恢复原位的声音。因此训练有素的驾驶员在行车中用脚制动,除了根据汽车减速的反应外,还可以听到制动器工作的声音,这样就能综合地评价制动器工作是否正常。因此,汽车和发动机只要运转就有响声,在汽车运行过程中随时监听汽车和发动机各部分发出的声音,随着车速的变化,各处噪声各有不同,在正常声音中判断出异响,在异响中判断出故障,当然要有理论和经验做指导了。

5.试验法

用试验法诊断汽车和发动机故障是常用方法之一,可用试验法在汽车不解体或少解体的情况下检查汽车和发动机的功能,以达到诊断故障的目的。所谓试验,就是以试来验证,例如车主报告说汽车制动系统不灵,可在汽车停放位置踏下一脚制动踏板,制动系统立即发出一套制动动作,试验者可以根据各制动器发出的响声判断制动系统的故障;如果一时还判断不清的话,还可以路试,在一定速度下踏下一脚制动踏板,制动系统工作,试验者可以根据汽车制动后的反应和各制动器发出的响声等情况综合判断制动系统的故障。同样,对于转向系统的故障,试验者可在原地转一转转向盘,由转向盘到车轮转动的一套转向动作可以判断转向系统的故障。如果判断不清,可把汽车开走路试一下,有意识地在弯道上转动转向盘,转向系统工作,试验者可以根据转向的反应和某处发生的异响判断转向系统的故障。对于发动机的故障,就要检查发动机的运转情况,试验者以不同的转速或加减速运转发动机,凭经验来观察发动机的运转情况和听诊发动机的响声,一般可以找到故障。当某个照灯不亮,怀疑电路无电时,可用一根导线对地端短路试划火检查,有火时可以判断为电路有电,无火再查。但是线路上多装有保险丝和继电器,试火要慎重。汽车和发动机正常运转有一定规律,不正常就是发生了故障,对于正常与不正常的判断,要有理论和经验做指导。

6.触摸法

人具有灵敏的感觉器官,可凭感觉来诊断汽车和发动机故障,就像中医切脉一样,以汽车传到人体上的感觉来判断。人们乘坐汽车,可凭行车中汽车的振动情况判断悬挂系统和减振器的损坏情况,一般驾驶员最敏感,常开的一辆车,减振器失效后驾驶员都能感觉到。汽车要上公路或高速行驶,通常驾驶员都要检查四个车轮,用脚踹车轮轮胎,可凭轮胎的弹力判断出轮胎的气压,可凭轮胎的偏斜和摆振情况判断轮毂轴承的紧固情况,就是典型的用脚触摸法。汽车在高速公路上行驶后,驾驶员可用手摸一摸轮胎的温度,如是夏季轮胎磨得很热,就要当心了。可用手摸制动鼓,试一试制动鼓的温度;或以水淋在制动鼓上,看一看水的蒸发情况,这样就可以判断制动鼓是否拖滞。当发现发动机过热而冷却系统中有冷却液时,用手摸一摸散热器的上下部,可以判断是节温器损坏还是散热器进水口堵塞;摸一摸水泵出水口胶管可以感到水流压力波动,说明水泵工作正常。用手指的压力检查皮带的松紧度,用手指感觉燃油泵的工作,以及用手检查高压油管的供油情况等。在维修中,用手摸检查摩擦面的磨损情况;用手感觉摩擦副配合的松紧度等,都是非常便捷的维修方式。

7.嗅觉法

所谓嗅觉法就是通过鼻子闻的方法来诊断汽车故障。如果汽车在行进中有柴油味,那么就是柴油管漏油或者发动机燃烧不完全,维修人员要认真对待。发动机排气的异味,表示发动机烧机油和发动机燃烧不完全。如果异味较大,在汽车制动时更明显的话,就应调整或修理发动机。如果有非金属材料烧糊的特殊气味,表示离合器摩擦片烧损或电线烧毁,要认真检查有无冒烟现象,抚摸看看是否发热,以确定故障部位。如果发动机漏油,漏到运转的发动机上,发动机温度高,会发生异味;机油滴落在排气管上会发生更强烈的异味;发动机的异味容易从空调进入车室,可以明显地嗅到。如果汽车用蓄电池泄漏电池水(电解液)会发出难闻的臭味;电池水消耗过多,汽车运行时发电机强行向蓄电池充电,会使蓄电池充电过热,蓄电池冒白烟,臭味更大,甚至可以把人熏晕,任何人都能判断。汽车上的其他工作介质泄漏,如动力转向机油、变速器油泄漏等都会发出异味,但要较仔细闻才能闻到;车载物品或易燃易爆物品泄漏也要引起注意。总之,汽车运行中一旦发生异味,或者异味较大时应停车检查,以查清故障源,采取相应的措施。

8.替换法

所谓替换法就是汽车修理工按照汽车使用者告知的可能发生故障的部位,用合格的总成和零部件替换后诊断,这是一种诊断过程简化且有效的方法。但要注意的是,替换用的备品件应是试验过的、可靠的,新件必须是合格品,如果不慎将坏件替换了坏件,不但找不到故障,反而会增加诊断的难度。如发动机的机油压力指示系统发生故障,当怀疑压力感应塞损坏时,可将备用的好的压力感应塞替换原车上的压力感应塞,再试车,如果换件前不好,换后立即解决了问题,明摆着就是这个部位发生了故障,而且即时修好了。修好后可以把备品件拆下来,再换上一个新的。如果换的好件在试车时仍然不好,那么故障可能不在这里,再想别的方法查找。对于疑难故障,可以替换的零件很多,如发动机动力性不足的故障,可以替换一个新的空气滤清器,再重新试车;供油系统的故障,如果怀疑泵油压力不足时,可以替换一个新的燃油泵等;制动系统的故障,在较难查清的情况下,可以试着换一个制动主缸(总泵),系统重新调好以后,制动系统故障就排除了;动力转向系统的故障,如果是转向沉重的话,可以试着换一个动力转向助力器,系统重新调试以后,动力转向系统故障就排除了。汽车修理工手中可以准备一些常用的备品替换件,例如大灯、小灯、继电器、保险丝等,遇到一些故障,一换就灵,不失为一种简单、有效和可靠的故障判断方法。为了合理地应用替换法,使用替换法一定要慎重,故障判断应当八九不离十,避免盲目乱换器件和增加工作量。

9.仪表法

仪器仪表是诊断汽车故障不可缺少的工具,有条件时应尽量使用。车装仪器仪表和指示器可以有效地指示出汽车发生的故障,例如燃油量表指示燃油量的油量,当汽车开不动且燃油表指示为零时,表明汽车没油了,而不是发生了故障。制动警告灯发亮,说明制动系统有故障,应进一步查找。汽车电压表指示汽车电气系统的电压值,在行车中也可以准确判断发电机的发电和蓄电池的充电情况。每当使用一个电气设备开关的时候,电压表都有反映,即可以判断用电设备工作是否正常。汽车非接触式转速表可以比较准确地测取发动机的即时转速,行车中指示发动机转速,换挡时指示发动机转速的变化情况。有了发动机转速表,发动机的一些故障也能由转速表反映出来。维修气缸压力表可以测得气缸压力和各缸的压力差别,以及各缸的漏气情况等;万用表可以容易地判断汽车电气系统的故障等;前轮定位仪也可测定汽车前轮定位参数;声级计可以测得汽车和发动机的噪声等;烟度计、第五轮仪、制动试验台、汽车转鼓试验台等都是汽车维修中所要用到的仪表和测试设备,必要时要用这些专用设备。

10.度量法

应用量器和仪器仪表按照国家标准对汽车上各有效部位和各种参数的度量是故障诊断和调试的不可缺少的方法。长度的度量要用到米尺,与长度有关的包括直径、间隙、位移等度量要用到千分尺、测微计、塞规、塞尺、卷尺等;力和重力的测量要用到测力计和测重器等;压力和真空度的测量要用到压力表和真空度表等。各种测量仪表都有测量单位,例如声压的测量要用声压级的分贝值;电压的测量要用伏值等。转向系统的故障,要用前束仪和前轮定位仪测量转向轮的前束值等;要用轮胎气压表测轮胎的气压,必要时还可用角度尺度量转向盘的转角等,才能确切判断故障原因。发动机的故障要在发动机解体后测量气缸筒的直径,测量活塞环的直径、厚度和开口间隙等,找出发生故障的确切原因,才能修复发动机;就是在修复中也要重新测量气缸筒直径,并按照分组的要求,选配活塞和活塞环,才能修好发动机。电控系统的故障诊断时,更离不开度量,例如发动机工作不稳或功率低下时,怀疑供油压力不足,就要用压力表测系统压力;怀疑电控系统电控有问题时,就要用数字万用表测量电压和电阻值;用频率计和示波器测量频率和波形幅值等。因此各种量仪和量表是维修人员眼睛和手的延伸,只有正确度量才能准确判断,而凭感觉只是表面的,度量法与仪表法结合起来,使用的度量器具越多诊断越准确。

11.分段检查法

所谓分段检查法,就是汽车修理工按照汽车上的线路、管路和带有系统性质的工作路线检查故障。例如对于照明和指示系统的故障,原理上应从电源—开关—保险丝—继电器—电线—电灯泡的线路,开始从前到后查找,有经验者可先查保险丝,有的人可能先查灯泡,有的人可能先查继电器,当由前向后或由后向前查不到时,可能问题发生在中间,或许是组合开关坏了,还有可能是某处电线坏了。制动系统的故障,原理上应从制动踏板—真空助力器—制动主缸—制动管路—感载比例阀—制动管路—车轮制动器的顺序进行检查,有经验者也可以从车轮制动器或制动主缸开始检查,而后再检查其他部分,但是制动系统的疑难故障,则应从前到后使用测量仪表进行检查和度量;转向传动系统的故障,原理上应从转向盘—转向器—转向传动装置—转向车轮的次序进行检查,为了方便,也可以从转向传动装置的某处拆开,较易判断故障在转向器部分还是传动机构的后部。利用已有的理论知识,用分段检查法有条不紊地进行检查,最终可找到故障根源。

12.局部拆装法

所谓局部拆装法,就是汽车修理工已经判明故障发生在某个总成上以后,一时还不能准确判断具体是哪一部分发生的故障时,可以按照总成的工作原理,局部地拆掉某一部分功能进行检查,而后再装上去的方法。如果方法运用得当,立即可以判断故障发生的部位,因此,局部拆装法不失为一种简便易行的快速诊断汽车故障的方法。局部拆装法与试验法有许多相似之处,有所不同的是局部拆卸法以拆卸为主,拆卸后再试。例如怀疑发动机的某一缸不工作时,可用单缸断油拆卸法来检查,拆下这个缸的高压油管接头,发动机运转中的转速和响声均发生变化就是表示这个缸工作正常;而无反映就是工作不正常。发动机动力性不足怀疑空气滤清器堵塞时,可以拆下空气滤清器芯再试发动机,如动力性在无空气滤清器情况下恢复,故障就在这里。局部拆装法实际上是使正常工作的发动机或电路系统失去了原来的功能,而在非正常工况下动作,因此拆装一定要慎重,当涉及安全项目时要采取相应的安全措施。

所有的故障诊断方法都是相辅相成的,目的就是找到汽车发生的故障。灵活运用这些故障诊断方法,就能找到汽车故障,有针对性地对汽车和发动机进行维修,提高维修技术和企业服务质量。

(四)维修技术质量管理

汽车的维修质量是汽车维修企业的生命,不仅关系客户的驾驶安全和经济性,也关系企业的信誉和效益,其重要程度不言而喻。汽车的维修质量贯穿维修的整个过程,从维修人员的质量意识和技能水平、维修设备的好坏、维修工艺的规范程度到维修质量的检验等,哪一个环节出现问题,都直接影响汽车最终的维修质量。为了保证汽车的维修质量,主要要加强以下几方面管理。

1.建立质量标准

为了保证汽车维修质量,汽车维修企业要认真贯彻执行交通部颁布的《机动车维修管理规定》,要按照国家、行业或者地方的维修标准和规范进行维修,尚无标准或规范的,可参照机动车生产企业提供的维修手册、使用说明书和有关技术资料进行维修。

为进一步保证维修质量,企业应当建立质量管理文件,包括质量方针、质量目标、质量控制程序、质量检验制度、配件检验制度、计量管理制度、汽车维修服务规范等。

2.加强维修人员技能

汽车维修质量的好坏很大一部分取决于人,人是质量保证的关键因素。因此在整个维修过程中,不仅要强化企业的质量管理制度,还要做好员工的质量教育和技能培训,并加强汽车维修的工艺规范和劳动纪律。所有维修人员必须进行岗前维修技能培训和考核,只有考核合格,并取得相应的等级证书,具有过硬的维修技能,才能上岗进行维修作业。

3.加强设备和配件管理

(1)设备管理的组成和内容

汽车维修企业的设备管理由设备的技术管理和设备的经济管理两部分组成。设备从研究、设计、制造或从选购进厂验收投入生产领域开始,经使用、维护、修理、更新、改造直至报废退出生产领域的全过程,称为设备的技术管理。设备从最初投资、运行费用、折旧、收益到更新改造自己的措施和运用等,称为设备的经济管理。设备管理既包括设备的技术管理,又包括设备的经济管理,设备的技术管理与经济管理是有机联系、相互统一的。

①设备凭证管理。设备凭证管理的含义:在设备的技术管理和经济管理中,用于记录设备管理和技术活动,以及经济核算,并明确管理各方责任的书面证明,就是设备管理凭证。

凭证设置要求:凭证一般设置成表格形式,一张表格有固定栏目和每次要填写栏目,固定栏目包括标题、表头、各种线格和文字说明等,标题要意思明确,语言简练。填写栏目要求数据来源可靠,易于收集,并要考虑最大的可能值,留有足够的空格。凭证是随着设备物流和价值流的流向而传递的。传递过程中,有的环节需要保留作为依据,凭证的联次设计要合理,并在每一联上注明所缴存的部门。凭证格式一旦确定下来,就要保持相对的稳定性。

凭证的具体管理要求:要明确凭证的管理部门(科、组),明确凭证的设置单位和设置程序,明确凭证的启用、检查、监督办法,明确凭证的填写、使用部门和人员,明确凭证的审核,以及明确凭证的传递和保存办法。

②设备数据管理。设备数据管理的含义:数据管理是指通过对数据收集、处理加工和解释,使其成为对管理决策有用的信息(有的信息仍是以数据表示的)。它包括对数据进行收集、分类、排序、检索、修改、存储、传输、计算、输出(报表或图形)等整个过程。

设备数据管理的作用:通过对物质运动形态的管理,保证设备管理与维修工作正常进行,保证设备完好,为企业完成生产经营任务提供可靠保证;通过对价值流(设备采购、维修等费用)的数据管理,使各级人员及时了解设备各项费用的发生及流向,进行费用控制;同时,通过对凭证上的数据与实物核对,避免资产流失;通过统计与分析,计算和输出各种数据值与目标值对照,采取措施控制超标指标,并为管理部门制订设备管理工作目标、工作计划、维修决策等提供依据。

数据管理程序为:数据收集→数据存储→数据传输→数据处理→数据输出。

③设备定额管理。设备定额管理的含义:汽车维修企业设备定额是产品生产过程中消耗的一种数量标准,是指在一定时期内和一定的生产技术组织条件下,为完成单位合格产品或任务所规定的物化劳动和活劳动的消耗量。

设备的主要定额内容:汽车维修企业设备管理与维修中主要设备的主要定额内容由日常维护时间定额、设备维修时间定额、设备修理停歇时间定额、设备维修材料消耗定额、设备维修费用定额和设备配件储备定额等指标体系构成。

④设备档案与资料管理。档案与资料的含义:设备技术档案是指在设备管理的全过程中形成,并经整理应归档保存的图纸、图表、文字说明、计算资料、照片、录像、录音带等科技文件与资料,通过不断收集、整理、鉴定等工作归档建立的设备档案。

设备资料是指设备选型安装、调试、使用、维护、修理和改造所需的产品样本、图纸、规程、技术标准、技术手册以及设备管理的法规、办法和工作制度等。设备档案与资料的管理是指设备档案与资料的收集整理、存放保管、供阅传递、修改更新等环节的管理。

档案与资料管理内容:设备档案一般包括设备前期与后期两部分。前期档案包括设备订购、随机供给和安装验收的材料,后期档案包括使用后各种管理与修理的材料。设备管理资料包括为加强设备管理、各级设备管理部门及企业所制订或编写的法规、制度、规程、标准等资料。

⑤设备规章制度管理。设备管理规章制度是指指导、检查有关设备管理工作的各种规定,是设备管理、使用、修理各项工作实施的依据与检查的标准。设备管理规章制度可分为管理和技术两大类。管理类包括管理制度和办法,技术类包括技术标准、工作规程和工作定额。

规章制度的管理是指规章制度的制定、修改与贯彻。

规章制度的制定:规章制度按照各部门的业务范围,将设备使用时间进行科学分段,确定每一段的管理范围和管理对象,编写相应的规章制度。确定有关的职能部门,如设备、供应、财务等部门在该项管理中的责任和权限。一般按照设备物流、价值流的流动方向或管理工作程序,规定各职能部门的管理工作内容、方法、手段、相应的凭证及凭证的传递路线,应具备的资料等,同时要制订相关部门之间业务上的衔接、协调和制约方式。规定管理业务所应达到的标准、要求,相关管理人员的考核内容、考核时间、考核方法及奖惩办法等。

规章制度的贯彻执行:规章制度只有在企业实践中认真贯彻执行才能发挥其应有的效能。同时,贯彻执行也是对规章制度的全面验证,其中不够科学或脱离实际的部分将被发现,经组织修订后,使规章制度更加完善。

规章制度的修改:各项规章制度应根据具体情况,事先规定一个试行期限。试用期满后,根据试行中暴露出的问题,集中研究,综合平衡,统一修订。规章制度正式颁布执行以后,要在一个阶段保持相对稳定,一般当国家或行业的设备管理方针、政策有重大改变,或企业生产规模、管理组织机构有重大变化,原有的规章制度已不适用时才进行修改;如某项制度不适应,也可进行单项修改。规章制度的修改要经审批,审批级别及审批程序同规章制度的制定。

（2）汽车维修设备的分类

汽车维修设备的分类如表7.1所示。

表7.1　汽车维修设备分类

设备类别	设 备
汽车检测诊断设备	汽车侧滑检测仪、汽车车轮定位检测仪、汽车行驶制动参数检测仪、汽车轴（轮）重及制动力检测仪、汽车制动力及车速表检测仪、汽车前灯检测仪、汽车排放气体检测仪、柴油车烟度计、汽车底盘性能检测仪、汽车转向器及悬架系统间隙检查仪、汽车密封性试验装置等
汽车发动机检测诊断设备	汽油机性能检测仪、发动机燃烧室容积检测仪、发动机转速量表、气缸压力量表、汽油机点火正时仪、发动机皮带张紧力量表、发动机内窥镜、柴油机燃油喷射压力量表、发动机进气歧管真空度表、进气歧管真空度及燃油压力量表、散热器盖密封性检测仪等
汽车发动机检修设备及工具	气缸量表、连杆校验器、曲轴平衡机、气门弹簧试验机、柴油机调速器试验台、发动机电控燃油喷射检测仪、柴油机燃油喷射泵试验台、柴油机喷油器检验器、发动机零件磁粉探伤机等
汽车发动机维修作业设备及工具	常见的有发动机维修作业台、发动机翻转架、活塞环拆装器、气门弹簧拆装钳、柴油机燃油喷射泵清洗机等
汽车发动机维修加工设备及工具	常见的有发动机气缸珩磨机、气缸镗磨机、气缸口可调铰刀、活塞销孔铰刀、连杆衬套铰压机、连杆衬套铰刀、活塞销孔及连杆衬套铰刀、曲轴磨床、凸轮轴磨机、气门座镗铰机、气门座铰刀等
汽车底盘检测诊断设备及工具	常见的有变速器试验台、传动轴检测校正机、汽车车轮平衡机、轮胎气压表、轮胎磨损量表、制动防抱死装置检测仪等
汽车底盘维修作业设备及工具	常见的有离合顺拆装作业台、汽车车轮拆装车、汽车车轮螺母拆装机、轮胎拆装机、轮胎充气装置、汽车制动装置维修成套工具等
汽车底盘维修加工设备及工具	常见的有半轴套管螺纹修正器、转向节主销衬套铰刀、制动鼓切削机、制动鼓及制动蹄摩擦片切削机、制动盘切削机等
汽车电气设备及车用辅助装置检修设备及工具	常见的有电气设备试验台发电机及起动机试验台、蓄电池检测仪、蓄电池电解液密度计、汽车点火模拟装置、分电器试验台、起动机故障检测仪、车用空调设备维修检查器、车用空调设备制冷剂泄漏检查器等
汽车电气设备及车用辅助装置维修作业设备及工具	常见的有蓄电池充电器、蓄电池放电叉、火花塞拆装扳手、车用空调制冷剂自动更换器、车用空调制冷剂回收再生装置等

续表

设备类别	设 备
汽车车身维修整形设备及工具	常见的有车身检测校正机、车身校正外形检测器、车身校正装置、车身钣件校正焊接拉器、车身钣件校正工具、车身钣件延伸工具、车身钣焊剪钳、车身点焊打孔器、车身整形焊斑切除器、车身整形敛缝胶充填枪等
汽车维修喷涂电镀设备及工具	常见的有车身维修涂装成套设备、汽车喷漆烤漆房、汽车静电涂装机、汽车喷漆红外线干燥装置、车身底部喷涂装置、汽车维修喷砂设备、汽车喷漆调色设备、汽车维修电刷镀机等
汽车清洗除尘设备及工具	常见的有汽车清洗机、汽车清洗刷、汽车打蜡机、汽车零件清洗机、发动机不解体燃烧室清洁器、油箱清洗机等
汽车举升吊运设备及工具	常见的有柱式汽车举升机、菱架式汽车举升机、汽车底盘检查升降台、汽车千斤顶、发动机拆装架、变速器拆装架、后桥差速器拆装架、钢板弹簧拆装架、发动机吊架、变速器吊架、汽车救援拖运装置等
汽车润滑加注设备及工具	常见的有汽车软管卷盘加注成套设备、汽车润滑油分配成套设备、汽车润滑脂加注器、汽车润滑油更换机等
汽车过盈配合件拆装设备及工具	常见的有汽车零件拆装压力机、汽车零件拆装成套拉器、转向横拉杆球头拆卸器、扭杆轴瓦拆装器、制动蹄支承销拉器、发电机轴承拉器、电机电枢轴承拉器等
汽车检测维修设备微机控制系统	常见的有汽车故障诊断仪、汽车电子检测设备、汽车维修设备微机控制系统、发动机检测设备微机控制系统、汽车喷涂设备微机控制系统等

(3)汽车配件管理

汽车配件通常是指在汽车商务和服务企业中,一般把汽车的零部件和耗材统称为汽车配件。

汽车配件的分类比较复杂,品种繁多而又日新月异,全球各地各个机构对汽车配件的分类方法各有不同,一般来说有如下几种分类方法。

①汽车配件按照用途分类。汽车配件按照用途可以分为必装件、选装件、装饰件、消耗件四类。

必装件就是汽车正常行驶所必需的配件,如转向盘、发动机等;选装件就是非汽车正常行驶必需的备件,但是可以由车主选择安装以提高汽车性能或功能的配件,例如 CD 音响、氙气大灯等;装饰件又称精品件,是为了汽车的舒适和美观加配的备件,一般对汽车本身的行驶性能和功能影响不大,例如香水、抱枕等;消耗件是汽车使用过程中容易发生损耗、老旧,需要经常更换的备件,例如润滑油、前风窗玻璃清洁剂、冷却液、制动液、刮水器等。

②汽车配件按照生产来源分类。汽车配件按照生产来源可以分为原厂件、副厂件、自制件三类。

原厂件是指与整车制造厂家配套的装配件;副厂件指的是由专业配件厂家生产的,虽然不与整车制造厂配套安装在新车上,但是按照制造厂标准生产的,达到制造厂技术指标要求的配件;自制件指的是配件厂家依据自己对汽车配件的标准的理解,自行生产的,外观和使用效果与合格配件相似,但是其技术指标由配件制造厂自行保证,与整车制造厂无关。

需要说明的是,自制件是否合格,主要取决于配件厂家的生产技术水平和质量保障措施。不论副厂件,还是自制件都必须达到指定标准水平。这里说的原厂件、副厂件和自制件,都是合格的配件。那些不符合质量标准的所谓"副厂"配件,不属于上述范畴。

另外,汽车配件按照使用周期和库存要求可以分为常备件和非常备件,或者快流件、中流件、慢流件等。除了上述分类方法,每一个国际大型整车制造厂,也都有自己的零配件分类方法。

(4)管理方法

汽车配件管理是汽车维修企业管理中的核心环节,也是一个企业取得效益的关键,如果能够做到合理生产,及时销售,库存量小,减少积压,那么企业就能取得最佳的效益。由此可见,汽车配件管理决策是否正确直接影响企业的效益。

在手工管理的情况下,销售人员很难对客户作出正确的供货承诺,同时汽车配件的生产部门也缺少一份准确的生产计划,目前的生产状况和市场的需求很难正确反映到生产中去,这对日趋激烈的竞争市场非常不利。在这种情况下,再加上计算机技术迅猛发展,汽车配件管理系统应运而生,利用计算机技术使企业生产、库存和销售有利地结合起来,使得汽车配件管理更加科学化、现代化,提高企业的效率和效益。

目前我国很多企业配件管理水平还停留在纸质或者半自动(电脑处理一部分、人工处理一部分)的基础上,但是随着科技的进步,人工智能的迅猛发展,汽车配件管理采用智能软件管理将是必然趋势。

4.质量检验

汽车维修质量检验是指采用一定的检验测试手段和检查方法,测定汽车维修竣工后的质量特性。然后将测定的结果同规定的汽车维修质量标准相比较,从而对汽车维修质量作出合格或不合格的判断。汽车维修质量检验是汽车维修质量管理的重要手段,是整个汽车维修质量管理体系中的重要环节。

(1)汽车维修质量检验的目的

判断汽车维修后是否符合汽车维修质量标准和规范,提供有关汽车维修质量方面的数据,进行汽车维修质量监督。

(2)汽车维修质量检验的方法

①传统的经验测试方法。其凭借维修技师的经验,用感官检查和判断,带有较大的盲目性。

②借助各种量具、仪器、设备对技术参数进行测试的方法。仪器仪表测试可通过定性或定量地测试和分析,准确地掌握和评价车辆真实的技术状况,安全、迅速。

（3）汽车维修质量检验的步骤

①明确汽车维修质量要求。根据汽车维修技术标准和汽车技术状态的指标,明确检验的项目和各项目的质量标准。

②测试。用一定的方法和手段测试维修车辆有关技术性能参数,得到质量特性值的结果。

③比较。测试得到的质量特性值的数据同质量标准要求作比较,确定是否符合汽车维修质量的要求。

④判定。按比较的结果判定维修车辆的质量是否合格。

⑤处理。维修质量合格的车辆发放出厂合格证,维修质量不合格的维修车辆查找原因,记录所测得的数值和判定的结果,并进行返修、反馈,以便促使各维修人员改进。

汽车维修检验的一般程序如图7.2所示。

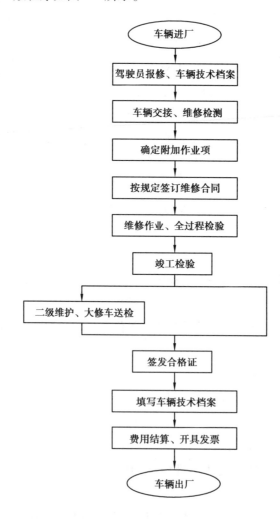

图 7.2　汽车维修检验的一般程序

（4）汽车维修质量检验分类及内容

①预检（进厂检验）。预检是指初步判断维修车辆的故障及形式,发给不同级别的技师进行作业。

维修车辆进厂后,检验员应记录驾驶员对车况的反映和报修项目,查阅车辆技术档案,了解车辆技术状况,检查车辆整车装备情况,然后按照相关规定及技术标准的要求择项进行维修前的检测,确定附加作业项目,把检验、检测的结果填写在检验签证单上,如表7.2所示。维修人员按故障类别填写车辆维修任务委托书,发给相关维修技师进行作业,如表7.3所示。未经检验签证的车辆,维修作业人员应拒绝维修作业。

表 7.2　车辆预检表

车牌号：　　　　用户：　　　　联系电话：　　　　行驶里程：　　　km

客户要求： 1. 2. 3. 4. 5.	燃油标记： 贵重物品： 1. 2.
保养项目 1. 2. 故障描述 1. 2. 处理方式：修复　□　更换　□	外观检查 //划痕　　O 凹陷　　×车身损伤
车辆清洗：　是□　否□ 旧件处理方式：环保处理　□　客户带走　□保险公司　□	

服务顾问：　　　　　　　　预检员：

表 7.3　车辆维修任务委托书

客　　户：

客户地址：　　　　　　　　　　　　委托书号：

客户联系人：　　　　　　　　　　　送修日期：

客户电话：　　　　　　　　　　　　约定交车：

牌照号	颜色	底盘号	发动机号	里程数	购车日期	旧件带走	是否洗车
						是　否	是□　否□
车型			付款方式			油箱	满（空）
生产日期		客户描述					
维修项目							
项目代码	项目名称		材料费	工时费	小计	主修人	
合计							

预估费用：　　　　　　　*注：客户凭此委托书提车，请妥善保管

检查员：

站长：

地址：　　　　　　　　　　　　　服务顾问：

电话：××××—××××××××　　　　　制　单：

说明：结算时按照实际发生的费用结算，贵重物品及现金请自行保管。

本公司对建议维修项目而用户拒绝维修的不承担质量担保及责任。

客户签字：

年　　月　　日

②过程检验。在维修作业的全过程中，都要进行维修质量检验。过程检验一般实行维修人员自检、互检及专检等相结合的办法。

a.自检。这是指维修人员对自己操作完成的作业，认真地对照汽车维修工艺规范及维修技术标准，进行自我质量评定。自检是汽车维修中最直接、最全面的检验。自检中维修人员对待维修质量自我评定、实事求是的态度是自检的关键，这一环节保证了整个汽车维修质量。汽车保养作业常用自检。

　　b.互检。互检是维修人员相互进行检验,主要是下道维修工序对上道维修工序进行检验,班组质检员或班组长对本班组维修人员的维修质量进行抽检等。互检的重点是对维修质量进行检验把关,避免出差错,避免为后道维修工序甚至维修竣工车辆造成不必要的后患、故障和返工。BP(钣金、喷漆、喷涂等)应用下道维修工序对上道维修工序检验。

　　c.专职检验(主管检验)。专职检验员或检验主管对汽车维修全过程或关键点(维修质量控制点)进行预防性检验。汽车故障机械修理主要是自检加专职检验(主管检验)。

　　d.工程检验。过程检验是汽车维修质量体系中的重要环节,也是汽车维修质量的必要保障。过程检验的数据应由检验人员在《车辆维修质量检验表》上完整记录,见表7.4。未经过程检验签证的车辆,检验员有权拒绝进行竣工检验。对检验不合格的项目,应及时进行返修,并做好相关记录。

表 7.4　车辆维修质量检验表

维修班组:　　　　　　　　　　　　施工单号:

故障描述 1. 2. 保养项目 1. 2.	处理方式 修复: 更换: 其他:
自检 合　格: 不合格: 返工描述: 返工后是否合格: 检验人员:	互检 合　格: 不合格: 返工描述: 返工后是否合格: 检验班组:
质检员专检 合　格:　　　　不合格: 返工描述: 返工后是否合格: 质检员:	竣工检验 合　格:　　　　不合格: 返工描述: 返工后是否合格: 质检员:

续表

最终检验和试验		
维修保养项目		
1.	合格:	不合格:
2.	合格:	不合格:
3.	合格:	不合格:
返工描述		
1.	返工后是否合格:	
2.	返工后是否合格:	
总质检员:	技术(部门)主管:	

是否出具质检报告:是 □   否 □

③竣工检验。车辆维修竣工后,由质检员对保养、修复、更换的项目进行质量检验。检验员必须严格按照相关规定及技术标准逐项进行检验签证,并记录相关检验结果,未经竣工检验合格的车辆不得送下道检验工序。

④最终检验和试验。最终检验和试验由总质量检验员和技术(部门)主管按照国家相关标准及要求进行,必要时客户验收代表可在现场,并记录相关检验结果,如表7.5所示。最终检验和试验不合格的车辆不得出厂。各项检验合格后出具维修保养质检单,如表7.6所示。

表7.5 返修单

日期:

维修班组(维修人员)	
不合格项目	1. 2. 3. 4.
处理意见	1. 2. 3. 4.

质检员签字:

表7.6　维修保养质检单

_____先生/女士：
对您在　　　年　　月　　日报修/保养的车辆(车牌号：　　　　　　)。我们已经完成所有项目。(派工单编号　　　　　)。经过检查,我们确认此次维修保养符合售后工艺标准。 　　在维修操作过程中,我们建议该车还应进行下列操作：
尽快进行：
还需进行：
维修预约电话(TEI)： 您车辆下次保养或检查在　　　千米之前或　　　年　　月　　日之前(以先到达者为限)。 为帮助通过年检,建议在　　　年　　月　　日之前到本站做一次预检查。 感谢您对我们的信任。 总质检员：　　　　　　　　　　技术(部门)主管： 日　　　期： 备注:某某4S店客户服务热线××××××××× 网址:××××

⑤返修流程。

a.内部返修流程。在相关汽车修理保养项目的过程检验或最终检验时,由检验人员检验发现维修保养项目不合格,需要进行返修时,属内部返修。需要返修的车辆,由检验员填写相关记录(见表7.5),责成主修人员及时进行返修。主修人员返修完工后,交检验员复检,复检合格并记录后,车辆方可进入下道工序。

b.外部返修流程。维修保养车辆交付给顾客后,发现相关维修保养项目不合格,需要进行返修时,属外部返修。当顾客投诉或认为维修保养质量有问题时,由技术(部门)主管、总质量检验员,以及相关质量检验人员对其原因进行判断,确定是本部门责任并需要返修时,由技术(部门)主管或总质量检验员填写相关记录,并按维修保养流程进行维修。

5.维修档案管理

(1)维修档案的定义

维修档案是指汽车维修企业在维修生产过程中遇到的保养作业以外的车辆所有故障的症状、诊断、维修解决办法的总和。从广义上讲,凡是客户对车辆提出问题后企业的解决手段都可以叫维修档案。从狭义上讲,即从专业角度上讲,是指经过维修技术人员判断甄别后车辆实际发生的真实问题及给出的解决方案、改进方案等。维修档案管理是指汽车维修企业对在维修生产过程中遇到的车辆问题的物理信息的管理,现行一般意义上的维修档案管理仅指对案例的记录,没有进行任何整理和对案例的加工总结,只是对物理信息进行记录。

(2)维修档案管理的重要意义

①有利于维修企业的生产运营汽车维修企业在实际维修生产中会遇到各种各样的问题,这些问题的解决对后来同样或相似故障问题的解决会起到很重要的参考作用。

②有利于保护维修企业的权益在汽车售后服务市场不断膨胀的形势下,客户的维权意识在不断提高,作为汽车维修企业,也应维护好自己的权益。维修档案对维护企业的利益有着重要的作用,就像医院管理病人的病历一样,是一件严肃的事情,在医患双方发生纠纷时,病历可以作为纠纷鉴定的依据。

③有利于提高维修企业的技术水平和管理、服务水平。如果维修档案管理得好,那么在维修过程中遇到同样问题或相似问题时,维修人员就可以参考之前的解决方案很快解决问题,这对企业来说可以提高服务效率,增加客户的满意度和忠诚度,还可以作为培训资料定期对维修人员进行通报或者组织培训,提高维修技术水平。

(3)建立维修档案管理制度

汽车维修档案管理工作,是汽车维修的基础管理工作,也是生产技术管理的基础工作,表现在以下几个方面。

①汽车维修档案由业务部门负责收集、整理、保管。汽车维护的维修档案一车一档,一档一袋,档案内容包括维修合同、检验签证单、竣工证存根、工时清单、材料清单等。

②维修档案应保持整齐、完整。一车一档装于档案袋中,不得混杂乱装。档案袋应有标识,以便检索。

③档案放置应便于检索、查阅,同时防止污染、受潮、遗失。

④车辆维修竣工后,检验员应在车辆技术档案中记载更换零件情况及重要维修数据。

⑤单证入档后除工作人员外,一般人不得随意查阅、更改、抽换。如确需更正,应经维修中心负责人批准同意。

⑥车辆维修档案保存期2年。

[复习与思考]

1.汽车维修的概念是什么?

2.常见的汽车检测诊断技术参数有哪些?诊断设备有哪些?

3.汽车维修技术人员培训的重要性和必要性?

4.汽车维修技术人员培训的有效性标注是什么?

5.什么是汽车维修技术管理?管理的内容有哪些?

6.汽车维修流程有哪些?

7.汽车维修方法有哪几种?

8.为什么要进行维修技术质量管理?管理过程中主要注意哪几个方面?

模块二　实训操练

实训　资料的收集和分析

一、实训内容

1.常见汽车维修诊断设备的认识与使用。

2.维修流程演练。

二、实训准备

1.授课老师提前布置各小组在企业、网络收集诊断设备图片及使用方法和维修流程视频等资料。

2.分组到实训中心组织参观学习诊断设备知识,学习使用方法,以5~10人为一组。

3.通过角色扮演,分组进行维修流程演练。

三、实训组织

1.指导老师进行分组,选出小组长。

2.指导老师带领每组认识和使用诊断设备。

3.组长组织小组成员进行知识和设备使用测试,并记录存在问题和结果。

4.指导老师针对每个小组整理结果,进行演示和指导。

5.每组负责一个维修流程,进行实战演练。

6.指导老师点评。

四、实训评价

1.本次课老师的评价和组长的评价各占50%;

2.评价参考

(1)课前准备充分,企业、网络收集数据翔实,课堂实践积极、认真。

(2)积极参与活动,团队协作较好。

(3)考虑问题全面,能提出独到的见解。

(4)表达陈述流利,观点合理。

任务八
汽车维修企业安全管理和环保管理

知识目标：

1.正确认识汽车维修企业安全生产标准化的内涵。

2.了解安全生产标准化包括企业安全、管理标准化、安全技术标准化、安全装备标准化、现场(环境)标准化和岗位作业安全标准化五个方面。

3.掌握汽车维修企业安全生产标准化的目标与各项指标。

4.对汽车维修企业生产过程中不同岗位产生的有害物质有充分的了解和认识。

5.了解汽车维修企业对环境的影响因素。

6.了解汽车维修企业环境保护制度。

能力目标：

1.树立企业安全生产意识。

2.按交通运输部对道路运输企业安全生产标准化的指标要求对企业进行安全管理。

3.能够正确处理汽车维修过程中产生的各种有害物质及垃圾。

模块一 汽车维修企业安全管理及环保管理

[案例导入]

[案例1]

2004年6月8日下午1点左右,瑞安市愉达汽车修理部职工颜某、陈某在愉达汽车修理部对面路边的水井旁用高压水枪清洗颜某的自备车。该高压水枪系愉达汽车修理部对面谢作横二手车介绍所自备的。当时陈某正在清洗汽车右边的轮毂,颜某用高压水枪冲洗车身,这时颜某被水枪电击了一下,就跟陈某说水枪有电,陈某说水枪怎么会有电呢? 于是颜某说再试一次,接着颜某就大叫"啊"的一声,同时人往后摔,手里还拿着水枪,陈某见状就急忙去把高压水泵的电源插头拔了下来,只听"嘭"的一声,颜某脚下一滑(穿拖鞋)仰面倒地,后脑损伤。陈某急忙叫人帮忙把颜某抬到干燥的地方,对颜某进行胸部体外挤压按摩,按了几分钟没见反应,于是就打120急救电话。这时颜某口吐白沫,往外呼气,眼睛半开,陈某就和吴某把颜某送到塘下镇中心卫生院急救室抢救,经抢救无效死亡。

[案例2]

2014年5月13日泉州城东火烧桥附近的通源汽修厂内突发大火,铁皮屋顶和车间内的三辆正在维修的汽车被烧得面目全非,损失严重,所幸没有造成人员受伤。据初步调查,火灾原因是工人维修汽车时不慎引发。

对两起事故的调查说明,汽车修理部门负责人安全意识淡薄,安全管理制度制定不健全,对职工安全生产监管不严,缺乏安全生产教育和未敦促职工遵守劳动纪律和安全操作规程,对职工违规现象不加制止,安全管理工作不到位,以致死亡事故的发生和造成经济损失,对事故负有一定的责任。

思考:

安全生产标准化管理的意义是什么?

一、企业安全生产标准化建设的重要意义

安全生产关系人民群众生命财产安全、事关改革开放、经济发展和社会稳定大局。道路运输企业生产的安全管理,按照道路运输企业安全生产标准化的要求进行管理。企业安全生产标准化是依据国家、行业的法律、法规、规章和标准,制定本企业安全生产方面的规章、制度、规程、标准、办法,使企业的各项活动、工序及各个环节、岗位都规范化、制度化、标准化、科学化和法制化。安全生产标准化包括企业安全管理标准化、安全技术标准化、安全装备标准化、现场(环境)安全标准化和岗位作业安全标准化五大方面,重点是把握企业安全管理标准化、现场安全管理标准化和岗位作业安全标准化。

企业安全生产标准化建设对于进一步规范我国企业安全生产行为,改善安全生产备件,强化安全基础管理,有效防范和坚决遏制重特大事故的发生,具有十分重要的意义:

①落实企业安全生产主体责任的必要途径。企业是安全生产的责任主体,也是安全生产标准化建设的主体,要通过加强企业每个岗位和环节的安全生产标准化建设,不断提高安全管理水平、促进企业安全生产主体责任落实到位。

②强化企业安全生产基础工作的长效制度。安全生产标准化建设涵盖了增强人员安全素质、提高装备设施水平、改善作业环境、强化岗位责任落实等各个方面,是一项长期的、基础性的系统工程,有利于全面促进企业提高安全生产保障水平。

③政府实施安全生产分类指导、分级监管的重要依据。实施安全生产标准化建设评价,将企业划分为不同等级,能够客观真实地反映出各地区各企业安全生产状况和不同安全生产

水平,为加强安全监管提供有效的基础数据。

④有效防范事故发生的重要手段。深入开展安全生产标准化建设,能够进一步规范从业人员的安全行为,提高机械化和信息化水平,促进现场各类隐患的排查治理,推进安全生产长效机制建设,有效防范和坚决遏制事故发生,促进安全状况持续稳定好转。

道路运输企业安全生产标准化,目的是通过建立安全生产责任制,制定安全管理制度和操作规程。排查治理隐患和监控重大危险源,建立预防机制,规范生产行为,使各生产环节符合有关安全生产法律法规和标准规范的要求,并持续改进、完善和提高,使企业的人、机、物始终在良好的安全状态下运行。从而提升企业安全管理水平,促进企业在安全的前提下健康快速发展。

企业安全生产标准化工作采用"策划(PLAN)、实施(DO)、检查(CHECK)、改进(ACT)"动态循环模式(即 PDCA 循环),依据相关要求,结合自身特点,建立并保持安全生产标准化系统。企业通过自我检查、自我纠正和自我完善,建立安全绩效持续改进的安全生产长效机制。严格落实企业安全生产责任制,加强安全科学管理,实现企业安全管理的规范化。加强安全教育培训,强化安全意识、技术操作和防范技能,杜绝"违章指挥,违章操作,违反劳动纪律"的"三违"行为。加大安全投入,提高专业技术装备水平,深化隐患排查治理,改进现场作业条件,增强安全管理和事故防范能力。

为贯彻落实《国务院关于进一步加强企业安全生产工作的通知》(国发〔2010〕23 号)的精神和《国务院安委会关于深入开展企业安全生产标准化建设的指导意见》(安委〔2011〕4 号)的总体要求,2011 年以来,交通运输部出台了《交通运输企业安全生产标准化建设实施方案》等一系列文件,对交通运输各类企业安全生产标准化建设的指导思想、工作目标、实施范围、管理分工、工作内容、工作任务以及工作要求等作了具体规定,其中对机动车维修企业安全生产标准化安全管理也制定了相应的指标及规定。因此,机动车维修企业安全管理,必须以交通运输企业安全生产标准化的指标要求为基础对生产进行安全管理。

二、机动车维修企业安全生产标准化管理指标

(一)安全目标

1.制定企业安全生产方针、目标和不低于上级有关部门下达的安全考核指标

(1)制定企业安全生产方针

企业安全生产方针,是指导企业开展各项工作的总原则,企业制定的各项具体制度、措施,必须体现、符合安全生产方针的要求。安全生产目标,是为实现企业的安全使命而确定的安全绩效标准,该标准确定了必须采取的行动计划。

(2)制定安全生产目标

制定安全生产目标是为实现企业的安全生产而确定的安全绩效标准,该标准确定了必须采取的行动计划。制定安全生产目标是企业实行安全目标管理,控制企业安全生产活动的重要依据。企业应根据国家有关规定要求和自身安全生产实际,制定总体和年度安全生产目

标。安全生产目标至少包括责任事故起数、死亡人数、受伤人数、财产损失等指标。

（3）关于制定不低于上级有关部门下达的安全考核指标

制定不低于上级有关部门下达的安全考核指标指的是衡量目标的单位或方法，是企业在营运管理过程所设定预期达到的指数、规格、标准等任务。安全生产控制考核指标，由事故死亡人数总量控制指标、绝对指标、重大和特大事故起数控制考核指标四类具体指标构成。企业通过制定并实施安全考核指标，确保安全管理目标的实现。

（4）制定实现安全工作方针与目标措施

企业抓生产必须抓安全，落实安全生产责任制，使安全生产"可控""在控"。企业须根据实际工作特点，从制度层面上、生产实践中，制订相应措施进一步贯彻落实企业安全生产方针与目标。企业将安全生产管理指标进行细化和分解，制定阶段性的安全生产控制指标。

2. 中长期安全生产发展规划

中长期安全生产发展规划，是指导企业全局的、较为长远的安全计划，企业应将其纳入企业总体发展战略规划，实现安全生产与企业发展的同步规划、同步实施、同步发展。《国务院关于进一步加强企业安全生产工作的通知》要求，企业要把安全生产工作的各项要求落实在企业发展和日常工作之中，在制订企业发展规划和年度生产经营计划中要突出安全生产，确保安全投入和各项安全措施到位。

3. 年度计划

为确保年度安全管理目标的实现，组织制订每年度企业安全计划和专项工作方案。各部门按企业安全生产责任制和岗位职责的落实要求进行分解，以确保全年安全计划和方案得到全面施行。

4. 目标考核

①企业按照所属基层单位和部门在生产经营中的职能，根据安全生产方针与目标，细化企业年度安全生产管理指标（如安全管理人员、特种作业人员持证上岗率100%；企业负责人年度内召开专题研究安全生产工作会议不少于3次、月度至少开展1次安全隐患排查活动，隐患整改率100%等）。

②企业要制定出安全生产目标考核与奖惩办法。

③企业应在年度安全生产目标实现过程中，对目标进行监督检查，规定检查周期，对关键节点进行有效监督考核，发现问题及时解决，并根据目标完成情况，对责任部门或责任人进行必要的奖励和惩罚。

企业要有年度安全生产目标完成情况的相关考核记录和奖惩记录。

（二）管理机构和人员

1. 安全生产管理机构

安全生产管理机构，是指生产经营单位中专门负责安全生产监督管理的内设机构，是企业安全生产工作的综合管理部门，对其他职能部门的安全生产管理工作进行综合协调和监督。

（1）成立安全生产委员会（以下简称"安委会"）

企业要依法设置与企业规模相适应且独立的安全生产管理机构，下属各分支机构分别成立相应的领导机构，实行主要领导负责制。

企业应建立安委会或安全生产领导小组，负责组织、研究、部署本单位安全生产工作，专题研究重大安全生产事项，制订、实施加强和改进本单位安全生产工作的措施。

安委会，负责统一领导本企业的安全生产工作，决策企业安全生产的重大问题。安委会主任由企业安全生产第一责任人担任。安委会应当建立工作制度和例会制度。

（2）设置与安全生产相适应的管理机构

安全生产管理机构，是指生产经营单位中专门负责安全生产监督管理的内设机构，是企业安全生产工作的综合管理部门，对其他职能部门的安全生产管理工作进行综合协调和监督。

（3）定期召开安委会会议

安全生产管理机构和下属各分支机构每月至少召开一次安全工作例会，遇有特殊情况和发生重特大事故时应及时开会处理。安全会议的主要内容是传达、学习有关安全管理工作的文件、指示；总结本单位近期内行车安全工作的经验教训，制订措施，布置开展安全活动。安委会会议、安全工作例会要有记录。

2.管理人员配备

安全生产管理人员，是指生产经营单位中从事安全生产管理工作的专职或兼职人员。企业按规定足额配备专职安全生产和应急管理人员。从业人员超过300人的，应当设置安全生产管理机构或者配备专职安全生产管理人员；从业人员在300人以下的，应当配备专职或者兼职的安全生产管理人员，或者委托具有国家规定的相关专业技术资格的工程技术人员提供安全生产管理服务，按规定建立安全生产应急管理机构或指定专人负责安全生产应急管理工作，安全管理人员要熟悉和了解所从事的工作。

（三）安全责任体系

安全生产责任制，是根据安全生产法律、法规，按照"安全第一、预防为主、综合治理"的方针以及"管生产必须管安全"的原则，根据各自的工作任务、岗位特点，将企业各级负责人、职能部门及全体员工在安全生产方面应做的工作及应负的责任，加以明确规定的一种制度。企业以企业负责人为重点，逐级建立企业管理人员、职能部门、车间班组、各工种的岗位安全生产责任制，明确企业各层级、各岗位的安全生产职责，形成涵盖全员、全过程、全方位的责任体系，并与奖惩制度挂钩。

1.健全责任制

①企业主要负责人、分管领导、全体员工安全职责明确，制定并落实安全生产责任制，并落实到位。企业制定安全生产责任制文本。企业主要负责人、分管领导、全体员工的职责明确。企业要定期检查责任制执行情况，及时解决执行中的问题，并有相关检查记录资料。

②主要负责人或实际控制人是安全生产第一责任人,按照安全生产法律法规赋予的职责,对安全生产负全面组织领导、管理责任和法律责任,并履行安全生产的责任和义务。

企业主要负责人作为企业的主要领导者,对企业的生产经营活动全面负责,必须同时对企业的安全生产工作负责。主要负责人有责任和义务在搞好企业生产经营的同时,搞好企业的安全生产工作,摆正安全与生产的关系,做到不安全不生产,生产必须安全。《中华人民共和国安全生产法》第五条规定,生产经营单位的主要负责人对本单位的安全生产工作全面负责;第十七条规定,生产经营单位的主要负责人对本单位安全生产工作负有下列职责:建立、健全本单位安全生产责任制;组织制定本单位安全生产规章制度和操作规程;保证本单位安全生产投入的有效实施;督促、检查本单位的安全生产工作,及时消除生产安全事故隐患;组织制订并实施本单位的生产安全事故应急救援预案;及时、如实报告生产安全事故。现场询问主要负责人或实际控制人是否掌握对本单位安全生产工作负有的职责。主要负责人或实际控制人履行安全生产责任和义务情况,并有记录。

③分管安全生产的负责人是安全生产的重要负责人,统筹协调和综合管理企业的安全生产工作,对安全生产负重要管理责任;掌握安全生产工作负有的职责及履行安全生产责任情况和业务管理能力。

④其他负责人和全体员工实行"一岗双责",对业务范围内的安全生产工作负责。"管生产必须管安全",企业必须按法律、法规和国家有关规定,结合本单位具体情况,明确各级管理人员和全体员工的安全生产责任。

⑤企业设置安全生产管理机构、各职能部门、生产基层单位的安全责任明确并落实到位。同时要有企业安全生产管理机构、各职能部门、生产基层单位落实安全职责的相关文件及学习记录。使安全生产管理机构、各职能部门、生产基层单位的负责人了解其职责。

2.责任制考评

根据安全生产责任进行定期考核和奖惩、公告考评和奖惩情况:企业应根据制定的安全生产责任定期对各职能部门及其全体职工进行考核,并根据考核结果进行相应的奖惩处理、公告考评和奖惩情况,并保存相关记录。

(四)法规和安全管理制度

1.资质

企业应持有《道路运输经营许可证》和《企业法人营业执照》原件是否合法,是否在有效期内,经营范围是否符合要求。

2.法规

(1)及时识别、获取适用的安全生产法律法规、标准规范

企业各职能部门应及时识别和获取本部门适用的安全生产法律法规、标准规范,并跟踪现有法律法规、标准规范的修订以及新法律法规、标准规范的颁布情况,明确主管部门,确定

获取的渠道、方式。

（2）企业收集适用的相关法律法规、标准规范等文件资料，其内容是否是最新有效版本

企业应将安全生产法律法规、标准规范及相关要求，及时转化为本单位的规章制度，并贯彻各项工作中。企业制定的规章制度，内容是否符合现行法规标准和相关要求。《中华人民共和国安全生产法》第十条规定，生产经营单位必须执行依法制定的保障安全生产的国家标准或者行业标准。我国的安全生产标准分为国家标准、行业标准、地方标准、企业标准四个级别。

（3）企业相关人员的法律法规培训

企业相关人员执行并落实通用法律法规、标准和与自己专业相关的法律法规、标准。企业将适用的安全生产法律、法规、标准及其他要求及时对从业人员进行宣传和培训，并有培训记录。

3.安全生产管理制度

安全生产管理制度，是企业依据国家有关法律、法规、标准，结合安全生产工作实际，以企业名义起草颁发的有关安全生产的规范性文件。企业是安全生产的责任主体，建立健全安全管理制度是企业的法定责任，是规范从业人员的生产作业行为，保证生产经营活动安全、顺利进行的重要手段。《中华人民共和国安全生产法》第四条规定，生产经营单位必须遵守本法和其他有关安全生产法律、法规，加强安全生产管理，建立健全安全生产责任制度，完善安全生产条件，确保安全生产。

制定并及时修订安全生产管理制度包括：安全生产责任制；安全例会制度；文件和档案管理制度；安全生产费用提取和使用管理制度；设施、设备、货物安全管理制度；安全生产培训和教育学习制度；安全生产监督检查制度；事故统计报告制度；安全生产奖惩制度。

企业应结合自身特点，依据相关法律、法规、标准、规范制定完善的安全生产管理制度，并应在自身情况发生改变或在识别到颁布、新修订的安全生产法律、法规、标准、规范时应及时修订其安全生产管理制度。企业制定安全生产管理制度的文件，制度内容应该是最新有效并符合要求的。

企业对从业人员进行安全管理制度的学习和培训。《中华人民共和国安全生产法》第二十一条规定，生产经营单位应当对从业人员进行安全生产教育和培训，保证从业人员具备必要的安全生产知识，熟悉有关的安全生产规章制度和安全操作规程，掌握本岗位的安全操作技能。企业对从业人员进行安全管理制度学习和培训并有相关记录、档案。

4.安全生产操作规程

安全生产操作规程，是指在生产活动中，为消除能导致人身伤亡或造成设备、财产破坏以及危害环境的因素而制定的具体技术要求和实施程序的统一规定。

企业应根据生产特点，组织制定并及时修订各岗位最新有效且符合相关要求的安全生产操作规程，并发放到相关岗位（职工），保证其有效实施。

企业应对操作岗位人员进行安全教育和生产技能培训,使其熟悉有关安全生产规章制度和安全操作规程,并确认其能力符合岗位要求,并能严格按本岗位的安全操作规程执行。未经安全教育培训,或培训考核不合格的从业人员,不得上岗作业。操作岗位人员转岗、离岗一年以上重新上岗者,应进行车间、班组安全教育培训,经考核合格后,方可上岗工作。

5.制度执行及档案管理

执行国家有关安全生产方针、政策、法规及本单位的安全管理制度和操作规程,依据行业特点,制订企业安全生产管理措施。企业要有执行国家有关安全生产方针、政策、法规及本单位的安全管理制度和操作规程的相关记录。

企业每年对安全生产法律法规、标准规范、规章制度、操作规程的执行情况进行检查,应做好检查记录。企业应建立主要安全生产过程、事件、活动、检查的安全记录档案,并加强对安全记录的有效管理。

（五）安全投入

1.安全生产费用

安全生产费用,是指企业按照规定标准提取在成本中列支,专门用于完善和改进企业或者项目安全生产条件的资金,一般用于安全检查、安全宣传教育、安全竞赛、事故预防以及配备安全工作装备等支出。《中华人民共和国安全生产法》第十八条规定,生产经营单位应当具备安全生产条件所必需的资金投入,由生产经营单位的决策机构、主要负责人或者个人经营的投资人予以保证,并对由安全生产所必需的资金投入不足导致的后果承担责任。

（1）按规定足额提取安全生产费用

企业根据相关规定,结合自身特点,从营业额里提取专款作为安全生产费用。《企业安全生产费用提取和使用管理办法》第九条规定,交通运输企业以上年度实际营业收入为计提依据,按照以下标准平均逐月提取;机动车维修企业按照上年度实际营业收入的1.5%提取。

（2）安全生产经费专款专用

保证安全生产投入的有效实施。保证必要的安全生产投入是实现安全生产的重要基础,为保证安全生产费用能足额使用,安全费用实行专户储存,专款专用。《企业安全生产费用提取和使用管理办法》第二十七条规定,企业提取的安全费用应当专户核算,按规定范围安排使用,不得挤占、挪用。年度结余资金结转下年度使用,当年计提安全费用不足的,超出部分按正常成本费用渠道列支。

企业财务部门设立专门的安全投入、使用台账。

（3）及时投入满足安全生产条件的所需资金

安全生产资金投入,是生产经营活动安全进行,防止和减少生产安全事故的资金保障。《企业安全生产费用提取和使用管理办法》第二十一条规定,交通运输企业安全费用应当按照以下范围使用:

①完善、改造和维护安全防护设施设备支出(不含"三同时"要求初期投入的安全设施),包括道路、水路、铁路、管道运输设施设备和装卸工具安全状况检测及维护系统、运输设施设

备和装卸工具附属安全设备等支出；

②购置、安装和使用具有行驶记录功能的车辆卫星定位装置、船舶通信导航定位和自动识别系统、电子海图等支出；

③配备、维护、保养应急救援器材、设备支出和应急演练支出；

④开展重大危险源和事故隐患评估、监控和整改支出；

⑤安全生产检查、评价（不包括新建、改建、扩建项目安全评价）、咨询和标准化建设支出；

⑥配备和更新现场作业人员安全防护用品支出；

⑦安全生产宣传、教育、培训支出；

⑧安全生产适用的新技术、新标准、新工艺、新装备的推广应用支出；

⑨安全设施及特种设备检测检验支出；

⑩其他与安全生产直接相关的支出。

企业安全生产专用账户应有足够的资金，在需要的情况下，企业能够及时投入安全专项费用。

2.费用管理

（1）跟踪、监督安全生产专项经费使用情况

企业要加强对安全生产专项经费使用情况的监督管理。《企业安全生产费用提取和使用管理办法》第三十一条规定，企业应当建立健全内部安全费用管理制度，明确安全费用提取和使用的程序、职责及权限，按规定提取和使用安全费用；《企业安全生产费用提取和使用管理办法》第三十二条规定，企业应当加强安全费用管理，编制年度安全费用提取和使用计划，纳入企业财务预算。企业年度安全费用使用计划和上一年安全费用的提取，使用情况按照管理权限报同级财政部门、安全生产监督管理部门和行业主管部门备案。企业有该项费用使用情况进行监督检查的相关记录。

（2）建立安全费用使用台账

为有效地管理安全生产专项经费的使用，保证专款专用，企业应建立安全经费使用台账，一方面便于管理部门的监督管理，一方面将有利于安全生产投入的统计分析，为以后安全生产费用的提取及管理使用提供参考依据，更有效地改善安全生产条件。

（六）装备设施

1.安全设施及管理

（1）具备满足安全生产需要的场地和设施设备

企业应具备与经营业务相适应的维修车辆停车场和生产厂房，且停车场和生产厂房面积按照国家标准《汽车维修业开业条件》（GB/T 16739）相关条款的规定执行；同时，还应具备与其经营业务相适应的设备、设施。所配备的计量设备应当符合国家有关技术标准要求，并经法定鉴定机构鉴定合格。

（2）配足有效的安全防护、环境保护、消防设备设施及器材

按照国家有关规定配置安全防护、环境保护、消防设备设施及器材，并定期组织检验、维修，确保消防设施和器材完好、有效。消防设施是指消防通道、消防通信、消防水源、消火栓等

消防基本设施。消防器材是指灭火器、消防车、举高车等灭火救援器材。

企业要有安全防护、环境保护、消防设备设施及器材,进行定期维护保养的记录。

（3）危险货物运输车辆维修

危险货物运输车辆维修是指对运输易燃、易爆、腐蚀、放射性、剧毒等性质货物的机动车的维修,不包含危险货物运输车辆罐体的维修,这些罐体的维修必须到经国家有关部门认可的具备资质的企业进行。

安全是危险货物运输车辆维修必须关注的重点。这里所说的安全有两层含义:一是车辆经维修后,本身的安全性能要严格达标,这里要求危险货物运输车辆维修企业必须为一类企业,满足汽车维修经营一类维修经营业务的开业条件,是严格危险品运输车辆维修企业市场准入的具体举措。二是危险物品及容器的安全,即防止危险货物运输车辆在维修企业存放或维修过程中发生燃烧、爆炸与污染。

因此,危险货物运输车辆维修要有与其作业内容相适应的专用维修车间和设备、设施,并设置明显的指示标志。

（4）安全设施、器材的管理

企业应安排专职部门或专人负责安全设备设施的采购、维护、更新,并建立相关的管理制度进行规范化管理。这就要求企业的安全设施、器材有专人管理。

（5）设有覆盖安全重点部位视频监控设备

机动车维修企业在安全重点部位应安装视频监控设备,并建立健全视频档案保管和维修资料的存档制度,以实现对维修行为的全过程、全方位实时监控,这提高了检修质量和服务水平,为保障车辆出行安全提供了强有力的技术支持,使行业管理部门的监管能力上了新台阶。为此要求企业在厂区内设有视频监控设备,并运行良好。

（6）应急通道、安全出口、消防车通道保证畅通

应急通道、安全出口、消防车通道应保持畅通,不得堆放有碍通行的物品。应急通道是指走道、楼梯、连廊等,是符合国家工程建筑消防标准要求的疏散楼梯或直通室外的门。

2.汽车喷烤漆房

每天进行汽车喷烤漆房安全检查,做好日常操作记录、日常维护记录、故障记录和维修记录。日常操作记录包括设备的开、关时间,操作人员、设备工作状态等;日常维护记录包括维护保养时间、项目、人员、设备工作状态等;故障记录包括故障时间、现象、频率等;维修记录包括时间、维修人员、故障表现、维修内容、零部件更换及故障排除情况和结论等。

及时清理汽车喷烤漆房内的杂物,喷烤漆作业区不得存有易燃物品。定期清洁整个热能转换器,包括燃烧室及排烟通道,视情况更换喷烤漆记顶棉。应作好各项清理保养记录。

汽车喷烤作业危险性大,应指定专人对其进行管理。该管理人员应掌握汽车喷烤漆房的日常安全管理情况,并在醒目位置安装负责人基本信息及永久性安全操作、保养文字标志。

3.举升机

企业应按规定建立严格的举升机操作规程和操作流程。企业应定期对举升机进行例检,做好日常操作记录、日常维护记录、故障记录,保证技术状态良好。

4.特种设备

企业应按照《特种设备安全监察条例》《特种设备质量监督与安全监察规定》及其特种设备相关的《检验规程》等,对特种设备及其安全附件进行定期检验和维护保养。

企业对特种设备要建立安全技术档案,包括设计文件、制造单位、产品质量合格证明、使用维护说明等文件以及安装技术文件和资料,使用登记证、定期检验和定期自行检查记录,日常使用记录、特种设备及其安全附件、安全保护装置、测量调控装置、测量调控装置及有关附属仪器仪表的日常维护保养记录、特种设备运行故障和事故记录等。企业应按特种管理制度明确各特种设备的管理人员。为便于特种设备的管理,企业应建立特种设备台账。

5.电器设备

电气设备主要指电气设备及接地装置、防雷防静电装置。

电气设备周围应留有足够的安全通道和工作空间,应远离易燃、易爆和腐蚀性物品,不得被其他杂物遮盖。

(七)科技创新与信息化

1.科技创新及应用

为贯彻落实"安全第一、预防为主、综合治理"安全生产方针,实现本质安全化,企业在设备设施等造型方面,应优先考虑技术先进、安全性能可靠的设备设施及工艺材料等。

企业还可根据自身需要,联合科研机构,共同开展机动车维修行业安全生产科技攻关或课题研究。

2.科技信息化

企业应推进行业信息化和救援、维修服务网络化建设,提高机动车维修行业整体素质,满足社会需要;企业还应建立维修服务信息化管理系统,对客户信息、维修流程、配件采购与使用、费用结算等实行信息化管理。

(八)队伍建设

1.培训计划

企业或各部门应结合安全生产方针及年度安全生产目标,制订年度及长期的继续教育培训计划,明确培训内容和年度培训时间,培训方式可灵活掌握,特别是要制订对新员工的培训教育规定。

2.宣传教育

安全生产教育和培训工作是道路运输安全生产宣传教育管理工作的一个重要组成部分,是确保道路运输安全的一项重要的基础性工作。企业应当加强对从业人员的安全教育、职业道德教育,确保生产安全。企业要推进安全生产法律法规的宣传贯彻,做到安全宣传教育日常化;要及时分析和掌握安全生产工作的规律和特点,定期开展安全生产技术方法、事故案例及安全警示教育,普及安全生产基本知识和风险防范知识,提高员工安全风险辨析与防范能力。安全教育培训的基本内容包括安全意识、安全知识和安全技能的教育,同时应做好各项教育培训记录。

3.管理人员

企业的主要负责人和安全生产管理人员,要组织、领导本单位的安全生产管理工作,并承担保证安全生产的责任,这就要求企业的主要负责人和安全生产管理人员必须具备与本单位所从事的生产经营活动相适应的安全生产知识,同时具有领导安全生产管理工作和处理生产安全事故的能力。法律法规要求必须对其安全生产知识和管理能力进行考核的,须经考核合格后方可任职;即企业主要负责人和管理人员要通过培训在有效期内取得行业主管部门培训合格证。

专(兼)职安全管理人员具备专业安全生产管理知识和经验,熟悉各岗位的安全生产业务操作规程,运用专业知识和规章制度开展安全生产管理工作,并保持安全生产管理人员的相对稳定。企业要建立安全管理人员台账及档案。

4.从业人员培训

(1)从业人员每年接受再培训

从业人员,是指该单位从事生产经营活动各项工作的所有人员,包括管理人员、技术人员和各岗位的人员,也包括生产经营单位临时聘用的人员。

企业对从业人员进行安全教育培训,是控制从业人员的不安全行为的有效方法,是提高从业人员安全素质和自我保护能力,是防止事故发生,保证安全生产的重要手段。《中华人民共和国安全生产法》第二十一条规定,生产经营单位应当对从业人员进行安全生产教育和培训,保证从业人员具备必要的安全生产知识,熟悉有关的安全生产规章制度和安全操作规程,掌握本岗位的安全操作技能。未经安全生产教育和培训合格的从业人员,不得上岗作业。

《生产经营单位安全培训规定》第十五条规定,生产经营单位新上岗的从业人员,岗前培训时间不得少于24学时。危险化学品、烟花爆竹等生产经营单位新上岗的从业人员安全培训时间不得少于72学时,每年接受再培训的时间不得少于20学时。《生产经营单位安全培训规定》第二十一条规定,生产经营单位除主要负责人、安全生产管理人员、特种作业人员以外的从业人员的安全培训工作,由生产经营单位组织实施。

从业人员培训的主要内容有:

①国家安全生产方针、政策和有关安全生产法律、法规规章及标准;

②安全生产管理、安全生产技术、职业卫生等知识;

③伤亡事故统计、报告及职业危害的调查处理方法;

④应急管理、应急预案编制以及应急处置的内容和要求;

⑤国内外先进的安全生产管理经验;

⑥典型事故和应急救援案例分析;

⑦其他需要培训的内容。

企业要保证从业人员具备从事本职工作所应当具备的安全生产知识,熟悉有关的安全生产规章制度和安全操作规程,掌握本岗位的安全操作技能,对于没有经过安全生产教育和培训包括培训不合格的从业人员,企业不得安排其上岗作业。

企业要建立从业人员培训、考核的台账、档案,对从业人员按规定要求进行安全教育培训,要有记录。发放从业人员的培训合格证书,从业人员应持证上岗。

（2）转岗人员及时进行岗前培训

《生产经营单位安全培训规定》第十九条规定,从业人员在本生产经营单位内调整工作岗位或离岗一年以上重新上岗时,应当重新接受车间和班组级的安全培训,通过考核后才能上岗。建立转岗人员培训、考核记录台账、档案,发放转岗人员培训合格证书。

（3）新技术、新设备投入使用前,对管理和操作人员进行专项培训

《中华人民共和国安全生产法》第二十二条规定,生产经营单位采用新工艺、新技术、新材料或者使用新设备,必须了解、掌握其安全技术特性,采取有效的安全防护措施,并对从业人员进行专门的安全生产教育和培训。

企业采用新工艺、新技术、新材料或者使用新设备时,对企业新技术、新设务管理及操作人员进行专项培训,要求他们掌握其安全技术特性,对该工艺、技术的原理、操作规程有清楚的把握,了解该材料、设备的构成、性质,掌握和了解对采用、生产过程中可能产生的危险因素的性质、危害后果,如何预防、妥善处理等事项,防止生产安全事故的发生。

企业对培训人员的培训、考核要做好记录台账、档案。

5.规范档案

（1）建立健全安全宣传教育培训考评档案,详细、准确记录培训考评情况

《生产经营单位安全培训规定》第二十四条规定,生产经营单位应建立健全从业人员安全培训档案,详细、准确记录培训考核情况。教育与培训档案的内容应包括教育或培训的内容、培训时间、培训地点、授课人、参加培训人员的签名、考核人员、安全管理人员的签名、培训考试情况等。档案保存期限不少于3年。

（2）对培训效果进行评审,改进提高培训质量

为提高安全宣传教育培训质量和效果,改进培训工作,企业应及时做好安全教育培训考评工作,对培训效果进行评审,提交培训效果评审报告,目的是改进提高培训质量。同时建立安全教育培训考评档案,实施分级管理。

（九）作业管理

1.现场作业管理

①严格执行操作规程和安全生产作业规定,严禁违章指挥、违章操作、违反劳动纪律,不得占用道路进行车辆维修作业。

"安全才能生产,不安全不生产"是企业作为安全生产责任主体基本法律义务。国务院《关于进一步加强企业安全生产工作的通知》要求,企业要健全完善严格的安全生产规章制

度,坚持不安全不生产。作为企业的安全生产责任主体应加强生产现场监督检查,严格查处违章指挥、违规作业、违反劳动纪律的"三违"行为。违章指挥,主要是指生产经营单位的生产经营者违反安全生产方针、政策、法律、条例、规程、制度和有关规定指挥生产的行为。违规作业,主要是指现场操作工人违反劳动生产岗位的安全规章和制度等作业行为。违反劳动纪律,主要是指工人违反生产经营单位的劳动规则和劳动秩序,同时不得占用道路进行车辆维修作业。

②在下达生产任务的同时,布置安全生产工作要求。

③工位划分清楚,特殊作业场所(钣金、涂漆等)单独设置,厂区出入口分开设置,若场地条件不允许,应调专人指挥车辆进出。

④有符合规定的专业技术人员、特种作业人员和从事危险作业人员须具备相应资质,并取得相关资格证书。特种作业,是指容易发生事故,对操作者本人、他人的安全健康及设备、设施的安全可能造成重大危害的作业。特种作业还包括特种设备的作业,如起重作业、叉车司机作业、锅炉工作业等。

特种作业人员必须按照国家有关法律、法规的规定接受专门的安全培训,经考核合格、取得特种作业操作资格证书后,方可上岗作业。特种作业证需在有效期内。

特种作业操作证由安监局发放,特种设备作业人员资格证书由质监局发放。

⑤指定专人对危险作业进行现场管理,严格执行巡回检查制度,严禁无关人员进入作业区域。专门人员应当严格履行现场安全管理的职责,包括监督操作人员遵守操作规程,检查安全措施的落实情况,处理现场紧急事件,纠正违规操作等。要求做好监督检查记录。

⑥制定至少包括下列危险作业的安全监督管理制度,明确责任部门、人员、许可范围、审批程序、许可签发人员等。危险区域动火作业、进入受限空间作业、高处作业、其他危险生产作业。

⑦设施设备、生产物料堆放和存储符合相关安全规范和技术要求,易燃易爆有毒物品(如油漆)单独存放。

2.安全值班

企业主要负责人和领导班子成员要轮流现场带班是国家加强企业安全主体责任的一项重要措施。企业应严格按照《国务院关于进一步加强企业安全生产工作的通知》要求,企业主要负责人、领导班子成员和生产经营管理人员要认真执行现场带班的规定,认真制定本企业领导成员带班制度,立足现场安全管理,加强对重点部位、关键环节的检查巡视,及时发现和解决问题,并据实做好交接。因此要求企业制定安全生产值班制度、计划及做好值班记录。

3.相关方管理

①两个或两个以上单位共用同一设施设备进行生产经营的现场安全生产管理职责明确,并落实到位。《中华人民共和国安全生产法》第四十条规定,两个以上生产经营单位在同一作业区域内进行生产经营活动,可能危及对方生产安全的,可以通过双方之间签订专门的安全生产管理协议,明确各自的安全生产管理职责和应当采取的安全措施,并指定专职安全生产管理人员进行安全检查与协调。因此,企业要具备与各承包、承租单位签订的安全责任协议

及承包合同、租赁合同等文件。

②有外来施工单位时,企业应审查外来施工单位资质,并与之签订安全责任协议,明确双方各自的安全责任。

③短期合同工、临时用工、实习人员、外来参观人员、客户及其车辆等进入作业现场有相应的安全管理制度和措施,并做好记录。

4.涂漆作业

①涂漆作业应在涂漆作业场所或在划定的涂漆区进行,一般不应在露天设置涂漆作业场所。

②调配涂料一般应在调漆室内进行。

③涂漆作业区应设有专用的废水排放及处理设施,采用干打磨工艺的,应具有粉尘收集装置和除尘设备,并设有通风设备。

5.焊接作业

①动用明火作业时,应严格执行动火安全制度,遵守安全操作规程,办理动火证,并做好动火记录。

②气瓶不得置于受阳光暴晒、热源辐射及可能受到电击的地方,必须距离实际焊接或切割作业点足够远(一般为 5 m 以上)。

③乙炔瓶和氧气瓶必须分开存放。

6.警示标志

在存在一定危险因素的作业场所和设备设施,设置明显的安全警示标志,相关场所按交通法律要求设置交通安全标志,并要求安全警示标志齐全、规范、完好、醒目。

(十)危险源辨识与风险控制

1.危险源辨识

(1)开展本单位危险设施或场所危险源的辨识和确定工作

危险源是可能导致人死亡、伤害、职业病、财产损失、工作环境破坏或这些情况组合的根源或状态,由潜在危险性、存在条件和触发因素构成。企业要对本企业可能存在的危险、危害因素进行分类,对照类别组织专人进行辨识和确定,并填写危险源辨识、评估表。因此企业要有开展危险源辨识和确定工作的相关文件、危险源辨识、评估表等资料。

(2)辨识重大危险源,采取有效防护措施

重大危险源,是指长期地或者临时地生产、搬运、使用或者储存危险物品,且危险物品的数量等于或者超过临界量的单元,分为生产场所和贮存区两种。

根据危险品的种类及临界量予以辨识。《重大危险源辨识》(GB 18218—2018)对危险物品的数量及临界量有相应规定。

《中华人民共和国安全生产法》第三十三条规定,生产经营单位对重大危险源应当登记建档,进行定期检测、评估、监控,并制定应急预案,告知从业人员和相关人员在紧急情况下应当采取的应急措施。

生产经营单位应当按照国家有关规定将本单位重大危险源及有关安全措施、应急措施报有关地方人民政府负责安全生产监督管理部门和有关部门备案。为此要求企业有辨识重大危险源的相关记录,并有有效的防护措施,按规定报有关部门备案。

2.风险控制

(1)及时对作业活动和设备设施进行危险因素、有害因素的识别

危险因素是指能对人造成伤亡或对物造成突发性损害的因素,有害因素是指能影响人的身体健康,导致疾病,或对物造成慢性损害的因素,二者统称为危险、有害因素。通常的危险、有害因素的分类通常采用两个标准确定,即《生产过程危险和有害因素分类与代码》(GB/T 13861—92)和《企业职工伤亡事故分类》(GB 6441—1986)。道路运输行业的危险、有害因素主要包括恶劣天气、运输的危险货物、道路状况、车辆、人员、道路交通安全标志等方面。运输企业要以掌握重点,采取直观经验分析、系统安全分析相结合的方式,对作业活动场所、设备设施、工作流程等方面进行危险、有害因素识别。

企业要对作业活动和设备设施进行危险、有害因素的识别,并做好活动记录等。

(2)作业场所和工作岗位存在的危险因素、防范措施以及事故应急措施

《中华人民共和国安全生产法》第三十六条规定,生产经营单位应当教育和督促从业人员严格执行本单位的安全生产规章制度和安全操作规程;并向从业人员如实告知作业场所和工作岗位存在的危险因素、防范措施及事故应急措施。从业人员应该充分了解相关作业场所和工作岗位存在的危险因素、防范措施以及事故应急措施。

(3)对危险源进行建档,重大危险源单独建档管理

危险源包括一般危险源和重大危险源,企业都应按照规定登记建档,其中,重大危险单独建档,做到一源一档。《中华人民共和国安全生产法》第三十三条规定,生产经营单位对重大危险源应当登记建档,进行定期检测、评估、监控,并制定应急预案,告知从业人员和相关人员在紧急情况下应当采取的应急措施。

(十一)隐患排查与治理

1.隐患排查

①制订隐患排查工作方案,明确排查的目的、范围,选择合适的排查方法。《企业安全生产标准化基本规范》规定,企业在组织隐患排查前应制订排查方案,明确排查的目的、范围,选择合适的排查方法。排查方案制订的依据应包括有关安全生产法律、法规要求;设计规范、管理标准、技术标准;企业的安全生产目标等。排查的范围应包括所有与生产经营相关的场所、环境、人员、设备设施和活动。排查方法上,企业应根据安全生产的需要和特点,采用综合检查、专业检查、季节性检查、节假日检查、日常检查等方式进行隐患排查。为此,要求企业制订符合要求的安全隐患排查工作方案。

②每月至少开展一次安全自查自纠工作,及时发现安全管理缺陷和漏洞,消除安全隐患。检查及处理情况应当记录在案。

企业安全自查自纠是企业安全隐患排查与治理的主要方式。《中华人民共和国安全生产

法》第三十八条规定,生产经营单位应当根据本单位的生产经营特点,对安全生产状况进行经常性检查;对检查中发现的安全问题,应当立即处理,不能处理的,应当及时报告本单位有关负责人。检查及处理情况应当记录在案。本条对企业自查自纠的频率、目的、措施做了要求,即企业应下发落实隐患排查工作方案,由各管理部门或分支机构或各岗位负责人每月至少开展一次安全自查自纠工作,对发现的安全隐患应及时采取措施进行整改,并做好相关记录,报企业主管部门备案。

③对各种安全检查所查出的隐患进行原因分析,制定针对性控制对策。《企业安全生产标准化基本规范》规定,企业应组织事故隐患自查工作,对查出的隐患进行原因分析评估,并制定针对性控制措施,并登记建档。

2.隐患治理

(1)制订隐患治理方案

隐患治理方案包括目标和任务、方法和措施、经费和物资、机构和人员、时限和要求。

事故隐患分为一般事故隐患和重大事故隐患。一般事故隐患,是指危害和整改难度较小,发现后能够立即整改排除的隐患。重大事故隐患,是指危害和整改难度较大,应当全部或者局部停产停业,并经过一定时间整改治理方能排除的隐患,或者因外部因素影响致使生产经营单位自身难以排除的隐患。《安全生产事故隐患排查治理暂行规定》第十五条规定,对于一般事故隐患,由生产经营单位负责人或者有关人员立即组织整改。对于重大事故隐患,由生产经营单位主要负责人组织制订并实施事故隐患治理方案。重大事故隐患治理方案应包括以下内容:

①治理的目标和任务;

②采取的方法和措施;

③经费和物资的落实;

④负责治理的机构和人员;

⑤治理的时限和要求;

⑥安全措施和应急预案。企业制定的安全隐患治理方案,要符合有关要求。

(2)一般事故隐患的防范和整改措施

上级检查指出或自我检查发现的一般安全隐患,严格落实防范和整改措施并组织整改到位:企业作为安全生产责任的主体,有责任和义务及时消除生产安全事故隐患。对上级检查指出或自我检查发现的一般安全隐患,应迅速制订或按照既定的防范和整改措施组织整改,并确保及时整改到位。同时做好安全检查记录和整改档案。

(3)重大安全隐患

重大安全隐患报相关部门备案,做到整改措施、责任、资金、时限和预案"五到位":《安全生产事故隐患排查治理暂行规定》第十四条规定,对于重大事故隐患,生产经营单位应当及时向安全监管监察部门和有关部门报告。重大事故隐患报告内容应当包括隐患的现状及其产生的原因;隐患的危害程度和整改难易程度分析;隐患的治理方案。《国务院关于进一步加强企业安全生产工作的通知》要求,企业要经常性开展安全隐患排查,并切实做到整改措施、责任、资金、时限和预案"五到位"。

(4)建立隐患治理台账和档案

建立隐患治理台账和档案应有相关的记录:《安全生产事故隐患排查治理暂行规定》第十条规定,生产经营单位应当定期组织安全生产管理人员、工程技术人员和其他相关人员排查本单位的事故隐患,对排查出的事故隐患,应当按照事故隐患的等级进行登记,建立事故隐患信息档案,并按照职责分工实施监控治理。隐患治理档案应包括以下内容:隐患排查治理日期;隐患排查的具体部位或场所;发现事故隐患的数量、类别和具体情况;事故隐患治理意见;参加隐患排查治理的人员及其签字;事故隐患治理情况、复查情况、复查时间、复查人员及其签字。因此,要求企业要有符合要求的安全隐患排查治理台账、档案以及相关记录。

(5)隐患排查和治理情况的统计分析

按规定对隐患排查和治理情况进行统计分析,并向有关部门报送。《安全生产事故隐患排查治理暂行规定》第十四条规定,生产经营单位应当每季、每年对本单位事故隐患排查治理情况进行统计分析,并分别于下一季度15日前和下一年1月31日前向安全监管监察部门和有关部门报送书面统计分析表。统计分析表应当由生产经营单位主要负责人签字。

(十二)职业健康

1.健康管理

健康管理表现在以下两个方面:

①设置或指定职业健康管理机构,配备专(兼)职管理人员。企业应重视对员工职业健康管理工作,设置专职部门或配务专职人员负责相关工作。

②按规定对员工进行职业健康检查。这里所称"规定"是指《中华人民共和国职业病防治法》要求组织员工上岗前、在岗期间和离岗时进行职业健康检查,企业应严格依法定期组织从业人员进行健康检查和事故预防、急救知识的培训。企业还应建立职业健康检查档案。

2.工伤保险

企业为从事危险作业人员办理意外伤害险。"意外伤害险"是指以被保险人的身体作为保险标的,以被保险人因遭受意外伤害而造成的死亡、残疾、医疗费用支出或暂时丧失劳动能力为给付保险金条件的保险。按照《中华人民共和国安全生产法》《中华人民共和国职业病防治法》《工伤保险条例》规定,任何用人单位都必须为员工(事实用工关系的人员)购买工伤保险,从而保障因工作遭受事故伤害或者患职业病的职工获得医疗救治和经济补偿,促进工伤预防和职业康复,分散用人单位的工伤代价。因此要求企业要有员工参加工伤保险投保的相关材料。同时,企业也要加强对从业人员意外伤害控制。

3.危害告知

维修企业对从业人员进行职业健康宣传培训,使其了解其作业场所和工作岗位存在的危险因素和职业危害、防范措施和应急处理措施。开展职业健康宣传培训是提高企业从业人员自我安全保护意识、安全防护意识,规范安全操作行为的重要手段。《中华人民共和国职业病防治法》要求,用人单位应当对劳动者进行上岗前的职业卫生培训和在岗期间的定期职业卫生培训,普及职业卫生知识,督促劳动者遵守职业病防治法律、法规、规章和操作规程,指导劳动者正确使用职业病防护设备和个人使用的职业病防护用品。企业应加强从业人员教育培训管理,使其了解其作业场所和工作岗位存在的危险因素和职业危害、防范措施和应急处理措施,降低或消除危害后果。因此要求企业要有开展职业健康宣传教训的记录、档案。

4.环境与条件

用人单位要从源头上控制和消除职业病危害,改善和提高从业人员工作环境对促进职业健康至关重要。《中华人民共和国职业病防治法》要求,产生职业病危害的用人单位的设立除应当符合法律、行政法规规定的设立条件外,其工作场所还应当符合职业卫生要求,采用有效的职业病防护设施,并为劳动者提供个人使用的职业病防护用品。企业要为从业人员提供符合防治职业病的要求的职业病防护用品、器具。产生严重职业病危害的作业岗位,应当在醒目位置设置警示标识和中文警示说明。警示说明应当载明产生职业病危害的种类、后果、预防以及应急救治措施等内容。

因此要求企业要具备职业病防护用品、器具以及使用管理档案。对于会造成职业病的岗位实行轮岗制度,或定期安排员工休假、疗养,试图将每位职工产生的职业危害降到最低。

(十三)安全文化

1.安全环境

①设立安全文化廊、安全角、黑板报、宣传栏等员工安全文化阵地,每月至少更换两次内容。所谓"安全文化",是指被企业组织的员工群体所共享的安全价值观、态度、道德和行为规范组成的统一体。加强安全教育基地建设,充分利用电视、互联网、报纸、广播等多种形式和手段普及安全常识,增强全社会科学发展、安全发展的思想意识是每一个企业的责任和义务。企业按照《企业安全文化建设导则》(AQT 9004—2008)要求,从员工的思想上、心态上去宣传、教育、引导,不断向员工灌输"以人为本,安全第一""安全就是效益、安全创造效益""行为源于认识,预防胜于处罚,责任重于泰山""安全不是为了别人,而是为了你自己",形成安全价值观,形成"人人重视安全,人人为安全尽责"的良好氛围。每月至少更换两次内容的考核要求,从制度上保证企业安全文化宣传频率,主要是为了促使企业自觉主动开展安全文化创建活动。

企业开展安全文化的宣传资料应当存档,设置宣传栏等文化园地,定期更新宣传内容。

②公开安全生产举报电话号码、通信地址或者电子邮件信箱。企业对接到的安全生产举报和投诉及时予以调查和处理。加强安全生产违反法规行为监督管理对于减少和促进安全生产"三违"行为有着十分重要的意义。企业应设置专职部门或配备专职人员,负责安全生产举报的投诉接报、调查及处理,并公开安全生产举报电话号码、通信地址或者电子邮件信箱。同时企业要建立了解、调查、处理举报和投诉的相关记录档案。

2.安全行为

①开展安全承诺活动,所谓"安全承诺",是指由企业公开做出的、代表了全体员工在关注

安全和追求安全绩效方面所具有的稳定意愿及实践行动的明确表示。作为企业应该就遵守安全生产法律法规、执行安全生产规章制度、保证安全生产投入、持续具备安全生产条件等与安全生产各岗位签订安全生产承诺书,向企业员工及社会做出公开承诺,自觉接受监督。同时,员工就履行岗位安全责任向企业做出承诺。企业开展的安全承诺活动要有相关材料档案。

②编制安全知识手册,并发放给职工。编制企业安全手册是宣传安全文化的一个重要载体,也是企业规范员工安全行为的一项重要措施,企业应该按照有关规定编制安全知识手册,并发放到每位员工。

③组织开展安全生产月活动、安全生产竞赛活动,有方案、有总结。开展安全文化宣传活动有利于促进企业员工更好地认知企业安全文化,增强安全意识。企业可以根据自身的条件和特点,结合生产实际,开展形式多样的安全宣传和安全生产竞赛活动,引导全体从业人员的安全态度和安全行为,逐步形成为全体员工所认同、共同遵守、带有本单位特点的安全价值观,实现法律和政府监管要求之上的安全自我约束,保障企业安全生产水平持续提高。

企业开展安全文化月活动及其他多种形式的安全生产竞赛活动,应有相关的文件资料及相关记录。

④企业对在安全工作中做出显著成绩的集体、个人给予表彰、奖励,并与其经济利益挂钩。企业对安全生产工作进行绩效考核是促进企业安全管理能力提高的一种重要措施和手段。企业应依照企业安全生产管理目标责任考核要求,对在安全工作中做出显著成绩的集体、个人给予表彰、奖励,对因玩忽职守、违反规章制度和管理规定而造成事故的应根据事故性质、责任大小,分别给予行政处分和经济处罚。

企业应建立激励机制,对在安全工作中做出显著成绩的集体、个人给予表彰、奖励,并有相关的奖惩文件制度以及相关奖惩记录。

⑤对安全生产进行检查、评比、考评,总结和交流经验,推广安全生产先进管理方法。企业安全生产部门应定期组织各分支机构或岗位及时对安全生产进行检查、评比、考评、总结和交流经验,对发现的问题及时解决,对安全生产先进管理方法加以推广。

企业对开展安全检查、评比、考评、总结和交流工作经验,推广先进管理方法等文件及相关资料要保留存档。

(十四)应急救援

1.预案制订

制订相应的突发事件应急预案,有相应的应急保障措施。所谓"突发事件应急预案"是指突然发生,造成或者可能造成严重社会危害,需要采取应急处置措施予以应对的自然灾害、事故灾难、公共卫生事件和社会安全事件的应急管理、指挥、救援计划等。

应急救援预案应当根据相关规定,针对突发事件的性质、特点和可能造成的社会危害,具体规定突发事件应急管理工作的组织指挥体系与职责和突发事件的预防与预警机制、处置程序、应急保障措施以及事后恢复与重建措施等内容。为此,要求企业要制订符合有关要求的应急预案和应急保障措施。

结合实际将应急预案分为综合应急预案、专项应急预案和现场处置方案。生产经营单位的应急预案按照针对情况的不同,分为综合应急预案、专项应急预案和现场处置方案。

生产经营单位风险种类多,可能发生多种事故类型的,应当组织编制本单位的综合应急预案。综合应急预案是从总体上阐述事故的应急方针、政策,应急组织结构及相关应急职责,应急行动、措施和保障等基本要求和程序,是应对各类事故的综合性文件。

对于某一种风险,生产经营单位应当根据存在的重大危险源和可能发生的事故类型,制订相应的专项应急预案。专项应急预案应当包括危险性分析、可能发生的事故特征、应急组织机构与职责、预防措施、应急处置程序和应急保障等内容。

对于危险性较大的重点岗位,生产经营单位应当制订重点工作岗位的现场处置方案。现场处置方案是针对具体的装置、场所或设施、岗位所制订的应急处置措施。现场处置方案应当包括危险性分析、可能发生的事故特征、应急处置程序、应急处置要点和注意事项等内容。现场处置方案应具体、简单、针对性强。根据风险评估及危险性控制措施逐一编制,做到事故相关人员应知应会,熟练掌握,并通过应急演练,做到迅速反应、正确处置。

企业应急预案包括应急部门、机构或人员联系方式,重要物资装备的名录或清单,规范化格式文本,关键的路线、标识和图纸,相关应急预案名录,有关协议或备忘录(包括与相关应急救援部门签订的应急支援协议或备忘录等)。

生产经营单位编制的综合应急预案、专项应急预案和现场处置方案之间应当相互衔接,并与所涉及的其他单位的应急预案相互衔接。企业预案同时应与所在地政府相关预案进行衔接。

应急预案与当地政府预案保持衔接,报当地有关部门备案,通报有关协作单位。应急预案备案的主要目的是让有关部门掌握生产经营单位应急预案编制情况,并根据《生产经营单位安全生产事故应急预案编制导则》(AQ/T 9006—2006)和有关行业规范对应急预案进行形式审查。通过形式审查,保证应急预案层次结构清晰,内容完整、格式规范、编制程序符合规定,所作的规定和要求合法,并能够与政府有关部门的应急预案有效衔接。

企业应急预案应根据有关规定报当地主管部门备案,与当地政府应急预案保持衔接,通报有关应急协作单位,并定期进行演练。

定期评审应急预案,并根据评审结果或实际情况的变化进行修订和完善。企业事故应急预案编制完成后,应进行评审。应急预案评审的目的是确保应急预案能反映企业经济实力、技术水平、应急能力,能适应危险性、危险物品使用、相关法律及地方法规、道路建设、人员、应急电话等方面的最新变化,确保应急预案与危险状况相适应。随着时间的推移,企业上述情况可能发生变化,为使企业事故应急预案内容能与企业实际情况相一致,应定期对应急预案进行评审、修订和完善。

企业应建立预案的评估管理、动态管理和备案管理制度;各企业要根据有关法律、法规、标准的变动情况,应急预案演练情况,以及企业作业条件、设备状况、人员、技术、外部环境等不断变化的实际情况,及时评估和补充修订完善预案。

2.预案实施

(1)开展应急预案的宣传教育,普及生产安全事故预防、避险、自救和互救知识

为提高企业应对突发事件的能力,最大程度地减少突发事件及其造成的危害,保障员工生命财产安全,根据《生产安全事故应急预案管理办法》第二十三条规定,生产经营单位应当采取对员工进行岗前培训、员工继续培新教育、安全例会、安全生产月活动等多种形式开展应急预案的宣传教育,普及生产安全事故预防、避险、自救和互救知识,提高从业人员安全意识和应急处置技能。企业所开展应急预案的宣传教育等活动,应有相应的活动资料。

(2)开展应急预案培训活动

企业应开展应急预案培训活动,使有关人员了解应急预案内容,熟悉应急职责、应急程序和应急处置方案。

《生产安全事故应急预案管理办法》第二十四条规定,生产经营单位应当组织开展本单位的应急预案培训活动,应急预案培训活动的目的是企业通过开展应急预案专题培训活动,对企业应急指挥人员、专兼职应急队员进行应急预案强化训练,使其了解应急预案内容,熟悉应急职责、应急程序和岗位应急处置方案。

企业开展应急预案专项培训活动应有相关培训资料和培训记录。企业应急预案的要点和程序应当张贴在应急地点和应急指挥场所,并设有明显的标志。

(3)及时启动应急预案

发生事故后,企业应及时启动应急预案,组织有关力量进行救援,并按照规定将事故信息及应急预案启动情况报告有关部门。

《生产安全事故应急预案管理办法》第三十三条规定,生产经营单位发生事故后,应当及时启动应急预案,组织有关力量进行救援,并按照规定将事故信息及应急预案启动情况报告安全生产监督管理部门和其他负有安全生产监督管理职责的部门。

3.应急队伍

(1)建立企业的专兼职应急救援队伍

企业的应急救援队伍是企业应急管理和生产安全事故应急救援的重要力量。企业应当建立与单位安全生产特点相适应的专兼职应急救援队伍,或指定专兼职应急救援人员;无须建立应急队伍的,可与邻近专职安全生产应急队伍签订应急救援协议。

(2)组织应急救援人员日常训练

专兼职应急救援队伍和人员担负着企业安全生产事故应急救援的重任,都应具备所属行业领域和所在企业安全生产事故救援需要的专业特长。专职应急救援队伍是具有一定数量经过专业训练的专门人员、专业抢险救援装备、专门从事事故现场抢险的组织;应具备有较强的战斗力和实战经验,兼职应急救援队伍和人员应具备相关的专业技能,并能熟练使用抢险救援装备。

企业所建立的与本单位安全生产特点相适应的专兼职应急救援队伍或指定专兼职应急救援人员,以及与附近具备专业资质的应急救援队伍签订服务协议的人员,都应具备应急救

援人员名册,并组织训练,使所有应急救援人员熟悉和了解所从事的工作。企业组织开展应急救援人员日常训练的活动要有相应资料及训练过程记录。

4.应急装备

(1)按照应急预案的要求配备相应的应急物资及装备

应急物资是指为应对严重自然灾害、突发性公共卫生事件、公共安全事件及军事冲突等突发公共事件应急处置过程中所必需的保障性物质。其具体可划分为几类:一是保障人民生活的物资,主要指粮食、食油和水、手电等。二是工作物资,主要指处理危机过程中专业人员所使用的专业性物资,工作物资一般对某一专业队伍具有通用性。三是特殊物资,主要指针对少数特殊事故处置所需特定的物资,这类物资储备储量少,针对性强,如一些特殊药品。应急设施、装备、物资是指用于应急管理与应急救援的工具、器材、服装、技术力量等。它包括事故或险情发生后的即时处置、报警、逃生、避险、自救、通信、救援等方面的设施、设备、装置、工具、器材、材料等,如消防车辆、气体监测仪器、防化服、隔热服、应急救援专用数据库等各种各样的物资装备与技术设备。

《企业安全生产标准化基本规范》规定,企业应根据应急预案和事故应急处置的要求,建立应急设施、配备应急装备、储备应急物资。这些设施、装备,有的是生产经营项目投运前必须具有的;有的是随着生产经营活动的进行按照有关规定建立和配备的;有的既用于生产经营又用于应急;有的专为应急所用;有的附着于生产的经营设施或存放于生产经营场所;有的存放于其他固定场所;有的由应急救援队伍保管和使用。

(2)建立应急装备使用状况档案,定期进行检测和维护,使其处于良好状态

《生产安全事故应急预案管理办法》第三十二条规定,生产经营单位应当按照应急预案的要求配备相应的应急物资及装备,建立使用状况档案,定期检测和维护,使其处于良好状态。在生产经营过程中,企业要对应急物资及装备进行经常性的检查、维护、保养,确保其完好、可靠。同时,对应急物资及装备有登记台账,对应急物资及装备进行的检查、保养、维护要有记录。

5.应急演练

(1)按照有关规定制订应急预案演练计划,并按计划组织开展应急预案演练

应急预案演练是指针对可能发生的事故,按照应急预案规定的程序和要求所进行的程序化模拟训练演练。企业安全事故应急演练是应急准备的一个重要环节。通过演练,企业可以检验应急预案的可行性和应急反应的准备情况;可以发现应急预案存在的问题,完善应急工作机制,提高企业应急反应能力;可以锻炼队伍,提高应急队伍的作战力,熟悉操作技能;可以教育广大员工,增强危机意识,提高安全生产工作的自觉性。

《生产安全事故应急预案管理办法》第二十六条规定,生产经营单位根据本单位的事故预防重点,每年至少组织一次综合应急预案演练或者专项应急预案演练,每半年至少组织一次现场处置方案演练。生产经营企业应当制订本单位的应急预案演练计划,组织应急演练实施,做好演练过程记录。

（2）应急预案演练结束后的后续工作

《生产安全事故应急预案管理办法》第二十七条规定,应急预案演练结束后,应急预案演练组织单位应当对应急预案演练效果进行评估,撰写应急预案演练评估报告,分析存在的问题,并对应急预案提出修订意见。

企业通过应急演练的评估来跟踪演练的全过程,查找演练暴露的错误、不足和缺失之处,肯定演练成功之处;举一反三,总结经验教训,对应急演练和实战提出改进意见和建议。

（十五）事故报告调查处理

1.事故报告

（1）如实上报有关部门

发生事故及时进行事故现场处理,按相关规定及时、准确、如实地向有关部门报告,没有瞒报、谎报、迟报情况。

这里的"及时"是指企业应按照《生产安全事故报告和调查处理条例》规定报告情况,即事故发生后,事故现场有关人员应当立即向本单位负责人报告;单位负责人接到报告后,应当于1小时内向事故发生地县级以上人民政府安全生产监督管理部门和负有安全生产监督管理职责的有关部门报告。

"瞒报",是指故意隐瞒已经发生的事故,并经有关部门查证属实;"迟报"是指报告事故的时间超过规定时限;"谎报"是指故意不如实报告事故发生的时间、地点、类别、伤亡人数、直接经济损失等有关内容。

发生事故,企业必须及时妥善对事故进行处置,同时严格按照规定及时、准确、如实地向有关部门上报事故情况。

（2）事故的正确处理

为及时分析事故形成的原因,反思安全管理措施,企业应按要求建立事故档案和事故台账。企业发生事故时,要及时妥善应对处置事故,同时及时上报事故动态并为事故建立档案台账,这是企业法定的责任和义务。企业建立事故档案和事故管理台账,跟踪事故发展情况。当事故快报后出现新情况时,应当及时补报、续报事故信息。具体的要求有:自事故发生之日起30日内,事故造成的伤亡人数发生变化的,应当及时补报;道路交通事故、火灾事故自发生之日起7日内,事故造成的伤亡人数发生变化的,应当及时补报。

每一起事故都要登记的内容:事故发生单位概况、事故发生的时间、地点以及事故现场情况,事故的简要经过,事故造成伤亡人数(包括下落不明的人数)和直接经济损失,采取的措施等。

事故登记和建档的具体规定应保证能准确对事故进行回顾、统计和分析。

2.事故处理

（1）采取的有效措施

接到事故报告后,企业迅速采取有效措施,组织抢救,防止事故扩大,减少人员伤亡和财产损失。

及时施救,防止事故扩大,减少人员伤亡和财产损失是企业应对安全事故的基本责任要求。企业应按《中华人民共和国安全生产法》和《生产安全事故报告和调查处理条例》规定,接到事故报告后,单位负责人应当立即启动事故相应应急预案,或者采取有效措施,组织抢救,防止事故扩大,减少人员伤亡和财产损失。

(2)成立事故调查组

发生事故后,企业按规定成立事故调查组,积极配合各级人民政府组织的事故调查,随时接受事故调查组的询问,如实提供有关情况。

企业一旦发生事故,应按规定成立事故调查组或配合上级部门的事故调查组进行事故调查,查明事故发生的经过、原因、人员伤亡情况及直接经济损失。认定事故的性质和事故责任。提出对事故责任者的处理建议。总结事故教训;提出防范和整改措施。提交事故调查报告。

特别重大事故由国务院或者国务院授权有关部门组织事故调查组进行调查。重大事故(是指造成 10 人以上 30 人以下死亡,或者 50 人以上 100 人以下重伤,或者 5 000 万元以上 1 亿元以下直接经济损失的事故)、较大事故(是指造成 3 人以上 10 人以下死亡,或者 10 人以上 50 人以下重伤,或者 1 000 万元以上 5 000 万元以下直接经济损失的事故)、一般事故(是指造成 3 人以下死亡,或者 10 人以下重伤,或者 1 000 万元以下直接经济损失的事故)分别由事故发生地省级人民政府、设区的高级人民政府、县级人民政府负责调查。省级人民政府、设区的市级人民政府、县级人民政府可以直接组织事故调查组进行调查,也可以授权或者委托有关部门组织事故调查组进行调查。未造成人员伤亡的一般事故,县级人民政府也可以委托事故发生单位组织事故调查组进行调查。

事故发生单位的负责人和有关人员在事故调查期间不得撤离职守,并应当随时接受事故调查组的询问,如实提供有关情况。

(3)按时提交事故调查报告,分析事故原因,落实整改措施

发生事故后,企业对事故发生的原因进行分析,分析事故的直接、间接原因和事故责任,提出整改措施和处理建议,编制事故调查报告。

事故调查组应当自事发之日起 60 日内提交事故调查报告;特殊情况下,经负责事故调查的人民政府批准,提交事故调查报告的期限可以适当延长,但延长的期限最长不超过 60 日。

事故调查报告应当包括事故发生单位概况;事故发生的经过和事故的救援情况;事故造成的人员伤亡和直接经济损失;事故发生的原因和事故性质;事故责任的认定以及对事故责任者的处理建议;事故防范和整改措施。

事故调查报告应当附具有关证据材料,事故调查组成员应当在事故调查报告上签名。

(4)对事故责任人的调查

发生事故后,企业有义务召开安全生产分析通报会,对事故当事人的聘用、培训、考评、上岗以及安全管理等情况进行责任倒查,明确事故责任,并对事故责任者提出处理意见。

企业对本单位发生的事故,要将事故情况及调查处理情况通报到每个人,吸取事故教训,提高安全防范意识。

企业要建立事故档案、事故调查报告、专题会议记录、事故分析通报、事故处理、对相关责任人员进行责任倒查等文件资料。

（5）按"四不放过"原则严肃查处事故

"四不放过"原则指事故原因未查清不放过；责任人员未处理不放过；整改措施未落实不放过；有关人员未受到教育不放过。

"四不放过"的目的是要求对生产安全事故必须进行严肃认真的调查处理，接受教训，防止同类事故重复发生。

企业应按"四不放过"原则，开展事故调查，确保相关责任人得到相应的处罚，并将处理结果上报有关部门备案。

（十六）绩效考评与持续改进

1.绩效评定

每年至少一次对本单位安全生产标准化的实施情况进行评定，对安全生产工作目标、指标的完成情况进行综合考评。为持续改进安全生产管理，企业应按要求每年至少一次对本单位安全生产标准化的实施情况进行评定，验证各项安全生产制度措施的适宜性、充分性和有效性，检查安全生产工作目标、指标的完成情况。评定工作应形成正式文件，并将结果向所有部门、所属单位和从业人员通报，作为年度考评的重要依据。

2.持续改进

提出进一步完善安全标准化的计划和措施，对安全生产目标、指标、管理制度、操作规程等进行修改完善。

持续不断地对企业安全管理工作进行反思整改是企业实现本质安全管理的需要，企业应根据安全生产标准化的评定结果和安全生产预警指数系统所反映的趋势，对安全生产目标、指标、规章制度、操作规程等进行修改完善，持续改进，不断提高安全绩效。

3.安全管理体系建设

根据企业生产经营实际，建立相应的安全管理体系，规范安全生产管理，形成长效机制。

建立企业安全管理体系，是企业实现全员、全过程、全方位安全管理，全面实施安全生产标准化，夯实安全生产基层基础工作，提升安全生产管理工作的规范化、科学化水平的重要措施。企业应在总结自己安全管理经验的基础上，努力形成安全管理长效管理机制，逐步构建具有企业自身特色的安全管理体系和长效管理机制等资料。

三、汽车维修企业环保管理

环境是国家的重要资源，也是人民生活质量的基本条件，环境保护是国策大事。环境保护人人有责，关系人人。清洁有序的环境也是保证汽车维修质量的重要条件。按照我国《环境保护法》《大气污染防治法》《环境噪声污染防治法》等有关环境保护的法律法规、规章及标准的要求，汽车维修企业要制定相应的汽车维修环境保护制度。

（一）汽车维修对环境的影响因素

1.汽车尾气

汽车尾气中的主要污染物有一氧化碳、二氧化碳、碳氢化合物、氮氧化合物、硫氧化物、铅化合物和微粒。一氧化碳会导致人死亡；二氧化碳是形成酸雨和温室效应的主要因素；氮氧化合物是酸雨和光化学烟雾的形成原因；碳氢化合物会致癌；硫氧化物是酸雨形成的因素；铅化合物会导致重金属中毒；微粒会引发哮喘及致癌。

2.废水

汽车维修中产生的废水主要是面漆废水和充电房酸性废水。面漆废水中主要含有大量漆物颗粒、硝基漆、氨基漆、醇酸漆、环氧漆、乙醇、丙酮、酯类、苯类等；充电房酸性废水主要含有硫酸。

3.废渣

废渣主要包括轮胎、电瓶、弹簧钢板、汽油滤芯、机油滤芯、空气滤芯及汽车维修过程中产生的各种垃圾等。

4.废油

废油包括废机油、刹车油、变速器油、制冷剂等。

5.粉尘

粉尘是指清洁空气滤芯、空调滤芯、打磨车身等产生的灰尘。

6.噪声

噪声是指汽车在维修过程中产生的各种声音。

（二）汽车维修环境保护制度

1.总则

①为贯彻落实《中华人民共和国环境保护法》，减少或防止对自然环境的破坏和污染，保护和改善环境，满足环境保护方面法律法规的要求，特制定汽车维修环境保护制度。

②环境保护管理的依据是：国家、行业及地方的有关法律、法规、标准；上级的有关规定；设计文件。

③环境保护工作遵循"预防为主，防治结合""谁污染谁治理""强化过程控制"的原则，实施"纵到底，横到边"的管理体系。

2.组织机构和职责

①在企业总工领导下成立生产技术部，设立一个专职环境岗位，具体负责汽车维修作业中环境保护的日常管理工作。

②企业总工职责：负责环境保护领导工作；制定环境保护方针和目标、指标；审批环境保护管理制度；对重大污染源的治理方案进行研究，作出决定；评估环境保护整体状况；保证环境保护资源配置；对环境保护做出显著成绩和贡献的员工作出表彰奖励决定；负责确定有关人员配合政府主管部门调查、处理环境事故。生产技术部通报公司环境保护工作的情况，分析研究重要环境因素的控制效果，并作出进一步改进环境保护工作决定与要求，制订下一年

度环境保护工作的重点和目标、指标。

③生产技术部负责传达贯彻国家及地方政府相关的法律、法规和上级的有关规章制度，负责环境保护管理制度的起草修订，并指导实施，监督检查治理方案的执行情况，参加重大环境保护事件调查。

④各职能部门根据各自工作职责范围，收集国家、地方政府、行业环境保护的信息及行业标准，并负责贯彻落实，针对特殊施工环境、关键过程、特种作业设备对环境保护的影响，制定与环境保护有关的管理制度、控制措施，并指导实施及检查落实情况同时做好记录。

3.环保宣传教育

①对环境知识和意识的培训、教育工作实行分级负责、统筹安排，将环境培训教育计划纳入员工培训教育计划。

②侧重对各岗位领导、环境保护专(兼)职管理人员的教育工作。

③负责对员工进行《环境保护法》《环境噪声污染防治法》《水污染防治法》《大气污染防治法》《固体废物污染环境防治法》等法律法规，以及所在地政府和项目部的有关环境保护规定的学习教育，进行岗前环保知识教育，使全体员工熟悉环境保护的法规标准和管理办法，掌握本岗位的环境影响和环境因素，提高环保意识。

4.环境经费计划管理

①本着满足环境保护需要的原则，必须注重生产过程中的环境经营投入。环境保护的投入归生产技术部管理，实行年度计划管理。

②环境保护的重点、难点及重要环境因素，要重点研究环境技术措施、保护方案及应急预案，测算相关费用，纳入环境投入计划。

③使用环境资金时，经办人必须提供符合国家规定的有效单据，财务部门方可列账。财务部门要优先安排，保证环境投入的资金供给，并建立辅助账项。

5.监督检查

①环境保护人人有责，各级领导、各部门都对环境保护负有检查、督促、指导的责任和义务，都应通过各自业务工作的开展，保证环境保护工作的有效实施。

②环保组织机构依法对违反环境法规、构成重大环境、事故隐患和环境危害，提出处理意见和解决方法，对环境保护工作实施监督。

③生产技术部是环境保护检查监控的主责部门，牵头组织定期的环境大检查，并负责日常检查，发现隐患，及时制止，督促整改。

④各级、各类检查均应做好记录，对存在的问题进行分析研究，提出改进建议。

(三)汽车维修环境保护条例和措施

1.作业环境保护条例

①认真贯彻执行"预防为主、防治结合、综合治理"的环境保护方针，遵守我国《环境保护法》《大气污染防治法》《环境噪声污染防治法》等有关环境保护的法律法规、规章及标准。

②积极防治废气、废水、废渣、粉尘、垃圾等有害物质和噪声对环境的污染与危害，安装、

配置"三废"(工业生产排放的废气、废水、废渣)处理及通风、吸尘、净化、消声等设施。

③定期进行环境保护教育和环保常识培训,教育职工严格执行各工种工艺流程、工艺规范和环境保护制度。

④严格执行汽车排放标准。在维修作业过程中,严禁使用不合格的净化装置。

2.环境保护管理措施

①保持场地清洁。汽车拆卸维修时,应做到油水不落地,拆下的零件放置在零件盆中,废油接入油盆中,拆装完毕后,立即清扫场地。

②废旧料应分类放置在规定的收集地点。废机油倒入收集桶内,定期处理废旧料和废机油。

③车辆喷漆应在烤漆房或喷漆车间内进行,采用干打磨工艺的,应有粉尘收集装置和除尘设备,应设有通风设备,防止漆雾飞扬。涂漆作业区就设有专用的废水排放及处理设施,防止污染环境。

④检修空调机时,制冷剂不得随管道排放到大气中,应使用冷媒回收装置回收利用。

⑤维修车辆的废气不许直接排放在车间内,应设有专门的排放管道。

⑥严格执行车辆噪声抑制技术标准,确保修竣车辆的消声器和喇叭技术性能良好,在维修作业过程中,严禁使用不合格的消声装置。

⑦车辆竣工出厂前,要严格检查车辆尾气排放和噪声指标,对尾气排放和噪声指标不符合国家标准的车辆,不得出厂。

汽车维修企业应开展"7S"[整理(Seiri)、整顿(Seiton)、清扫(Seiso)、清洁(Seikeetsu)、素养(Shitsuke)、安全(safety)和节约(saving)]为内容的活动,使员工具有"7S"的管理理念,营造良好的工作环境,增强自身保护和环境保护意识。

[复习与思考]

1.怎样设置与安全生产相适应的安全生产管理机构?

2.如何编写企业主要负责人、分管安全领导、员工的安全生产责任书?

3.试制定某一生产岗位的安全生产操作规程。

4.试编制一份年度安全资金投入与支出的统计表。

5.试编制一份对安全设施设备进行定期检查、维护保养的统计表。

6.如何编制企业从业人员每年接受再培训计划。

7.编制一份定期检查、处理安全隐患记录表。

8.编制一份《安全突发事件应急预案》。

模块二 实训操练

实训 组织一次应急预案演练

一、实训内容

1.编制一份《应急预案演练计划》。

2.并按计划进行演练:针对可能发生的事故情境,依据应急预案而模拟开展应急活动。

二、实训准备

1.针对企业可能发生的突发事故,如对发生触电事故的应急响应和救援;物体打击造成人员伤害时,对事故现场伤员的初步处理;突发火灾的应急处置……选择其中一项,并编制《应急预案演练计划》。

2.将《应急预案演练计划》发放到应急机构相关人员,应急机构各部门按计划进行演练准备。

三、实训组织

1.按演练计划上的时间、地点、模拟事故、实施应急处置。

2.实施过程,留记录(摄像、拍照等)。

四、演练评价

应急预案演练结束后,对应急预案演练效果进行评审,撰写应急预案演练评审报告,分析存在的问题,并对应急预案提出修订意见。

任务九
"互联网+"汽车维修企业

知识目标：

1.了解电子商务发展分析。

2.理解"互联网+"汽车维修的模式。

3.了解互联网环境下的汽车维修企业的机会与挑战。

4.了解汽车维修与互联网融合创新机会孕育。

5.了解互联网汽车维修行业的改造与重构。

能力目标：

1.树立互联网管理汽车维修企业观念。

2.能运用互联网管理和营销汽车维修企业。

模块一　理论指导

［案例导入］

美国汽车的配件经销商雷蒙德的汽车配件商店位于美国亚特兰大市郊区,这家小店与别的配件店并无二致,但其特色是在互联网上交易,任何与汽车配件销售相关的服务均可在互联网上实现。该配件销售店的销售员们都具有丰富的网络知识,他们耐心地帮助没有网上交易经验的顾客完成在互联网上的买卖。如果顾客需要,他们还可免费传授各种有关网上交易的知识。为了体现网上销售的快速与便捷,他们提供 24 小时服务,只要顾客提出问题,总是力争在 15 分钟内给予答复。顾客只需坐在家里的电脑前进入该经销店的网站,然后就可以完成所有想做的事,观看该店全貌、下载所需车款配件的图片、了解价格、下订单、网上付款等。然后,就可以安坐在家或在自己的维修店里收到由销售员送来的汽车配件。

206

网上交易确实有着许多优点。节约时间,这是显而易见的。对于经销商来说,这种交易方式越来越成为吸引客户的一种途径,人们慢慢地接受它,并表示认可。同时,网上交易还减少了许多开支,其中包括员工、管理、市场等方面的花费,而节省下来的费用又可在汽车配件售价上使顾客受益。这是国外汽车配件经营实现网络化销售的一个实例。

思考:

1.了解电子商务发展分析。

2. 理解"互联网+"汽车维修的模式。

3.了解互联网环境下的汽车维修企业的机会与挑战。

4.了解掌握汽车维修与互联网融合创新机制。

5.了解互联网汽车维修行业的改造与重构。

一、电子商务发展分析

美国微软公司联合创始人比尔·盖茨曾说:"21 世纪要么电子商务,要么无商可务。"阿里巴巴创始人马云也曾说过:现在你不做电子商务,五年之后你必定会后悔。电子商务已经成为传统企业领域越来越热的话题。在过去的几十年里,中国的电子商务经历了起步期(1999 年)、冰冻期(2000—2002 年)、回暖期(2002—2006 年)、高速发展期(2007—2008 年)和转型升级期(2009 年至今)。我国互联网的深入发展和各行业信息化建设的推进,电子商务发展的内生动力和创新能力日益增强,正在进入一个密集创新和快速扩张的新阶段。电子商务是降低成本、提高效率、拓展市场和创新经营模式的有效手段,是满足和提升消费需求、提高产业和资源组织化程度、转变经济发展方式的重要途径,对于优化产业结构、支撑战略性新兴产业发展和形成新的经济增长点具有重要作用。

(一)我国电子商务发展的现状

1.电子商务交易量增长迅速

我国电子商务研究中心发布的《2016 年(上)电子商务市场数据检测报告》显示,交易规模:2016 年上半年中国电子商务交易规模达 10.5 万亿元,同比增长 37.6%。其中,B2B 市场交易规模达 7.9 万亿元,同比增长 36.2%。网络零售市场交易规模达 2.3 万亿元,同比增长 43.4%。从业人员:截至 2016 年 6 月,中国电子商务服务企业直接从业人员超过 285 万人,由电子商务间接带动就业人数已超过 2 100 万人。2016 年仅淘宝网卖家就有 500 万,而买家达到 5 亿至 6 亿人。

2.消费群体发展速度快

随着互联网的快速发展和互联网在人群中的普及化,以及中小企业应用电子商务进程的推进和国家对电子商务发展的重视,网络已经开始影响人们的生活观念,改变国人的消费模式。越来越多的消费者将会在网上购物,与互联网同期成长的新生代,在观念、意识、行动等方面都趋于互联网化,是今后网络消费的主要力量。根据艾瑞咨询 2015 年中国网络购物市场数据,2015 年,我国电子商务规模达 18 万亿元,其中网购规模达 3.8 万亿元。我国电子商务研究中心发布的《2016 年(上)电子商务市场数据检测报告》显示,网购用户规模:2016 年上半年中国网购用户规模达 4.8 亿人,同比增长 15.1%。目前,中国电子商务市场规模大于全球其他任何一个国家。中国国家统计局的资料显示,2016 年中国消费者网购支出为人民币51 710 亿元——超过美国和英国之和,仅 2016 年天猫"双 11"购物节一天的交易额就达到1 207 亿元人民币。

3.电子商务涉及的行业不断扩展

电子商务不单在电子产品、服装、家庭生活用品等方面发展,而且在外贸、能源、制造、金融等行业方面也呈现出蓬勃发展的势头。许多大型传统行业也纷纷涉足建立起实业网站。中国电信运营商、软件商及系统集成商积极开展电子商务服务,移动商务成为电子商务发展的新领域;电子商务服务及网络公司自身正在向产业化方向发展,形成了初具规模的电子商务服务业,已经涌现出阿里巴巴、中国钢铁网、中国化工网等一大批网上采购市场。另外我国政府机构也加入"政府上网工程"行列,通过网络发布政府采购信息。涉农电子商务快速发展。商务部和财政部联合启动了"电子商务进农村综合示范"项目,在全国 8 个省 56 个县开展了电子商务应用示范项目。商务部建设开通了全国农产品商务信息公共服务平台,累计促成农副产品销售 2 300 多万吨、交易额达 870 多亿元。

4.电子商务模式创新日益活跃

近几年来,随着互联网技术的高速发展,电子商务不只局限为企业与企业的交易模式,更多的企业为了实现节约成本、减少流通环节从而直接打造面向消费者的交易平台,即 B2C 交易模式;此时,与之相对应的消费者与企业之间的电子商务 C2B 交易模式也随即应用起来,它是通过汇聚具有相似或相同需求的消费者,形成一个特殊群体,经过集体议价,以达到消费者购买数量越多,价格相对越低的目的;另外,还有消费者与消费者之间的电子商务 C2C 模式,企业、中间监管与消费者之间的电子商务 BMC 模式,企业与政府之间的电子商务模式 B2G。

5.我国电子商务国际影响力显著增强

2014 年,我国两家大型电子商务企业阿里巴巴、京东先后登陆美国资本市场,国际资本市场反应热烈。

汽车工业是国民经济的一个支柱产业,我国汽车工业的发展也带动了汽车维修业的发展,汽车维修已经形成了一个比较大的领域。我国传统的汽车维修业模式,暴露出原始落后的管理、技术,恶性价格战和低附加值等问题,而信息资源方面的落后表现得尤为突出。比如汽车维修资料信息查询主要借助于传统媒体(如图书、杂志、报纸等),信息量小,查询速度慢,资料更新迟缓。随着汽车高科技化程度不断提高,世界各汽车制造厂商每年不断地推出新技术、新车型,对于加入世贸组织以后大量涌入国内的进口汽车,因缺乏维修资料,给维修工作带来很大的困难,因而汽车维修技术人员的知识、技术、经验以及对信息的全面掌握,越来越显示出局限性。电子商务的发展将为汽车维修企业降低成本、减少库存、拓展销售渠道、提高服务质量。而电子商务最终将覆盖业务链上的所有环节,包括采购、运输、储存、销售、售后服务、信息反馈等。

随着国家的政策支持和互联网与电子商务的快速发展,中国已经进入了互联网经济的时代。在中国制造向中国创造模式演变中,需要通过信息革命推动汽车维修企业服务化,从而在网络和信息技术的支持下,低成本实现服务差异化、产品差异化及商品的个性化定制,利用互联网实现个性化制造和大规模协同。汽车维修企业对信息资源的需求日益强烈,20世纪80年代末到90年代初,互联网在现代汽车维修企业中开始使用。

(二)现代汽车维修企业

1.现代汽车维修企业的特点

(1)汽车维修诊断智能化

汽车维修诊断智能化在现代汽车设计制造中新技术、新工艺被广泛使用,进一步增强了现代汽车的科技含量。汽车故障智能化诊断仪一般有两种,一种是针对车门中控的,主要运用于汽车遥控器的匹配与测试检修;另一种是针对汽车发动机或电路故障诊断的。汽车故障诊断仪是汽车维修中非常重要的工具,一般具有以下几项功能:读取故障码;清除故障码;读取发动机动态数据流;示波功能;元件动作测试;匹配、设定和编码等功能;英汉辞典、计算器及其他辅助功能。故障诊断仪大都随机带有使用手册,按照说明极易操作。一般来说有以下几个步骤:在车上找到诊断座;选用相应的诊断接口;根据车型,进入相应诊断系统;读取故障码;查看数据流;诊断维修后清除故障码。

(2)汽车检修工具科技化

目前,汽车维修企业的先进维修设备和仪器十分普遍,如解码器、电脑动平衡机、四轮定位仪、专用示波器,还有尾气测试仪等设备仪器,强化了汽车维修的质量。高科技产品在汽车维修过程中得到普及使用,并且维修技术人员首先要经过严苛的培训,才能保证此类仪器设备在汽车维修中发挥作用。

(3)汽车维修资讯信息化

现代通信、信息技术逐渐提高,互联网的突飞猛进,推进了汽车维修资讯的进步。现代汽车均融入了高科技,汽车的品牌、性能、装备日新月异。在客户关系管理、维修、库管等环节,汽车维修专业互联网络能够高效处理好你的难题,技术资料查询、故障检测诊断、维修技术培训都可在互联网上解决。互联网维修资讯成为汽车维修的又一亮点和特点。

汽车维修行业业务过程复杂、数据信息量大,只依靠人力往往难以对维修、配件、客户档案、车辆档案、员工及各部门工作进程监督,难以对企业经营数据进行准确的统计和分析。良好的服务将成为企业竞争最重要的手段之一,维修、售前及售后等服务,依赖于稳定的客户关系,需要建立客户信息和管理维修档案。随着互联网的突飞猛进,影响力日益彰显,颠覆传统汽车维修行业模式,开启"互联网+"新时代,重构传统汽车维修产业成为可能。而运用计算机管理企业,速度快、时间短、资料全、效率高,利用计算机技术建立维修企业的互联网络数据库将成为现代汽车维修企业发展的趋势。

2.汽车维修企业运用内部局域网信息技术管理的优点

目前国内的许多大中型汽车修理企业都建立了电脑管理系统,实现了内部联网。这种网络覆盖整个维修业务,从业务接待到派工领料,再到检验结算。电脑化的实时控制使经营者可随时了解厂内的实时状态,从而可以进行监控,并且大大提高每位员工的工作效率,更重要的是可取代手工做账和对账,加强了企业经营管理。信息技术管理的优点表现在以下几个方面:

①高层管理者可以通过计算机网络系统的图表分析功能,简单直观地查询企业的运作情况,对各部门的工作进行统筹安排。

②管理营可以从生产调度、统计报表中解脱出来,去争取更多的客户,带来更多更好的经济效益。

③准确及时统计报表可以消除人为的错误,减少高层管理者主观判断上可能出现的失误,提高员工工作效率。

④迅速准确地对顾客提出的询问做出反应,尽可能少占用顾客的时间。

⑤车辆、客户的动态跟踪可以让业务部具体掌握所有车辆以及客户的每一个细节,随时提醒客户进行维修、保养和零件的更换,更体现了服务的完整性。

⑥标准规范的计算机化管理能够提高维修企业在顾客心目中的形象,计算机管理下的客户及车辆档案为长期、灵活的客户服务奠定了基础。

⑦有效管理客户资料、维修记录、库存管理以及因此而产生的客户纠纷等事务,彻底改变了维修企业手工作坊式的工作模式。

⑧合理调配零件,节省人力、物力,增强了全体员工的工作积极性,形成了良好的企业文化和企业凝聚力。

目前,汽车维修企业如何提高企业的竞争力、提高企业的生产利润,已成为现代汽车维修企业经营者和管理者面临的主要问题。解决这一问题的关键主要在于两个方面:一方面在于提高企业的技术水平,另一方面就是提高企业的管理水平。完善的管理制度、现代化的管理方法、精确的管理数据分析,特别是计算机技术在企业管理中的应用,对于现代化的汽车维修企业非常重要。

3.汽车维修企业互联网信息化管理的应用前景

目前,与发达国家相比,信息资源在我国汽车维修业的应用方面还存在许多问题。政府的政策扶持力度有限,汽车维修专业互联网站大多依靠自有资金、技术、人才进行发展。我国汽车维修企业长期处于落后状态,计算机在许多汽车维修企业的应用不够,并没有真正成为生产力。维修企业对信息资源的应用不够重视,企业管理者更愿意将资金投入厂房、设备等硬件设施方面,而对计算机、互联网、信息化管理等方面的投入力度及对员工的培训力度很小。

尽管有各种限制,但是信息产业化的浪潮正冲击着社会各领域,也必然会推动我国汽车维修行业的发展,信息资源在汽车维修业的应用前景广阔,主要表现在以下几个方面:

①互联网可以更方便地收集客户在汽车维修过程中所提出的各种问题,并及时将这些信息反馈给汽车维修生产企业。企业可以据此分析出顾客的购买意愿,从而尽早生产出符合市场需求的汽车后服务。这样既节约了时间和费用,又抢得了市场先机。

②互联网还起到一定的广告促销作用,使更多潜在消费者更快、更全面、更便捷地了解汽车维修企业品牌,了解产品,通过对品牌的关注度而激发消费者购买欲望所产生的强有吸附力,从而达到更高的销售量及最节省的营销推广成本。在互联网发展的今天,互联网覆盖的用户群体已达到6.7亿人,没有比网络更有效的与消费者沟通的渠道了。

③汽车维修专业网站应用到汽车维修企业中,使汽车维修技术人员方便、快捷地查询各种汽车维修资料,迅速排除故障,减少车辆维修时间并提高生产效率,获得了较满意的收益。

④电脑硬件的价格、软件的开发、设计很成熟,功能方面也越来越适合维修企业的实际运作。远程通信技术的诞生为软件的售后维护工作奠定了坚实的基础。计算机网络在信息资源上的应用日渐成熟。

⑤计算机的迅速普及,大批大中专汽车专业的毕业生及掌握计算机和网络技术的人才不断地进入汽车维修企业,为汽车维修企业的队伍注入新鲜的血液和活力。他们文化素质较高,求知欲强,对新生事物敏感,从企业内部产生了掌握现代信息技术的需求,这种需求将进一步推动信息资源在汽车维修业中的应用。

综上所述,信息资源的应用将对我国汽车维修行业产生巨大的推动作用。我们要把握好这个难得的机遇,推动汽车维修企业技术与管理的全面提升,促进整个汽车维修行快速、健康发展。

二、企业信息化管理的作用及功能

(一)企业信息化管理的作用

1.信息资源

信息资源是指信息的生产、分配、交流(流通)、消费过程。信息资源除信息内容本身外,还包括与其紧密相连的信息设备、信息人员、信息系统、信息网络等。信息是一种宝贵的资源,与物质、能源一起成为当今社会发展的三大战略资源。信息可通过优化生产要素,指导生产要素进行合理有效的配置,以促进生产力系统正常有序运行,主要表现为以下几点:

①信息通过与劳动力相互作用,增加了其他生产要素的信息含量,从而提高生产力系统的素质水平和利用效率。增加了信息含量的生产要素一旦再进入生产过程,可以缩短劳动者对劳动对象的认识及熟练过程,使生产要素以较快、较准的状态进入生产运行系统,从生产过程的时效上表现并且发挥生产力的功能;可以增强生产的有序性和安全性,带来机会收益;可以引发对生产过程、生产工具、操作方法和工艺技术的技术革新与发明创造。

②信息通过与管理层相互作用,增强管理者与管理对象的可知性和透明度,从而提高生产力系统运行的有序程度。生产力系统是由多个生产要素构成的整体,而生产需要通过一系列生产要素之间的信息来运行,准确的信息有利于管理者把握生产运行的尺度,可以使生产

正常、有序、高效地进行。

③信息通过与生产组织者相互作用,引导生产要素的最优组合,从而提高生产力。信息的导向功能是可以引导生产组织者注意力的转移,把注意力放到新的工作上去;可以引导生产组织者判断形势、制订正确决策。决策方案的形成过程是对信息综合处理的过程。

2.信息对资源起补充作用

物质、能源、人力和资金是社会发展的基本资源,而信息可以对这些社会的基本资源起补充作用,表现为以下几点:

①信息可以节约社会经济活动中各种物质和能源的使用和消耗。

②信息可以替代和节约人力资源。以高度信息化、智能化的机器人装配线为基础,汽车公司生产出大量的汽车,节省了人力,还使汽车的成本大大降低。高度信息化的数据库使人们可查到国内外汽车方面的相关资料,大大节省了查询资料的时间,节约了人力资源。

③信息可以替代资本,从而使资金更方便、更快、更有效地为社会经济建设服务。电子货币的出现,以信息卡为载体的信用信息使现代社会经济活动由货物交换方式演变成信息交换方式。电子转账的出现,把货物流和票据流的资金运动变为信息流的运动,不但减少了在途运输资金的麻烦,而且加快了资金周转速度,提高了资金利用率,有效地解决了社会经济建设中资金不足的矛盾。

3.信息对财富起增值作用

信息不但对生产要素起优化作用和对社会资源起补充作用,而且可直接创造财富,对社会财富起增值作用,具体表现在以下几个方面:

①信息可缩短流通时间,从而创造财富。电报和电话所起的作用就是加快信息传递速度,缩短信息流动的时间,提高工作效率,从而达到创造财富的目的。信息和信息技术缩短流通时间给我们带来财富的例子很多,如通信、电话、传真、电子邮件、联机检索、电视会议等一系列先进技术设备,使信息流动时间由过去以周、日计算缩短为现在以分、秒计算,从而大大加快了财富的增值过程。

②信息可扩大增值空间,从而创造财富。信息技术具有很强的辐射能力,使现代的信息活动在更广泛的空间进行,从而创造财富。在信息化不断提高的今天,财富的增值空间不再仅限于某一自然地域或某一国家和地区,而且扩大到全球其他国家和地区。

③信息可直接出售,从而创造财富。在美国、日本等信息业发达的国家,信息服务业和信息产品制造业的直接收入都非常巨大。

④信息可使非资源转化为资源,投入相应的信息都会使其产生价值或增加价值。闲置的资本得到资本需求的信息就会变为营利的投资。

汽车工业日益激烈的竞争,汽车制造商不断加快新车型、新款式的推出,不断采用高新技术,并尽量满足汽车消费者对汽车功能、结构、外形、颜色和内部装饰等方面的个性化要求,大大增加了汽车维修企业运行与管理的难度和复杂性。计算机技术在汽车工业中的广泛应用,零部件、尤其是中高档汽车的零部件包含越来越多的技术信息,使越来越多的汽车,尤其是中高档汽车装备了一台甚至几台微型电脑。现代汽车构造中的零部件数目繁多,不同厂家、不同车型、不同款式汽车零部件的通用互换复杂。因此,过去那种依靠经验和手工技能维修汽车的方式已经结束,汽车的维修将更多地依靠技术、资料、信息,汽车维修行业已经成为技术性强、信息密集的行业。

(二)汽车维修企业信息化管理系统的基本功能

1.汽车维修接待报修

计算机管理系统能自动报出各项修理费用,记录顾客及维修汽车的信息,确定车辆的维修历史,迅速报出初步的修理项目和总价,自动记录各接待员的接修车辆。

2.汽车维修调度

生产调度中心能通过诊断故障,确定具体的修理工艺及项目,安排工作给各个班组,并进行跟踪检验。在车辆进行修理的过程中,计算机管理系统能跟踪、记录各班组具体的维修工艺及材料、设备的使用情况。

3.汽车维修竣工结算

计算机管理系统在竣工结算时能及时提供结算详细清单,能提供与客户车辆有关的各项修理费用、材料领用情况,生成、记录并打印修理记录单,处理修理费用的支付;修理好的车辆出厂后,车辆修理记录会转入历史记录以备用;还能跟踪车辆修理竣工后情况,及时提供车辆保养信息。

4.汽车配件管理

计算机管理系统能完成配件订货入库、出库及库存管理,对修理车辆领用材料进行跟踪,科学分析各种材料使用量,确定最佳订货量,确定配件管理部门的应收、应付账款,保存准确的零部件存货清单等。

5.汽车维修企业财务管理

计算机管理系统能对生产经营账目方便灵活地查询、汇总,如工资、库存总占有情况等,还能查询应收、应付账目,及时处理账款,生成当日的工作业绩表等。

6.生产经营管理

企业负责人和管理人员能通过计算机管理系统可以随时查询各部门工作情况,对企业内各个工作环节进行协调、检查和监控,查看经营状况;对网络运行环境进行设置,确定各部门和环节使用权限密码,保证未经过授权的人员不能使用不属于其范围的功能;对修理、价格及工艺流程进行监控并对竣工车辆及时进行车源分析。

(三)计算机管理系统的效能

1.零配件库存信息管理

计算机管理系统能对零配件的入库、出库、销售情况提供详细清单,便于企业做好零配件销售管理,实现合理库存,加快了资金流通,获得了较满意的收益。

2.价格管理

计算机管理系统能对车辆维修工时和零配件销售统一标价,取代自由度大的手工打折,便于企业的标准化管理。

3.客户数据管理

计算机管理系统能通过数据分析,准确实时地把握车主需求,让管理者制订精准营销计划,提升业务转化率。基于车主行驶里程、行驶范围、车辆故障等数据报表,让4S店、汽车修理厂、汽车美容店运营人员可简单直观地看到自己店内有保养需求、维修需求以及正在或预流失的车主等数量,从而轻松获得流失客户招揽、保养维修等商机,实现业务增值。

4.人力资源管理

维修企业管理者能利用计算机管理系统和网络搜集相关维修资料,对员工进行维修培训,在网上直接进行维修技术的求助及交流,解决了维修资料缺乏、技术手段落后的难题;使员工信息、培训,绩效量化等,员工工资和工作绩效挂钩,提高了员工的工作积极性。

信息化管理系统特别适合汽车维修企业,运用信息化管理系统进行管理已成为现代汽车维修和汽车配件企业管理水平的重要标志。

三、汽车维修企业计算机管理系统的应用要点

(一)计算机管理软件应具有先进性

计算机管理软件可以帮助企业管理人员对企业中大量动态的、错综复杂的数据和信息进行及时、准确的分析和处理,对企业的各项生产经营活动进行事先计划、事中控制和事后反馈,从而达到合理利用企业资源、降低库存、减少资金占用、增强企业应变能力、提高企业市场竞争力,使企业管理真正由经验管理进入科学管理,企业的管理手段和管理水平产生质的飞跃,跟上信息时代的步伐。

(二)计算机管理软件的管理性

计算机管理软件是一个信息系统,包括业务接待、维修过程、结算、配件进销存、应收应付账款、财务账务和客户档案等方面的信息,并保证信息的完整、准确、及时,能够为企业领导的决策提供翔实、充分的数据。

计算机管理软件还应是一个业务处理系统,能使企业从业务接待、派工、领料、修理、完工结算到应收应付账务管理等业务流程程序化、固定化,使业务处理标准化,降低业务差错率,提高工作效率。

计算机管理软件更应是一个管理系统,融入了先进科学的管理思想,有助于企业业务流程和管理环节的优化;有助于企业经营管理者对企业经营进行精确的考核评价、正确的指挥和有效的控制,业务过程清晰流畅,管理控制点设置合理。

计算机管理软件也是一个通信系统,能保证汽车维修企业内部及其与汽车生产厂家、零部件供应商和客户间准确、及时地交流和远程信息交换。

汽车维修企业计算机管理软件也应是采用先进的开发平台和数据库开发的管理软件,不仅能保证软件系统数据安全运行、高速可靠,还必须使软件的用户界面友好、操作使用简便。另外,随着汽车维修企业的业务发展和同业竞争的加剧,一些规模较大的汽车维修企业纷纷

从单纯经营汽车维修向汽车销售、维护修理、零配件供应和业务技术培训综合经营的方向发展,因而汽车维修企业计算机管理软件也应能满足企业进行"三位一体""四位一体"综合经营的需要。

1.网络预约维修登记管理

维修预约主要是为到店维修客户进行更好的服务,节省客户等待的时间。通常在业务比较繁忙的维修厂或者4S店,每位维修人员安排的修车数量有限,无法同时修理多台车辆,因此很多客户来店后就需要长时间等待。为了避免这一情况发生,很多维修厂和4S店为客户提供预约服务,客户可以提前通过手机APP、微信、QQ群或电话与店内维修顾问或者客户服务人员进行协商,约定维修时间,客户按约定时间到店维修,无须等待即可安排车辆进厂维修。4S店根据客户的预约维修内容,提前将维修所需要的用料准备妥当,避免因维修需更换配件不齐全使维修时间延长。如果客户的车辆有指定的维修人员,4S店还可以根据客户要求,安排专门的维修人员进行维修,提高了客户的满意度。

2.前台维修接待项目管理

客户车辆到店维修时,客户向维修顾问口述故障现象,维修顾问根据客户的描述,协助技术人员检查车辆故障问题,与技术人员和客户协商维修项目。维修项目确定后,由维修顾问将维修项目录入计算机作为客户信息管理。维修项目录入内容包括项目的编码、名称,工时,与客户协商后的工时费,维修项目所属的收费类别(包括自费、保险、索赔、免费),该项目是否返修等。如有特殊说明,需要在备注部分标明。

3.车间现场管理

车间现场管理全部纳入计算机管理。车间管理项目派工,是维修顾问或者车间负责人给维修车辆需维修的项目分派维修工人的过程。根据维修项目内容的不同,维修人员技术水平、维修人员忙闲状态,可以将派工分为单项派工、合派、分派等。维修过程出现的问题又可以将派工分为取消单项停工、单项继续维修、单项完工、单项强制完工、单项返工、竣工等内容。在电脑上可以清楚地查阅、修改、追踪、调度整个车间的现场管理。

4.维修领料入库、出库单管理

车辆维修保养时,会用到一些零配件、漆辅料等,维修工会到库房申请领用,此时库房会对维修工领用的内容进行计算机系统登记录入,同时更新库存情况。登记的维修领料单由维修工、库房以及财务各自留存,以备查询、统计使用。

5.竣工质量检验

维修车辆需要修理、检查的项目全部完工后,需要车间质量检验员用相关品牌的解码器对车辆维修结果进行总检。总检过程是保证车辆维修质量的一个重要环节。只有经过总检的车辆才能算作正式完工并交付客户使用。

6.维修保养竣工业务结算

维修顾问通过电脑系统查询,为客户打印出维修单进行预结算后,客户拿着预结算单到收银台进行付款。电脑的维修业务收款功能,就是为收银员提供的。收银员根据客户拿来的预结算单,按照维修顾问与客户协商的收款方式进行收款。收款方式有现金、刷银联卡、支付宝、微信等;收款额度可以是全款,也可以部分收款或者挂账等。

7.维修保养竣工跟踪、回访、关怀

车辆维修出厂后,客户服务部门通过查询计算机信息数据,获得车辆的基本信息、维修保养信息,采用短信、微信、QQ、电话、走访等方式,对已经出厂的车辆进行跟踪回访,主要目的是考察客户对维修过程的满意度,对车辆的维修是否有意见或者建议。客户服务部门对客户反馈的内容认真整理、分类,快速处理客户的意见,采纳客户的合理建议,从而提高管理质量,更好地为客户提供服务。

(三)计算机管理软件的实用性

计算机管理软件能够自动整理大量的业务数据,生成专家知识库,为新人所用。只要知道车型,系统就能告诉你最常见的故障;对于客户车辆出现的故障,系统进一步告诉你可能的原因及解决方法,包括用什么维修项目、什么配件进行维修都能直接给出提示,是自动融合前人经验指导业务开展的专家系统。

计算机管理软件必须符合维修行业管理部门的要求,突破信息数据壁垒,企业和政府行业管理部门联网,做到在网上进行数据的上传下载,政府行业管理部门也可以及时掌握各级各类车辆的维修数据信息,为宏观管理打下坚实的、科学的基础。

总之,对于汽车维修企业来讲,一个优秀的汽车维修企业计算机管理软件,不仅是信息系统、业务处理系统、管理系统、维修专家系统和通信系统的统一,还应采用先进的开发平台,具有技术的先进性,并能满足企业经营未来发展的需要。此外,软件设计公司应该是专门从事汽车行业管理软件开发的专业公司,在紧跟计算机技术发展的同时,还应密切关注汽车行业发展的动向,并根据计算机技术的发展和汽车维修企业的变化不断推出新的版本,保证汽车维修企业管理软件的更新换代。

四、互联网环境下的汽车维修企业的机会与挑战

当今互联网像潮水一样冲击我们生活的每一个角落,正以神奇的魔力颠覆着我国传统行业,汽车维修行业也不例外,汽车后服务市场正面临着一场前所未有的革命。我们看到从事多年维修服务经营的企业老板,长期以来深受维修市场配件垄断、技术封锁、市场不公平、房租费用上涨、劳动力成本上升、维修价格下降、客户流失、盈利减少等的剧痛。"互联网+"维修服务时代的来临,标志着汽车维修服务企业转型升级的里程碑的到来。互联网正在改变着客户资源的分配方式,特别是保养客户、保险事故客户、美容客户等关键资源;同时互联网也在改变员工资源分配,员工的创业带来关键员工在不同企业的流动,带来员工资源的重新分配。互联网的精准营销、微信营销、社群营销、粉丝营销……一时间席卷每一个维修企业。互联网服务追求的是专注极致的服务,以大数据、微信、APP、服务上门及预约、互联网配件商城、O2O配件供应平台、线下体验店等,以"客户"为导向的全新经营模式必然带来后市场全新商业模式的诞生。那么在"互联网+"时代,处于风口浪尖的传统的汽车维修行业将如何转

型升级,寻求新机会,迎来怎样的机遇呢?

(一)互联网直击传统汽车后市场消费问题

随着移动互联网的迅速发展,中国手机网民规模的不断扩大,使得汽车后服务市场电子商务成为趋势,消费者可以通过互联网直接购买或者定制,减少了中间环节的消费;随着互联网的普及,企业汽车后市场品牌推广力度加大,消费者在浏览搜索相关信息过程中也进一步改善了信息不对称的消费情境。

以汽车维修企业配件消费市场为例,其问题主要是配件成本控制和假冒配件问题。通过网络经营管理,可以从以下3个方面缓解这个问题。

①数据信息透明。建立数据库,配件产地透明、技术诀窍透明。基于大数据库及二维码等建立原厂件、副厂件、品牌件、与车型匹配,解决配件溯源地、保真的问题,使技术诀窍(包括管理和具体技术、工艺方法、工夹具等)透明化,也避免员工流失对业务的影响。

②价格透明。基于互联网多方报价平台,实现全网比价,价格透明、合适,最大程度上降低在店铺购买配件成本较高的问题。

③渠道透明,供应链透明。互联网终端销售,借助物流、资金,减少人员、减少中间环节,减少了成本,建立互联网线上的配件供应取代汽车配件城,解决配件供应链的问题。

目前一些经营规模较大、业绩较好的汽车配件经销商也引入了电脑局域网管理。由于汽车配件产品种类繁多,因此对使用此类管理软件的人员要求较高,必须经过一段时间的培训才能上岗。此类汽配经营管理网络涵盖了汽配经营的全流程,从产品入库、确定零售和批发价格以及按车型、编号等方式分类管理,最后到出货、结算乃至做账、销账。而连锁经营搞得比较好的配件经销商已把这种网络管理扩大到了它的整个分销点,形成了一定规模的网内网。许多汽车配件经销商都从网络管理中获得了较好的收益,其最显著的特点就体现在商品的调拨上,通过网络管理,可达到事半功倍的效果。

(二)互联网助力汽车后市场企业开拓市场

从传统企业向互联网转型的发展阶段来看,互联网对汽车后市场行业的影响目前已突破了传播互联网化,销售互联网化在部分企业中已有业务经营。互联网助力于汽车后市场企业开拓市场仅为汽车后市场企业在前三个阶段中的多元方式应用,其具体指汽车后市场生产企业通过建立新媒体加强传统汽车后市场品牌推广与营销,入驻第三方或垂直电商平台以及自建商城等方式拓宽销售网络渠道,为产品在网络中获得一席之地;更有甚者则是企业通过大数据以及信息化等方式实现了供应链重构。

因此,汽车维修企业可以在营销渠道和商业模式等方面进行重建,重点在于对企业的市场定位、客户关系、价值主张、盈利模式、合作伙伴等重新定位调整。传统汽车维修企业互联网化大致经过以下四个阶段:

1.传播层面的互联网化

传播层面的互联网化,即网络营销,通过互联网工具实现品牌展示、产品宣传等功能;也是互联网思维最低层面的改变,是企业传播手段的互联网化;就是利用互联网的传播渠道、朋友圈子等进行企业产品展示、公司信息传播。

2.销售渠道层面的互联网化

销售渠道层面的互联网化,即电子商务,通过互联网以信息网络技术为手段,以商品交换为中心的商务活动,实现消费者的网上购物、商户之间的网上交易和在线电子支付以及各种商务活动、交易活动、金融活动和相关的综合服务活动的一种新型的商业运营模式;也是利用互联网实现有效获得"订单—收款"的流程,进行销售与服务的过程管理。

3.供应链层面的互联网化

通过 C2B 即 Consumer to Business 模式,即消费者到企业,是互联网经济时代新的商业模式。先有消费者提出需求,后有生产企业按需求组织生产。通常情况为消费者根据自身需求定制产品和价格,或主动参与产品设计、生产和定价,产品、价格等彰显消费者的个性化需求,生产企业进行定制化生产。

4.用互联网思维重新架构企业

互联网思维,就是在(移动)"互联网+"、大数据、云计算等科技不断发展的背景下,对市场、用户、产品、企业价值链乃至整个商业生态进行重新审视的思考方式。汽车维修企业还需要从人事制度、考核标准、财务制度、广告运营模式等顶层设计上做根本意义上的颠覆。

(三)电子商务成为传统汽车后市场企业的突破口

我国汽车保有量的逐年增加,不断刺激着汽车后市场的规模化和高增速。然而高增速也伴随着一系列问题,例如行业利润降低以及不断增加的管理成本困扰着厂商,质量不达标和高昂的价格困扰着车主等。

故而,无论是对中小企业还是对大型企业,电子商务都成为其变革的重要机会,只需要一个网站一个客服人员,就能在互联网上销售产品、预约维修服务,减少了前期销售渠道铺张的大量资金积压,减少了高库存的资金压力,让价格更加透明,而且减少了中间环节,使产品从原材料到消费者手中大幅降低了成本,有利于整个行业的发展。特别是对中小企业,电子商务降低了大型企业在传统销售渠道上的优势,有利于中小企业更好精准定位目标群体,实现一对一个性营销,降低销售成本,能够在更广泛的区域和空间销售产品。

五、"互联网+"汽车维修行业的改造与重构

到目前为止,我国已有近30万家大大小小的汽车维修企业,如何在激烈的竞争中赢得一席之地是我国汽车维修企业面临的难题。互联网已席卷传统产业并产生深刻变革,汽车维修行业身处其中。互联网化将提升其服务和效率,推动整个行业扁平化、集中化发展。

"互联网+"汽车维修商业模式就是指以互联网为媒介,整合传统汽车维修企业商业类型,连接各种商业渠道,具有高创新、高价值、高盈利、高风险的全新商业运作和组织构架模式,包括传统的移动互联网商业模式和新型互联网商业模式。"互联网+"汽车维修行业整合线上线下资源,通过线上引流、线下体验将开拓汽车后市场,强调业务线上、线下并举,线下用户体验更为重要。"线上+线下"才能更好地管理资源,实现利益最大化。目前汽车维修行业

技术资料查询、故障检测诊断、技术培训网络化已得到全面普及,维修信息综合管理、专家集体会诊、网上查询资料、网上解答疑难杂症、网上开展技术咨询、网上购买汽车维修资料已经成为维修行业的基本特征。未来发展的关键是解决互联网线上流量来源,完善互联网线下服务体验,扩大服务品类和频次。

"互联网+"汽车维修保养发展商业模式改变了传统的服务模式,提升了消费者在服务环节中的选择权和决定权。在传统汽车维修保养服务模式下,汽车维修保养店和车主之间存在着严重的信息不对称,加上普通汽车维修保养企业质量参差不齐,使车主对普通汽车维修企业提供的汽车零配件质量和维修保养服务存在着严重的不信任。虽然4S店的零配件价格和维修保养服务价格较高,但4S店还是车主首选的汽车维修保养服务商。"互联网+"汽车维修保养服务使车主和维修保养店之间的信息更加透明,车主在选择服务方面更有主动权,加上电子商务缩短了配件供应渠道,零配件价格更便宜,车主在透明的平台上选择配件和服务,4S店的优势被大大削弱;而品牌连锁维修保养店相比4S店而言,服务规范且服务价格相对较低,相比路边店而言经营管理较规范、服务态度较佳,其优势得以显现,今后将成为广大车主首选的汽车维修保养服务提供商。传统维修保养企业一定要顺应互联网时代作出选择,网络化经营必然是汽车维修保养企业营销的必由之路和改革之路。

(一)"互联网+"汽车维修保养服务商业模式

目前,我国"互联网+"汽车维修服务商业模式的现状归纳起来就是:以产品为中心到以客户为中心,从提供商品到提供解决方案。企业借鉴国外成熟汽车市场经验,新车销售利润占比将会逐步下降,汽车后市场将成为盈利的关键环节。当前的"互联网+"汽车维修企业服务有以下商业模式:

1.特许加盟B2B模式,网上商城+特约店服务

这种模式主要运用于维修保养领域,也是当前被广泛采用的一种模式。为加盟门店赋能(品牌、技术、供应链等),使门店具有高质量的服务和管理标准。特许加盟模式,通过直营少量门店打造品牌、技术、服务和管理标准,自成一套体系,为加盟店提供包括技术、培训、品牌、供应链、DMS系统、服务和管理标准,使加盟店可以快速获得赋能,并具备高质量的服务水平和高效的管理能力。基于B2B模式的全车件汽配电商+维修加盟连锁,布局从汽配上游到产业链末端的终端门店,汽配B2B平台类京东模式,易损件自营,由线下汽配店完成仓储配送,车型件引入第三方卖家,合作物流完成配送。

B2B商业模式适合高介入性产品(主要为汽车零部件),产品需要专业人员安装、调试,主要服务大量中小维修保养店,为维修保养店提供盈利产品机会和配件等产品服务。配件及用品企业"互联网+"发展商业模式此前主要以垂直信息发布为主,汽配供应商和采购商在平台上搜索合适的对象洽谈,最后在线下完成交易流程。今后主要以电子商务交易平台为主,交易流程在线上完成。未来将改善非4S维修店采购汽车零配件的流程——传统汽配分销模式需要经过层层代理,价格成本上升,配件及用品企业"互联网+"发展之后使得维修保养店可以降低购买成本,并且在配件品牌、型号、质量方面更加透明。

B2B商业模式的优点:具备缩短供应链、降低运营成本的优势;市场很大,一、二、三、四线城市均有需求;随内陆城市汽车市场升级,市场需求将进一步扩大;一些配件及用品企业通过多年线下的耕耘,已拥有大量店主资源、专业精准的渠道资源;进入这个市场比较容易;信息不对称,利用网络解决配件供应需求。

B2B商业模式的风险在于:配件标准难统一,打造专业数据库难度大;从业人员IT水平均不高,在互联网平台技术方面欠缺有效整合的能力,内部的互联网平台化思路和创新意识不足;互联网化之后价格方面损害了传统渠道的利益;PC网络利用率低(移动网络可以解决部分问题);面临着更多假冒伪劣品侵袭的困境,即线下服务商质量参差不齐,车主难以获得完全标准化的服务。

2.网上预约服务+上门服务

这种模式为线上车主消费者提供汽车维修保养服务搜索,为线下维修保养店导入线上客流为主,其主要收入来源为平台广告、经销或收取佣金。这种商业模式的优势是模式轻、复制快。但有两个缺点:一是主要运用于洗车领域,其原因在于目前仅有洗车领域能够实现上门服务需要的标准化设备和服务,维修保养的频次相对较低,导流有一定困难;二是盈利模式不清晰,技术门槛低、用户忠诚度低,利润不断摊薄,烧钱模式难以为继;介入门槛相对较低,竞争激烈。

3.自营电子商务,即B2C电子商务平台,网上自营商城+自营店服务

客户线上购买,线下由合作门店安装和服务。产品以机油和易损件为主(轮胎、电瓶、机油、滤清器、刹车片等),通常自建仓储和物流进行配送,车主线上完成交易,线下由合作门店提供安装和保养服务。平台型商业模式的核心是打造足够大的平台,产品更为多元化和多样化,更加重视用户体验和产品的闭环设计,因为第一,B2C电子商务平台是开放的,可以整合全球的各种资源;第二,这个平台可以让所有的用户参与进来,实现企业和用户之间的零距离。在互联网时代,用户的需求变化越来越快,越来越难以捉摸,单靠企业自身所拥有的资源、人才和能力很难快速满足用户的个性化需求,这就要求打开企业的边界,建立一个更大的商业生态网络来满足用户的个性化需求。通过平台以最快的速度汇聚资源,满足用户多元化的个性化需求。所以平台模式的精髓,在于打造一个多方共赢互利的生态圈。

对传统企业而言,不要轻易尝试做平台,尤其是中小企业不应该一味地追求大而全、做大平台,而是应该集中自己的优势资源,发现自身产品或服务的独特性,瞄住精准的目标用户,发掘出用户的痛点,设计好针对用户痛点的极致产品,围绕产品打造核心用户群,以此为据点快速地打造一个品牌。

目前采用这一模式的企业不多,主要原因在于O2O后市场要做大做强,线下服务商就必须满足数量足够多、分布足够广等条件。而完全依靠自营店,其项目所需资金是巨大的。

4.上门服务型"互联网+维修保养"

上门服务型"互联网+维修保养"就是通过网上预约购买,提供专人专车到车主指定地点对车辆进行保养或洗车等方式,从根本上改变了传统的以"店"为中心的服务关系,"人"也就

是车主成为服务的主导。目前上门服务主要分为上门保养和上门洗车两种主要类型。上门服务从服务的深度和目标客户群来讲,市场相对小众,服务的深度有限,基本上只能完成标准化的机油、三滤等服务,涉及复杂的工作,如更换制动摩擦片、车轮定位等较难实现,深度维修保养工作则更难切入,而机油、三滤等服务的利润空间有限。采用上门服务型"互联网+维修保养"商业模式的典型企业有卡拉、博湃、e保养、车极客等。上门保养和洗车服务等模式的创业型公司在2014年和2015年占据了"互联网+维修保养"的较大份额。上门服务、洗车服务在维修保养服务中属于频次较高、技术含量较低、操作相对标准化并且对设备要求较低的服务,而"互联网+"模式恰恰需要的是高频和标准化。因此该商业模式受到了资本的极力追捧,但小保养、洗车属于维修保养服务中利润较低、门槛较低的部分,其长远发展仍难以为继,2015年年底该类服务将逐步进入竞争白热化状态,一些规模较小、资金实力差的公司将开始被淘汰,目前像博湃等公司已经开始淡化此项业务。

5.O2O平台模式

O2O平台模式,又称离线商务模式,是指线上营销线上购买或预订(预约)带动线下经营和线下消费。O2O通过打折、提供信息、服务预订等方式,把线下商店的消息推送给互联网用户,从而将他们转换为自己的线下客户,这就特别适合必须到店消费的商品和服务,比如汽车维修、汽车保养、汽车美容装饰等,连接车主和汽修服务终端,提供线上交易线下洗车维修保养等的O2O服务。O2O平台营销模式有三个特点:首先企业与客户的交易是在线上进行的。其次客户需要在线下消费服务。最后其营销效果可查,每笔交易可跟踪可监测。这种模式是线下商家入驻平台,车主可以线上自主选择,平台担当了为线下服务商引流的角色,从中收取佣金,同时又巧妙地避免了线下需要标准化收费和服务的问题。

(二)汽车维修保养企业O2O平台模式的如何发展

目前,传统汽车维修保养企业进入电子商务,在O2O项目上频频传来融资的消息,这其实就说明,投资商十分看重汽车O2O市场,这些传统汽车O2O之后如何发展呢?

1.汽车维修保养企业O2O平台模式的优势明显,市场潜力巨大

汽车维修保养企业O2O平台模式的优势表现在以下几个方面:

①能够使汽车维修保养企业获得更多的宣传、展示的机会,吸引更多新客户到店消费。

②营销推广效果可查,每笔交易可跟踪可监测。

③精准、及时掌握客户汽车的基本信息、维修保养信息等数据,大大提升对老客户的维护与营销效果;对拉动新产品、新店的消费更加快捷。

④通过与用户及时、有效的沟通,即时获取用户心理信息,针对性开发新的产品,更好地满足客户需求,也能帮助企业聚集人气、塑造口碑。

⑤通过客户在线有效预订等方式,合理安排经营,节约成本。

⑥降低汽车修理线下实体店对黄金地段旺铺的依赖,大大减少租金支出,有助于降低成本。

2.汽车修理业搭建 O2O 平台模式需要建立服务质量标准化

O2O 能给汽车修理业带来诸多好处,但要实现 O2O 也并不是件容易的事,汽车修理企业首先需要解决面临的 3 个问题:行业规范和标准体系的不完善;缺乏复合型人才或者团队;不熟悉互联网,O2O 平台不完善。因此,汽车修理行业 O2O 以建立服务质量标准化管理体系最为关键,亟待实现以下 3 个标准化:

①行业规范和服务体系的标准化。这是国内汽车修理行业进军 O2O 所遇到的最大障碍。O2O 模式首先需要强调技术和标准化建设。修理店缺少、缺乏相关专业技术人员和专业服务人员,难以与网上平台实现有效对接,用户的反馈数据无法及时获取,没有真正地利用计算机系统实现流程改造、管理强化,难以依靠互联网在 O2O 领域实现突破,这些因素都影响着整个 O2O 平台的运作效率和效果。

②订单体系的标准化。一个统一的标准化订单流程和订单格式非常重要。线上线下车主的数据、订单数据以及资金数据的流畅传递和处理都需要规范的订单流程和订单格式。另外,对汽车修理企业来说,订单也是衡量项目效果、考评员工业绩的关键,订单处理的快慢也直接关系到平台的车主体验。

③支付体系的标准化。现金流是所有企业的命脉,作为现金流载体的支付体系自然非常重要。纯粹的线下支付或者纯粹的线上支付都已经有本身的一套支付体系,但线上与线下之间的支付还没有一套很完善的方案,尤其在信息化普及并不高的汽车修理行业。因此,有必要构建出一套适合自己的,低成本、高效率、高安全的支付体系。

3.汽车修理业搭建 O2O 平台模式回归服务本质

汽修 O2O 平台模式的本质还是一种连接,和其他平台连接人与信息、人与商品不同,汽修 O2O 连接的主体是消费者和服务者,借助互联网、移动互联网,成为连接他们的直接平台。平台有了,还需要线下汽修实体店具有较高的营运能力及足够的资本才能够最终活下来。如果企业为了所谓的客流量降低服务品质,用低价相互厮杀只能是"亲者痛仇者快",最终自取灭亡。

"拼质量""拼服务"才是企业生存的立身之本,所以说,汽车后市场的核心还是服务。接下来汽修企业需把主要精力放在"拼内功"上,在现有的基础上提供增值服务,让客户车主看得见、摸得着。在维修服务 O2O 的新焦点上,改变服务质量,从"头疼医头"到"私人管家":车主在输入车辆相关信息后,便收到了车辆保养的提醒信息。很多购车者工作忙,经常会忘记车辆保养的时间,而微信会自动提醒他的车辆该保养了,微信预约就成为便捷工具。在微信上预约了一下车主就赶紧来店保养车辆了。待车辆保养完毕,一份车辆的检查报告送到车主手中。在明细单上,除了明确标注保养项目外,保养的相关产品价格也按照 4S 店价格、市场价格以及新焦点价格进行了明码标价,同时,给出了今年内的车辆违章记录以及年检过期的问题建议。优质的服务才能够让客户满意,形成口碑,做出品牌效应,企业才可以发展起来。

[复习与思考]

1.名词解释:

电子商务,"互联网+"汽车维修,O2O 平台模式,B2B 模式,B2C 模式,SCRM

2.电子商务发展的现状是什么?

3.设计一个汽车维修企业+互联网的项目,设计盈利时间。

4.简述现代汽车维修企业特点。简述汽车维修企业信息化管理系统的基本功能。

5."互联网+"汽车维修保养服务的商业模式有哪些? 解决了什么问题?

6.为什么说汽车维修企业要实现盈利,"互联网+"只是概念,汽车维修的服务和质量才是根本?

模块二 实训操练

实训一 资料的收集和分析

一、实训内容

1."互联网+"汽车维修保养服务的概念内容。

2.品牌汽车 4S 店运用互联网项目的资料,营运状况。

二、实训准备

1.授课老师提前布置各小组在互联网收集优秀的汽车企业+互联网的项目资料。

2.分组开展案例讨论,以 4~6 人为一组。

3.围绕资料提出问题进行初步讨论。

三、实训组织

1.指导老师引导小组布置好课堂讨论。

2.组长组织小组讨论,并记录讨论过程和结果。

3.每个小组整理讨论结果,提炼出核心观点。

4.每组派一名代表上台展示表达讨论的观点。

5.指导老师引导小组间进行观点的补充,开展头脑风暴,激发创造新思维。

6.指导老师点评讨论的观点。

四、实训评价

1.本次课的老师的评价和组长的评价各占 50%。

2.评价参考

(1)课前准备充分,企业、网络收集数据翔实,课堂讨论积极、认真。

(2)积极参与活动,团队协作较好。

(3)考虑问题全面,能提出独到的见解。

(4)表达陈述流利,观点合理。

实训二　汽车维修企业+互联网服务运营的实践

一、实训内容

开发建立某汽车维修企业+互联网服务运营的有预约和查询维修记录功能的微信公众号和客户微信群。

二、实训准备

1.授课老师提前布置各小组查询其他微信公众号和客户微信群的相关资料。

2.分组开展案例实训活动,以 4~6 人为一组。

3.围绕项目提出问题,进行初步讨论和信息的收集、模拟。

三、实训组织

1.授课老师指导小组布置好课堂讨论座次。

2.组长组织小组的信息的收集,并记录过程和结果。

3.每个小组整理讨论、设计,提炼自己的观点、想法。

4.每组派一名代表表达讨论的观点。

5.指导老师引导小组间进行考核指标的理解补充,激发创造新思维。

6.指导老师点评讨论的观点。

四、实训评价

1.本次课的老师的评价和组长的评价各占 50%。

2.评价参考

(1)课前准备充分,收集信息认真。

(2)积极参与活动,团队协作较好。

(3)表达陈述流利,对项目理解正确。

(4)考虑问题周全,观点合理。

任务十
汽车维修企业的延伸盈利运作

知识目标:

1.熟悉汽车4S店的美容装饰项目运作。

2.掌握汽车4S店经营汽车美容装饰项目的特点。

3.熟悉免拆深化保养业务的内容。

4.掌握服务顾问推广免拆养护业务时的注意事项。

5.掌握机动车保险的险种。

6.理解汽车维修企业售后运营考核指标。

能力目标:

1.能够进行汽车美容装饰项目的具体运作。

2.可以推广运作汽车维修企业养护产品。

3.能够推广汽车维修企业的保险运作。

4.会运用汽车维修企业售后运营考核指标。

模块一　理论指导

[案例导入]

王先生在某品牌的4S店购买了一辆新车,想加装一些配置,另外听朋友说汽车使用一段时间后要进行一些深化保养,但有人说只要按期保养就可以了,所以他想了解一下。另外,因他平时工作比较忙,想咨询汽车保险是否有代办服务。

思考:

1.汽车的美容、加装的项目有哪些?(注意法规的要求)

2.深化保养的项目是怎样的？

3.汽车保险的内容是怎样的？如何推荐？

4.汽车的代办业务有哪些？

通过不断提高客户满意度来不断地提高企业的市场份额与盈利能力,企业才能在复杂多变的市场环境中保持健康的发展。在市场环境不断变化和在客户需求不断提升的同时,企业如何提升自己的专业形象,从而赢得客户的认同与赞许;企业如何在客户服务的各项细节中,体现应有的服务价值,并且努力体现其延伸盈利效果,是值得我们关注与思考的问题。在当前公众消费逐渐理性化的情况下,消费者所需要的售后服务绝不是一纸空谈,要靠全心全意为客户服务的态度,踏踏实实提高服务质量来打造,而这种"后市场"的软实力竞争或将成为下一个竞争焦点。

一、汽车 4S 店的美容装饰项目运作

随着新车销售的利润日趋降低并逐步趋向平稳,许多汽车 4S 店把经营汽车美容装饰项目作为产值和利润的又一重要来源。许多汽车 4S 店的管理层都在思考,作为 4S 店,如何选择适合自己的美容装饰模式,如何进行美容装饰项目的选择,如何施行美容装饰运作的内部激励措施以提升 4S 店的整体盈利能力。

(一)汽车 4S 店经营汽车美容装饰项目的优势

1.客户对汽车 4S 店的信任

所有汽车 4S 店都有系统的客户投诉、意见、索赔的管理体系,给车主留下了很好的印象。如果汽车 4S 店经营美容装饰项目,这将是大多数车主为自己爱车做美容装饰的第一选择。

2.技术施工的专业性方面

汽车 4S 店只针对一个品牌的系列车型进行美容装饰施工,对车的性能、技术参数等许多方面都十分了解,具有"专而精"的施工优势。所以在实施一些需要技术支持和售后服务的产品和项目上,汽车 4S 店有较大的优势。

3.人性化服务方面

汽车 4S 店有客户休息室,在客户休息室可以看杂志、书刊、报纸或者上网、看电视等,并且有专门的服务人员为车主提供服务,而 50%的汽车美容装饰店没有类似服务。

4.方便客户

客户在定好车型、签订合同、交完定金之后,可以与汽车 4S 店约定需要增加什么项目和产品,这样的运作可以使客户在提车时,就看见自己需要的装饰用品全部布置完毕。另外,在目前市场情况下,汽车 4S 店可以把美容装饰的费用划到新车价格或者维修费用之中,这也是不少新车用户选择在汽车 4S 店进行装饰美容的重要原因。

（二）美容装饰项目的具体运作

1.选择适合的运作模式

当前市场上通常有三种运作模式：一是4S店设立独立的装饰部门，独立运作；二是4S店设立装饰车间，但选择外包，同时对利润进行合理分配；三是4S店没有设立美容装饰车间。如果有装饰项目施工，外请施工人员现场施工，支付施工费用。

这三种模式各有特点，每家汽车4S店可以根据自己的实际情况，以及决策层对于美容装饰的重视程度，选择一个适合的运作模式。随着汽车后市场的发展，汽车4S店运作美容装饰项目将是一个发展趋势。

2.设立专门的精品展示间和专业的施工车间

对于汽车4S店，应该在售后服务区开设专门的精品展示间，用于产品的陈列，以便于客户选择。同时设立专门的施工车间，特别是汽车隔热膜的施工，需要在无尘车间进行。另外，底盘装甲施工也需要比较封闭的工位。

3.选择匹配品牌的产品和项目

选择美容装饰产品时，至少要有一个知名品牌的产品，同时附加一个主推的品牌产品。知名品牌的产品客户需求量较大，但由于市场价格透明度高，利润较低。因此，不管何种产品和项目都要向客户重点推荐，以获取较大的利润。

4.采用合适的管理模式和激励方法

汽车4S店运作汽车美容装饰项目要采用合适的管理模式和激励方法，先期规划好精品陈列区和施工车间。在选择好产品和项目之后，接下来就是如何进行内部的管理运作。

第一，明确美容装饰部是一个独立的部门，不属于销售，也不属于售后，应该设有美容装饰主管，直接向总经理汇报。

第二，对于新车销售专员应该设立美容装饰的销售目标，根据平均单车美容装饰的贡献进行奖励。如果达不成目标，奖励比例下调50%，新车销售专员如果达成目标后，可以设定美容装饰产值的一定比例为奖金。

第三，如果客户购车时需要赠送美容装饰，可以直接赠送客户产品和项目，也可以送客户代金券，由客户去选择自己喜欢的产品。

例如：一个汽车4S店要求每个新车销售专员平均每销售一台车为公司贡献1 500元的装饰产值，如果每月有150台新车销售，每月新车装饰的产值将是22.5万元，年产值将会超过250万元。以50%的毛利计算，此店每年有135万元的毛利获取。

对完成美容装饰目标的新车销售人员也要有奖励。以一个新车销售专员每月销售10台车，每台车平均贡献1 500元的装饰产值计算，为4S店贡献的装饰产值为15 000元，汽车4S店如果对销售专员美容装饰的奖励为较低的10%，销售专员也可以获得1 500元。如此激励，新车销售专员一定会用心推荐装饰项目。

5.良好的培训体系

生产厂家的车型不断推陈出新，汽车美容装饰的项目也在不断推出，不仅美容装饰部门的员工需要培训,新车销售部门的销售人员也需要进行美容装饰项目的培训,以针对不同客户的不同需要,合理地推荐产品和项目。

6.美容装饰的促销活动

在夏日可以推出夏日送清凉的贴膜活动,在春季举行出行送安全的底盘装甲促销活动,在秋季举行爱车需要办公用品活动,在冬季举行送温暖的座套促销活动。通过促销活动,拉动客户的需求,提升自己的产值。

针对新车销售人员每个季度设定一个车辆导航促销产品,比如进价 2 000 元/套,给新车销售人员价格是 3 000 元,如果新车销售人员售出价是 4 000 元,则该新车销售人员在此产品的提成为:3 000 元×5%+(4 000-3 000)元-(4 000-3 000)元×5%=1 100 元。

汽车 4S 店毛利为:4 000 元-2 000 元-1 100 元=900 元

解释:3 000 元×5% 为新车销售人员的正常提成,当售出时首先拿到 150 元的提成。

(4 000-3 000)元=1 000 元是差价提成。

(4 000-3 000)元×5%=50 元是开票费用。

如此运作,可极大地提升新车销售人员的积极性,同时新车销售人员根据客户购买精品价格的高低,可以自己做主降低车价(500~1 000 元),也可以自己做主赠送客户 500~1 000 元的精品券。当然新车销售人员都是从自己未来的奖励中拿出的促销方案。目前国内部分的汽车 4S 店已经做到精品装饰与新车销售的联合业务。

二、汽车维修企业的增值深化保养运作

1.全面、准确地认识免拆深化保养业务

虽然汽车免拆养护业务在国内已经普及,但是除了车主对免拆养护业务的误解,业内人士指出,即便是维修企业管理人员及操作人员对免拆养护的认识也存在不同程度的偏差甚至错误。因此,全面、准确地认识免拆养护业务,对免拆清洗业务的开展及健康发展有着非常重要的意义。

(1)汽车免拆养护

汽车免拆养护是相对于传统的汽车养护习惯而言的。按照传统的养护习惯,汽车应定期进行养护,即一级养护、二级养护和三级养护。按照这样的养护方式,汽车行驶一定里程后,应清除发动机各系统中的灰尘、积炭、油泥等。为此,需要把发动机解体,用机械刮削或使用碱液、煤油等进行清洗。我们都有这样的体会,随着拆卸次数的增加,车辆的性能会不断下降。这主要是在拆卸过程中,破坏了原车各机件之间的配合关系。

发动机定期拆解的传统养护方式已被认为是不科学的。汽车免拆养护就是在不对汽车各主要总成、部件解体的情况下,对其进行养护的方法。免拆养护时无须拆解发动机部件,从而避免了由拆装而造成的发动机原始参数改变、性能受损、密封性被破坏、原配件损伤等现象。

(2)汽车免拆养护的内容及方式

按照被养护部位的不同,常见的汽车免拆养护的内容包括燃油系统、润滑系统、冷却系

统、变速器、动力转向系统、空调、制动系统和蓄电池八大系统的清洗和养护。

目前市场上对发动机进行免拆养护的方法主要有清洗剂清洗和免拆清洗机清洗两种。清洗剂清洗法就是把清洗剂直接加入油箱中与燃油混合在一起,发动机在运行过程中即可完成对油路和燃油系统的清洗。免拆清洗机清洗的原理是利用发动机原有系统的压力及循环网络,用清洗剂替代燃油,从而完成对发动机的清洗。

(3)对发动机(特别是喷油器)进行清洗的原因

①发动机经过一段时间的使用,空气中的尘埃和汽油中的杂质等会使油路堵塞,加上燃烧过程中产生的积炭和胶质也会附着在进排气门、进排气道、节气门和燃烧室上。尤其是这些物质附着在喷油器上,使喷油器堵塞、粘着,造成喷油渗漏、雾化不良,甚至不喷油,从而造成油耗量增加、发动机动力下降、怠速不稳、加速不良和起动困难等故障。根据试验,如果有10%的喷油量受到阻碍,就会导致发动机燃烧不完全、性能下降、燃油消耗增加和排气温度升高等现象。因此,有必要对发动机各相关系统进行清洗。

在普及高标号清洁汽油后,不少车主认为喷油器不再需要清洗了。但是由于国内加油站管理混乱不能杜绝不达标的汽油进站,而且考虑具体的行车环境,喷油器清洗仍然是汽车维护的重要内容。而电控喷油车的喷油易积聚在进气门上,多孔的积炭容易吸收汽油,产生更多的积炭,因此电控喷油车发动机更应该进行清洗。

②发动机长期短时间运行,使其处在正常工作温度以下运转,导致汽油燃烧不充分,汽油中未燃烧成分会沉积在活塞和燃烧室表面,加速积炭的形成。

③发动机进气门密封不良,导致机油渗入。在进气门上的机油低温蒸发产生残留物,机油燃烧困难,形成积炭。

④为了更好地控制汽油和空气的混合比,提高燃油效率、减少排放,电控喷油车喷油器的精密程度得到了极大的提高,这也导致了汽油中胶质、蜡质、杂质等更加容易堵塞喷油器。

(4)积碳产生的原因

发动机工作时,燃油和进入燃烧室的少量机油不可能完全燃烧,未燃烧的部分油质在高温和氧化作用下形成胶质粘附在进气门、进气管道、活塞或燃烧室表面,再经过高温作用进一步凝成沥青质和油焦质的混合物,就形成了积炭。

产生积炭的主要原因是城市拥挤的道路、遍布路口的红绿灯,车辆频繁起动和驻车。

由于喷油器正对着进气门头颈部喷射,发动机在停止运转前喷出的油不能被燃烧,沉积在进气门头、气门杆,进气门头、气门杆部的环境温度高达300 ℃,燃油中的汽油已挥发,其中的胶质、蜡质则逐步形成积炭。积炭导致发动机的压缩比进一步提高,易产生爆燃。爆燃又导致燃烧不均匀、不充分,汽油中未燃烧的成分沉积在活塞和燃烧室表面,又加速了积炭的形成。

(5)积炭产生的部位和危害

容易产生积炭的部位主要有进气门头部和气门杆部、节气门、进气歧管、活塞和燃烧室。

积炭的危害主要有以下几个方面:

①汽车加速不良。积炭减小了进气通道，降低了充气系数，从而引起气缸压力增高、点火时间推迟，导致发动机功率下降。

②车辆难以起动。积炭落入进气门座的通道会造成气缸压力不足。此外，起动时喷射的燃油被积炭吸附，导致气缸内混合气稀薄，发动机无法正常起动。

③发动机怠速不稳。当积炭附着在进气门和节气门时，发动机无法准确控制送往燃烧室的汽油和空气的量，从而引起发动机怠速不稳。

④油耗增加。当积炭堆积在燃烧室时，容易引起爆燃，导致发动机点火时间推迟，功率下降，油耗增加 4%~5%。

⑤废气排放超标。积炭导致汽油和空气的混合比失调，从而使汽油燃烧不充分，尾气中 CO、HC 含量增加，排放不达标。

⑥发动机故障。当进气门杆上附有积炭时，会使气门杆与导管间发卡，导致活塞撞击气门造成发动机异响，从而导致进气门和活塞的损坏。

(6)燃油系统免拆养护的时机

对发动机燃油系统进行清洗是汽车免拆养护的重点。发动机出现以下情况时，应对燃油系统进行免拆养护。

①冷车起动困难，加速不良，从其他转速回到怠速时常有短时不稳，经常发生爆燃。

②氧传感器电压在 0.10~0.95 V 时且变化较慢（正常情况下，该电压在 0.3~0.7 V 时变化），燃油修正值大于 10%。

③常在市区行驶的车辆，每行驶 2 万千米就应清洗一次。

④车辆正常使用中，油耗比新车时明显增加。

⑤突然由气缸压力低而导致发动机不能起动或起动困难，且怀疑积炭可能落在进气门与气门座圈之间。

⑥不踩油门踏板时，节气门开度超过 3°。

⑦车辆年检或正常养护时，发现尾气排放超标。

2.服务顾问推广免拆养护业务时的注意事项

全面、准确地认识汽车免拆养护业务之后，在面对车主时，服务顾问不仅要做到心里有数、操作规范，还要正确解答车主提出的相关问题。考虑到免拆养护业务的特殊性（特别是保养性免拆养护），服务顾问在和车主接触的时候要注意以下几点。

①车主提出有关免拆养护业务的问题时，服务顾问在不清楚的情况下应求助于车间主管，切忌不懂装懂，乱用专业术语。

②积炭往往出现在气门、节气门等部位，因此服务顾问在面对车主时应尽量使用"清洗喷油器""清洗进气系统"等客户能听懂的话来告知车主。

③"汽车免拆养护作为常规保养项目时对汽车只有好处没有坏处"，服务顾问要避免对车主说类似的话。因为这会使车主疑心自己的车不需要做免拆养护，其背后原因是维修厂既不用承担任何责任，又赚取了养护费用。

④免拆养护听起来简单,实际上涉及众多设备、产品及技术规范。服务顾问切忌向车主传达其工艺流程如何简单的信息,而应尽可能向车主介绍免拆养护设备和产品的技术要求、操作流程对养护效果的关键作用及清洗过后需要进行的调节等,使车主明白免拆养护并不是简单地一"洗"了事。

⑤服务顾问应避免直接评价同行及产品,更不能用所谓"黑幕"来博得车主的信任。遇到车主提出曾经经历或传闻的免拆养护业务欺诈问题,应尽量将多种可能的原因告诉车主(如产品质量是否过硬、操作流程是否规范及养护后调节是否准确),而不是笼统地说其他企业是在用免拆养护"黑(车主的)钱"。

⑥根据汽车积炭不同的形成原因,相应的清洗产品及规范也有所不同,因此不同的免拆养护产品均有自身的侧重点,很难有某一种清洗产品"包治百病"。弄清汽车积炭产生的原因,选择不同的清洗产品对维修人员提出了更高的要求。如果维修人员及接待人员将这一信息传达给车主,不仅能使车主感觉到维修企业的技术能力,同时还有助于减少由清洗"无效"而产生的对免拆养护乃至维修行业的成见。

3.汽车维修企业养护产品的推广运作

(1)找到合适的供货商

最强的供货商不一定是最适合的供货商,根据企业的情况,找到与企业匹配的供货商。如果企业运作养护产品已经比较成熟,价格第一,产品品牌第二,整体服务第三。如果企业运作养护产品正在发展期,最好选择两个品牌,两个供货商,供货商的整体服务第一,产品品牌第二,价格第三。如果企业刚刚运作养护产品,最好选择一个品牌,这一品牌最好是当地排名前三位的品牌,同时最好是同品牌4S店正在使用的,推广起来比较容易,品牌第一,整体服务第二,价格第三。

(2)汽车维修企业内部形成公开透明的奖励机制

从养护品采购到服务顾问的推广,再到技师的施工,应形成一个完整的公开奖励机制。对于服务顾问,应该设立阶梯状考核方案,贡献越大,奖励越大。而对于技师,则应采用固定提成方案。

(3)为企业设立目标

在汽车维修企业里原则上养护产品所贡献的产值的比例应该占到服务产值的12%左右。

例如:某汽车4S店售后产值为100万元/月,则其养护产品的贡献值应该是12万元,如果此4S店有服务顾问4人,那么平均每人每月养护产品的贡献应该是3万元,平均每罐养护品为200元,则服务顾问销售奖励指标平均每月的销售罐数应该是150罐。服务总监设定目标时应该设立150罐×80%=120罐即可以拿到最高奖励的一个指标,如表10.1所示的销售奖励指标。

表 10.1 销售奖励指标

销售罐数/罐	每罐奖励/元	销售罐数/罐	每罐奖励/元
0~50	1	101~120	8
51~80	3	121 以上	10
81~100	5		

对于每月的最高产值贡献者和最高罐数贡献者,可额外奖励每人 200 元,提高员工的积极性。

(4)进行促销推广

①时间季节推广产品方式。以五一、十一、春节等节假日推广,以春、夏、秋、冬不同季节推广,以 4S 店店庆日、新车上市日、车展日推广,以车行驶里程数推广。

②团队、个人推广方式。企业、单位、车友会、以老客户介绍新客户奖励方式、以车主驾驶证或身份证号码推广。

③套餐推广方式。不同档次的车适用不同的套餐、同档次车不同层面的车主适用不同的套餐。套餐产品要新老搭配,要以整体解决问题为原则。

例如:

某汽车 4S 店,制订销售推广方案主要考虑两个方面:其一,让客户实实在在感到优惠,其二,让公司利益不受损失,并使利益最大化。这两点表面上是矛盾的,但也可以同时兼顾。按照这个主旨,他们设定推广方案如下:消费 360 元,送 180 元。

项目:喷油器清洗+进气系统清洗+节流门清洗。

工时 5 折,送汽油清洗剂一瓶。

销售价:150 元+ 180 元+30 元=360 元。

工时:120 元。

客户优惠:120 元+60 元=180 元。

销售成本:110 元,工时成本 40 元,赠送成本 30 元,成本共计 180 元。

毛利:180 元。

毛利率:50%。

2014 年,此汽车 4S 店售后产值 2 800 万元,养护产品贡献值 380 万元,毛利 260 万元。

此店已经进入以盈利为导向的时期,产品进货价格是第一选择。

(5)汽车维修企业运作养护产品内部的协调

汽车维修企业的采购方只负责采购,不负责产品的推广。零件库房只负责养护产品的保管,不能参与推广。车间主管、服务顾问、车间技师只负责养护产品的推广,不能直接参与养护产品的采购。服务总监根据企业的实际情况,灵活地采取不同的措施,使养护产品的推广顺利。

（6）养护产品推广的难点

①汽车维修企业内部不够统一协调，投资人、总经理、服务总监，甚至零件部主管都在参与养护品的采购和推广。

②对于服务顾问和技师的内部激励没有形成公开化、透明化的机制，员工积极性不高。

③供货方直接参与汽车维修企业的内部奖励。

④养护套餐设定不太合理，客户认可度不高。

⑤服务顾问对养护产品理解不够深入，不能针对不同的客户设定满足其需求的套装方案。

⑥服务顾问的沟通能力不强。

⑦客户对养护产品的认知度低。

不同企业针对自己面临的难点，应该尽快制订合理改进方案，把养护产品的贡献提升到一个新的高度。

三、汽车维修企业的保险运营

机动车辆保险一般包括交强险和商业险，商业险包括基本险和附加险两部分。基本险分为车辆损失险和第三者责任保险。附加险包括全车盗抢险（盗抢险）、玻璃单独破碎险、划痕险、自燃损失险、涉水行驶险、无过失责任险、车载货物掉落责任险、车辆停驶损失险、新增设备损失险、车上人员责任险（司机责任险和乘客责任险）、不计免赔特约险等。玻璃单独破碎险、自燃损失险、新增加设备损失险是车身损失险的附加险，必须先投保车辆损失险后才能投保这几个附加险。车上责任险、无过错责任险、车载货物掉落责任险等，是第三者责任险的附加险，必须先投保第三者责任险后才能投保这几个附加险；每个险别不计免赔是可以独立投保的。

1.机动车保险的险种

（1）机动车辆保险交强险

机动车辆保险交强险全称机动车交通事故责任强制保险，是中国首个由国家法律规定实行的强制保险制度。交强险是由保险公司对被保险机动车发生道路交通事故造成受害人（不包括本车人员和被保险人）的人身伤亡、财产损失，在责任限额内予以赔偿的强制性责任保险。

（2）车辆损失险

车辆损失险是指车主向保险公司投保车辆以预防可能造成损失的保险。车辆损失险的保险金额可以按投保时的保险价值或实际价值确定，也可由投保人与保险公司协商确定，但保险金额不能超出保险价值，即价值10万元的车辆，保险金额不能超过10万元。

（3）第三者责任险

第三者责任险是指被保险人或其允许的合格驾驶人员在使用保险车辆过程中发生意外事故，致使第三者遭受人身伤亡或财产的直接损毁，依法应当由被保险人支付的赔偿金额，保险人依照保险合同的规定给予赔偿。投保时，投保人可以自愿选择投保，事故最高赔偿限额分为六个档次:5万元、10万元、20万元、50万元、100万元和100万元以上,且最高不超过1 000万元。关于第三者的赔偿数额,应由保险公司进行核定,保险人不能自行承诺或支付赔偿金额。

车辆损失险主要针对投保车辆本身的损坏,第三者责任险是针对投保人使用保险车辆致使第三者遭受人身伤亡或财产损失。这两种保险有严格的区别,但均不包括驾驶员本身的保险。为了能够得到完整的经济保障,应尽可能将两种险种一并投保。

(4)机动车附加险

机动车附加险是在投保主要险种后的附带险种。只有投保主要险种后,方可投保相应的附加险,附加险不能单独投保。

(5)盗抢险

盗抢险是指保险车辆因全车被盗、被抢劫或被抢夺时,保险人对其直接经济损失按保险金额计算赔偿。赔偿后保险责任终止,该车辆权益归保险人所有。

(6)自燃损失险

自燃损失险是指在保险车辆因本车电气线路、供油系统发生损毁及运载货物的自身原因起火燃烧,造成保险车辆损失,以及被保险人在发生本保险责任事故时,为减少车辆损失所支出的必要合理的施救费用,由保险公司进行赔付。

(7)玻璃单独破碎险

玻璃单独破碎险是指保险车辆发生玻璃单独破碎后,由保险公司承担赔付责任。

(8)新增加设备损失险

新增加设备损失险是指投保车辆在出厂时原有各项设备以外,被保险人对另外加装设备而进行的保险,保险人将在保险单中该项目所载明的保险金额内,按实际损失计算赔偿。

(9)车上责任险(司乘意外伤害险)

车上责任险是指保险车辆发生保险责任范围内的事故,致使保险车辆上的人员遭受伤亡,保险人在保险单所载明的该项赔偿限额内计算赔偿本应由被保险人支付的赔偿金额。

(10)车载货物掉落责任险

车载货物掉落责任险是指在使用过程中,若投保车辆所载货物掉落致使其他人遭受人身伤亡或财产损失,依法应由被保险人承担的经济赔偿责任,由保险公司在保险赔偿限额内给予赔偿。

(11)车上货物责任险

车上货物责任险是指投保车辆在使用过程中,如果所载货物遭受直接损失,以及被保险人为减少货物损失而支付的合理施救、保护费用,保险公司为投保车辆提供一定金额的赔偿。

(12)不计免赔险

不计免赔险是指投保了车辆损失险及第三者责任险的车辆,如发生保险责任范围内的事故,造成车辆损失(不含盗抢)或第三者责任赔偿,由保险人依据赔偿规定的金额负责赔偿。

2.汽车维修企业的保险运作

（1）掌握当地市场车辆基本情况和信息

①调查掌握所辖区域机动车社会拥有量、新增机动车辆信息和年检数量、驾驶员数量、各类车型所占比例、承保情况等。调查掌握所辖区域内机动车辆和承保车辆的历年事故发生频率、事故规律和出险赔付情况;分别建立社会车辆拥有量的保险源数据库、车辆保险数据库和交通事故分析数据库,业务部门据此做好车辆风险分析、承保、核保指南。有条件的地区可以与车辆管理部门建立合作关系,实现资源共享。

②了解市场对机动车辆保险的需求、选择取向,掌握客户投保心理动态。

③了解其他汽车维修企业保险运作情况,掌握本地区保险市场竞争动态、竞争对手的保险业务发展重点、措施和手段,学习借鉴别人先进的方法。

（2）进行保前客户调查

①摸清客户拥有车辆的数量、车型、用途及目前承保公司、保险期限、历年赔付情况或曾经投保的公司等。

②了解客户的保险历史记录。

③有的放矢地做好各类客户的公关工作。

④根据保险数据库资料制订续保工作计划,做好续保工作。

（3）保险方案设计

①业务人员了解投保人投保车辆的数量、种类、用途、行驶区域等有关情况以及投保人的经济承受能力,全方位地掌握投保人的要求和被保险人的保险需求。

②根据投保人和被保险人的实际情况向投保人介绍相关险种、条款和公司所能提供的增值服务,耐心、细致地帮助投保人制订最佳保险方案。

设计保险方案时应以经营效益为中心,提升盈利能力。保险方案的设计应有利于市场竞争,具有可操作性。设计保险方案应遵循不违法、不违规的基本原则。对于招标业务、统保业务,应根据客户的投保车辆状况、风险情况、保险需求设计"投标书""保险建议书""保险计划书"等。

（4）向被保险人明确说明义务

依照《中华人民共和国保险法》及监管部门的有关要求,业务人员要严格按照双方选择确定的保险条款(包括主险和附加险)向投保人说明投保险种的保障范围,特别要对责任免除、条款中容易发生歧义的内容及投保人、被保险人义务等条文进行明确说明。如需制定特别约定,对于特别约定的内容必须向投保人明确说明。

保险条款发生变更时,要向投保人解释清楚新旧条款的区别,主要说明增加了哪些保险保障、责任免除等。

业务人员不得为了争取业务有意对投保人进行误导,不得妨碍投保人履行如实告知义务。

（5）保险客户管理

客户是企业的重要资源,关系企业的生存与发展,要稳定原有客户、不断吸引新的客户就必须对客户群体进行细分,根据客户群体的不同需求提供差异化的服务。同时,车险也是竞争最激烈的险种,这就要求各级管理人员、业务人员高度重视服务,牢固树立服务的观念,用优质的服务赢得客户,稳定车险业务。

①建立客户档案。汽车维修企业对所有客户都要建立客户档案,实行动态管理,根据客户的需求提供不同的差异化服务。

②做好基础数据积累。在业务处理系统中建立被保险人（投保人）信息库,收集并录入被保险人的组织机构代码证、所属行业、单位性质、法定代表人的姓名、联系电话、身份证号码、兴趣爱好以及保险业务联系人的姓名、联系电话、身份证号码、兴趣爱好等。

③通过业务数据库提取客户的有效承保、理赔信息承保信息这应包括历年承保车辆数量、车种、险种、保费、续保保费优待、车均保费、支付手续费情况、保险期限等。

理赔信息应包括历年赔案件数、赔款金额（按已决、未决分别列出）、赔付率（按已决、未决分别列出）、出险车辆的车型分析等。

④通过业务数据对客户进行分类。按照被保险人的性质可以分为"法人或其他组织"和"自然人"两类客户群体;按照业务性质可以将被保险人分为续保和新保两类客户群体。

a.续保客户是指凡是在本公司连续投保达一年以上的客户。

b.新保客户是指在本公司第一次投保的客户。

⑤各类客户群体的细分标准。各公司根据业务数据对各类客户群体进行细分,并在业务处理系统中对保险单进行"客户管理类别"标注,可以根据"客户管理类别"对客户提供差异化服务,可以根据被保险人的职业类别等信息,将被保险人分为单位客户、特殊客户及个人客户。

a.单位客户是统一结算的公司和企业客户。

b.特殊客户是政府和军队系统客户。

c.个人客户是个人为主的客户。

（6）汽车维修企业保险大客户开发

根据现有客户资源及利用公司每年参与政府招标采购的资格,派专人到各大企事业单位、党政、军队机关洽谈关于车辆的维修与保险的业务。比如可选择其中比较有代表性的单位,如军队,为其提供定期的车辆免费检测活动,并且签订合同,以拥军拥政的名义请报纸媒体广泛宣传,以提高公司的知名度,为以后与各大单位客户建立合作关系打下基础。

（7）一般客户开发及续保

①收集整理原有客户、流失客户,超过三个月未入厂客户资料,建立档案。专人专管防止资料外泄。

②通过交管局、车管所等渠道收集当地车主资料,按车型、购车时间、保险到期期限、地址、地域等分门别类建立档案。档案建立完毕后,按月份及车辆保险到期时间,提前15天群

发保险到期提醒短信息,提前 10 天由续保专员给客户打邀约续保电话,对来店续保客户可给予一定的奖励优惠政策。比如送机油、机油滤清器代金券、四轮定位代金券、工时代金券等小成本的优惠奖励,此优惠还必须在满足一定条件才能享受,起到防止客户被其他竞争对手挖走的作用,尽量避免直接返还现金等政策,当然,要视客户要求而定。企业的盈利点不必十分注重每份保险单的返点利润,返点的部分利润可以以其他方式返还奖励给客户,以争取客户对企业的信任并提高客户对企业的忠诚度。盈利点主要集中在客户在企业续保出险后的维修利润,以小的投入博得大的回报。

[案例导入]

[案例 1]

汽车 4S 店如何提升续保比例

以下是我国中部地区一家汽车 4S 店的续保成功案例。

针对即将保险到期的客户,首先把他们进行分类,分为企业(政府)客户和私人客户,这两类客户的需求点是不相同的。

针对企业(政府)客户,建议采用续保赠送 500~1 000 元商场购物券的方式。而对于私人客户,建议采用续保赠送 2~4 次保养的方式提高续保比例。对于已经接受过赠送保养的客户,可以赠送价值 1 000 元的车辆易损件套餐形式,拉动客户续保。对于老客户推荐新客户续保成功者,不仅赠送新客户促销套装,还对老客户赠送一次保养或者赠送价值 300 元的精品装饰券。

对于采纳促销手段续保的客户,补充一定的条款,比如:出险之后,第一个电话一定打给本企业,然后由事故车定损员协调向保险公司报出险,对客户形成约束机制。

对内部员工续保的奖励,可以采用阶梯状奖励。设定一个目标,每月续保 3 单以下,每单奖励 50 元;4~6 单,每单奖励 100 元;6 单以上,每单奖励 150 元。

对于续保人员,事故车定损员为协调人,新车销售人员、客户关系专员、服务顾问都可以为客户续保,但要记住:提前三个月把客户分到各个人手中,在保险到期前一周,对还未成功续保的客户,进行二次重新调配,力争提高续保成功比例。

某汽车 4S 店,每月新车销售约 120 台,未采用续保促销方案之前,每月续保约 35 单,采用此方案之后,每月续保约 130 单,进厂台次提升 15%,钣喷产值提升 35%。员工奖励提升 10%。真正做到了保险公司、客户、汽车 4S 店、内部员工几方的共赢。

[案例 2]

汽车 4S 店如何提升新车保险比例

某普通汽车 4S 店每月销售 60 台车,对新车销售人员设定的新车购买保险的比例是 80%,许多销售人员做不到。每月新车保险不到 10 单。

分析原因:新车保险折扣是 8.5 折,50% 的客户认为价格偏高。新车购险没有任何的促销方案,让新车销售人员无处下手。

找出问题的根本原因之后,公司推出新车保险购买促销方案:每台车赠送500元的精品消费券,或者500元的工时消费券。新车销售人员可以根据客户的不同需求,合理地赠送,满足不同客户的不同需求。

该方案运行三个月后,新车保险做到50单,提升幅度相当大。同时售后产值的提升超过15万元。毛利增加7万元,50台车赠送出去50×500×0.6元=1.5万元的精品或者工时(赠送精品和工时的成本按六折计算),净毛利仍然增加5.5万元(赠送出去的工时和精品可以计算成售后的促销成本,而不是计算成销售部的支出,或者两个部门各自承担50%)。

对于精品装饰部门,客户拿着500元的装饰券来消费时,同时可以向客户推荐其他精品装饰,如果只折算50%的成功推荐,可以有25个客户,除去用完500元消费券之后,再购买约1 500元汽车精品,那汽车4S店精品装饰销售额也可以每月提升约3.75万元。

分析:当前的汽车维修企业,特别是汽车4S店,如何把新车保险、续保、精品装饰和售后产值的提升有效地结合在一起,而不是各自为政、各自核算,这是许多汽车维修企业要认真思考的问题。

汽车维修企业针对一些老客户,可在保险快到期时邀请其回厂,并根据其车辆情况及征得客户同意后,免费为其进行全车检查,同时给客户设定符合其需求的保险内容,让客户感到企业为客户着想的用心,无形中提高客户对企业的忠诚度。

对于售后修理方面,应建立快修组和钣喷快修绿色通道。小的车体漆面损伤修复时间应不超过4小时,大面积漆面修补应提高维修效率,缩短维修时间,客户对汽车维修企业不满中,等待时间过长是最主要原因。

每季、每月可不定期举办一些如服务月、服务周、全车免费检测等活动。发短信邀请从未到厂的新客户来店参加活动,随着活动的开展,相信新的客户会渐渐变成老客户。

(8)如何尽快从保险公司得到回款

关于出现保险无法回款的案件,企业须从源头抓起,做到谁接车,谁定损,谁负责到底的方法。汽车维修企业应建立车主证件信息储备库;解决车主车辆出险忘记带证件和证件丢失等原因所造成的因证件不齐而无法理赔的问题;设立专人整理需要上交保险公司的案件,做到每天清、每周清、每月清;杜绝死案、呆案、无法理赔案件的发生,至于确实无法理赔的案件,可与各保险公司理赔部门协商解决。

涉及双方事故主车车主为三者垫赔付款的案件和有人身伤害的案件要单独整理、单独上交,以最快速度回款,减少主车车主因等待时间过长的不满及投诉,使保险部每月完成回款任务。

对于新车保险和续保的费用,汽车维修企业(特别是单月保单超过100单以上的企业),可以让保险公司的保险销售经理使用自己的信用卡来为保单埋单,企业收的客户的保险费用可以自行使用,每月底售后的保险公司的赔付款与保险销售款同步结算。

[案例导入]

汽车维修企业售后毛利的计算

一家汽车 4S 店,开业两年了,目前售后车辆保有量为 2 400 台,每月新车销售约 100 台,计算其各项合理的指标。

平均每月续保指标=保有量×50%(理想的续保比例)/12(每年 12 个月)= 2 400×50%/12=100(单)

新车的保险指标(比例大于 80%)=100×80%=80(单)

平均每月保险单数 180 单

平均每单保险的价值 4 000 元,平均每月保险金额 72 万元

保险毛利 180(单)×4 000 元×5%=3.6 万元

每月事故车应该不低于 72 万元×0.7=50.4 万元

设定事故车占比为产值的 30%,此 4S 店的机修贡献值应为:(50.4 万元/30%)×70%=117.6 万元

服务总产值:50.4 万元+117.6 万元=168 万元

深化保养贡献值=168 万元×10%=16.8 万元(10%为合理的深化保养贡献值)

服务部员工工资=168 万元×10%(这一比例为全国平均比例)

工时贡献值 168 万元×(25%~30%)

服务毛利 168 万元×45%=75.6 万元

老客户每天进厂台次=(2 400×2)/12/30=14 台按老客户平均每年回厂 2 次计算

新客户每天进厂台次=(100×12×1)/12/30=4 台按新客户每年回厂 2 次计算

新车精品装饰月贡献值=100 台(新车月销售)×1 500 元(平均每台贡献)=15 万元

回厂车辆精品装饰月贡献值=18(回厂客户)×100 元(平均每台贡献)×30=5.4 万元

精品装饰月贡献=15 万元+5.4 万元=20.4 万元

精品装饰毛利=20.4 万元×50%=10.2 万元

此汽车 4S 店除去新车销售毛利之外,保险毛利+售后毛利+精品毛利=3.6+75.6+10.2=89.4 万元,如果加上车主俱乐部和客户关系管理部门贡献的延伸服务,此值会更高。

四、汽车维修企业售后运营考核指标

汽车维修企业售后运营考核的日常指标如表 10.2—表 10.14 所示。

表 10.2　一次修复率

指　标	一次修复率
定　义	一次性修复的工单在总工单中所占的比例
计算方法	$\dfrac{\text{一次性修复的工单数}}{\text{总维修工单数}} \times 100\%$
备　注	目标值为 95%,实际最低不得小于 85%
意　义	一次修复率过低表明汽车维修企业的技术诊断和维修能力不足,或者维修、检验、试车流程不完善。同时,过低的一次修复率会使客户对企业丧失信心,并最终降低客户的忠诚度

表 10.3　客户满意度

指　标	客户满意度(CS)
定　义	客户在最近一次接受服务后的总体满意情况
计算方法	$\dfrac{\text{成功回访的对服务表示满意的客户数}}{\text{成功回访的本月接受服务的总客户数}} \times 100\%$
备　注	理论目标值为 100%,实际最低不得小于 75%
意　义	客户满意度过低表明汽车维修企业的服务运营状态欠佳(技术诊断和维修能力不足、零件库存不足或结构不合理,服务顾问的工作技能不足,工作欠佳等)。客户满意度低最终会降低客户的忠诚度和导致客户流失

表 10.4　零件库存周转率

指　标	零件库存周转率
定　义	$\text{周转率} = \dfrac{\text{该期间的零件销售成本}}{(\text{初期库存成本} + \text{末期库存成本})/2}$
计算方法	该期间的零件销售成本和平均库存成本的比例
备　注	零件销售和平均库存都应当按照成本价格计算
意　义	周转率过低表明汽车维修企业的库存结构不合理,或者总零件库存相对于车辆保有量来讲太大。这会影响企业的零件盈利能力,并占用大量资金

表 10.5 维修工单数

指 标	维修工单数
定 义	每个月内汽车维修企业的所有机电维修工单和钣喷工单数量
计算方法	机电维修工单数+钣喷维修工单数
备 注	无理论目标值,但可根据保有量来计算最小值
意 义	分析每月的维修工单数的波动或异常变化,有利于企业发现自身问题或市场变化,从而更好地提供服务,提高客户满意度

表 10.6 生产率

指 标	生产率
定 义	技师计时的可销售的工作时间与可用工作时间之比
计算方法	$\dfrac{\text{技师计时的可销售工作时间(含零售、索赔、内部)}}{\text{技师的可用工作时间}} \times 100\%$
备 注	理论目标值为 100%,实际最低不得小于 85%
意 义	生产率高表示有足够的工作做,车间工作流程顺畅,技师人数配备合理。生产率低则表示客户预约欠佳,零售和保修客户的入厂率不够,需要进行市场推广活动,同时也可能表示技师配备太多

表 10.7 生产效率

指 标	生产效率
定 义	技师完成维修后,该工单的结算工时和打卡工时的百分比
计算方法	$\dfrac{\text{出票结算的工作时间(零售、索赔、内部)}}{\text{技师计时的该工单的工作时间}} \times 100\%$
备 注	实际最小值不得低于 85%
意 义	生产效率过低表示技师没有在合理的时间内修好车辆,有可能是技师技能不足,还有可能是车间的设施、设备不够完善,内部流程不畅。这最终会影响企业的场地使用效率,降低其盈利能力

表 10.8　单个技师服务车辆数

指　标	单个技师服务车辆数
定　义	汽车维修企业截至当月的车辆保有量除以其机电维修技师的数量
计算方法	$\dfrac{该汽车维修企业截至当月的车辆保有量}{该汽车维修企业截至当月的机电维修技师数}$
备　注	理论值为 200
意　义	按照汽车维修企业的车辆保有量来计算该企业应配备的技师数量,以免造成企业人力成本的浪费,同时,也间接地保证了维修技师的任务量和基本收入

表 10.9　每工单的零件销售

指　标	每工单的零件销售
定　义	汽车维修企业固定时期内,每个维修工单的平均零件销售金额
计算方法	$\dfrac{固定时期内的零件销售金额}{固定时期内的维修工单数}$
备　注	暂无理论值
意　义	每工单的零件销售过低说明客户车辆的车况较好,也可能说明企业的服务回访员没有很好地引导客户来维修车辆。每工单的零件销售过高,说明客户的车辆使用成本较高,也可能说明该企业的客户中没有太多的新客户加入,是原有客户的车辆行驶里程的增加导致维修成本的提高

表 10.10　零服吸收率

指　标	零服吸收率
定　义	汽车维修企业的零服毛利在其当月的运营成本(不含销售部费用)中所占的比例
计算方法	$\dfrac{当月的(服务、零件、钣喷)毛利收入}{当月的(固定费用+服务/零件/钣喷营业费用)运营成本} \times 100\%$
备　注	销售部费用主要指销售部人员的工资、新车利息和新车广告等费用
意　义	零服吸收率是衡量售后服务盈利能力的一个重要指标,参考值在 70% ~ 100%,如果比率超过 100%,说明售后服务的毛利收入已经能够维持企业的日常运营

表 10.11　零件一次满足率

指　标	零件一次满足率
定　义	在第一次需求时,从零件仓库直接发出的零件项数占到维修车间所需零件总项数的百分比
计算方法	$\dfrac{\text{从零按库直接供应的零件项数件}}{\text{维修车间所需的所有零总项数}}\times100\%$
备　注	目标值为92%
意　义	一次满足率过低表明汽车维修企业的零件库存不够或结构不合理,这将导致客户为同一故障二次进厂,或失去客户。同时,也造成滞后交车或待料时间过长,从而浪费人力、物力

表 10.12　总库存与呆滞库存比例

指　标	总库存和呆滞库存比例
定　义	呆滞零件在总的库存零件中所占的比例(以金额计算)
计算方法	$\dfrac{\text{呆滞库存的金额}}{\text{总库存的金额}}\times100\%$
备　注	金额按采购价计算。经计算该比例为0.3%较合适。应在每个月滚动计算
意　义	呆滞库存比例高会影响该汽车维修企业的现金流和盈利能力。同时,占用库存的空间,并有在库存期间损坏的风险

表 10.13　客户回访率

指　标	客户回访率
定　义	客户在其车辆接受服务的一周内接到回访电话的比率
计算方法	$\dfrac{\text{一周内接受回访电话的客户数}}{\text{当月接受了服务的总客户数}}\times100\%$
备　注	理论目标值为100%,实际最低不能小于70%
意　义	客户回访率过低表明汽车维修企业的服务回访员配备不足,或对客户不够重视。这样就无法及时准确地得到客户对企业的意见或建议,并进行改善。如果客户不满意,一般不会主动致电企业,他们会寻求其他汽车维修企业,这样就导致了客户的流失,也导致客户失去了对企业的信任和忠诚度

表 10.14　客户信息准确率

指　标	客户信息准确率
定　义	经过核实后,信息准确的客户数量占成功核实了信息的客户总数量的比例
计算方法	$\dfrac{\text{一次性修复的工单数}}{\text{总维修工单数}} \times 100\%$
备　注	理论目标值为 100%,实际最低不得小于 70%
意　义	客户信息准确率过低的直接后果就是汽车维修企业无法联系到客户,无法进行预约,也无法在召回等活动中主动联系客户,只能被动地等待客户前来接受服务。同时在企业的市场活动中,也无法将相关信息及时地传递到客户手中

汽车维修企业售后运营考核指标分析如表 10.15 所示。

表 10.15　汽车维修企业售后运营考核指标分析表

评估指标	合理值	说　明
机电产值占总产值的比例	55%~60%	低于 55%,说明客户日常保养进厂太少;高于 60%,说明钣喷贡献值少
深化保养产值占总产值的比例	12%~15%	
售后员工工资占总产值的比例	10%~15%	
工时产值占总产值的比例	28%~32%	
平均服务顾问每天接车台次	10~12 台次	
平均工位日工单	3	每个工位平均每天接车台次
库存周转率	6 次/年	
内返率	<5%	内部检查返修车辆数量/当月交车台次
外返率	<2%	客户投诉返修车辆数量/当月交车台次
客户投诉比例	<5%	当月客户投诉数量/当月服务接车台次

小结:

①汽车 4S 店经营汽车美容装饰项目的优势有四点:

A.客户对汽车 4S 店的信任;B.专业的技术施;C.服务人性化方面;D.方便客户。

②常见的汽车免拆养护的内容包括燃油系统、润滑系统、冷却系统、变速器、动力转向系统、空调、制动系统和蓄电池八大系统的清洗和养护。

③汽车维修企业养护产品的推广运作注意点:

A.找到合适的供货商;B.汽车维修企业内部形成公开透明的奖励机制;C.为企业设立目

标。在汽车维修企业里原则上养护产品所贡献的产值的比例应该占到服务产值的12%左右。

④机动车辆保险

机动车辆保险一般包括交强险和商业险,商业险又包括基本险和附加险两部分。基本险分为车辆损失险和第三者责任保险。附加险包括全车盗抢险(盗抢险)、玻璃单独破碎险、划痕险、自燃损失险、涉水行驶险、无过失责任险、车载货物掉落责任险、车辆停驶损失险、新增设备损失险、车上人员责任险(司机责任险和乘客责任险)、不计免赔特约险等。玻璃单独破碎险、自燃损失险、新增加设备损失险是车身损失险的附加险,必须先投保车辆损失险后才能投保这几个附加险。车上责任险、无过错责任险、车载货物掉落责任险等,是第三者责任险的附加险,必须先投保第三者责任险后才能投保这几个附加险;每个险别不计免赔是可以独立投保的。

⑤汽车维修企业售后运营考核指标计算如下:

A.一次修复率 $= \dfrac{\text{一次性修复的工单数}}{\text{总维修工单数}} \times 100\%$;

B.客户满意度(CS) $= \dfrac{\text{成功回访的对服务表示满意的客户数}}{\text{成功回访的本月接受服务的总客户数}} \times 100\%$;

C.零件库存周转率 $= \dfrac{\text{该期间的零件销售成本}}{(\text{初期库存成本}+\text{末期库存成本})/2}$;

D.维修工单数 $=$ 机电维修工单数 $+$ 钣喷维修工单数

E.生产率 $= \dfrac{\text{技师计时的可销售工作时间(含零售、索赔、内部)}}{\text{技师的可用工作时间}} \times 100\%$;

F.生产效率 $= \dfrac{\text{出票结算的工作时间(零售、索赔、内部)}}{\text{技师计时的该工单的工作时间}} \times 100\%$;

G.单个技师服务车辆数 $= \dfrac{\text{该汽车维修企业截至当月的车辆保有量}}{\text{该汽车维修企业截至当月的机电维修技师数}}$;

H.每工单的零件销售 $= \dfrac{\text{固定时期内的零件销售金额}}{\text{固定时期内的维修工单数}}$

I.零服吸收率 $= \dfrac{\text{当月的(服务、零件、钣喷)毛利收入}}{\text{当月的(固定费用}+\text{服务/零件/钣喷营业费用)运营成本}} \times 100\%$;

J.零件一次满足率 $= \dfrac{\text{从零按库直接供应的零件项数件}}{\text{维修车间所需的所有零总项数}} \times 100\%$;

K.总库存和呆滞库存比例 $= \dfrac{\text{呆滞库存的金额}}{\text{总库存的金额}} \times 100\%$;

L.客户回访率 $= \dfrac{\text{一周内接受回访电话的客户数}}{\text{当月接受了服务的总客户数}} \times 100\%$;

M.客户信息准确率 $= \dfrac{\text{一次性修复的工单数}}{\text{总维修工单数}} \times 100\%$。

⑥汽车维修企业售后运营考核主要指标

售后员工工资占总产值的比例10%~15%;工时产值占总产值的比例28%~32%;平均服务顾问每天接车10~12台次;平均工位日工单3次;库存周转率6次/年;外返率<2%;客户投诉比例<5%。

[复习与思考]

1.设计一个汽车美容装饰项目,计算毛利。

2.品牌汽车4S店的特色有哪些?

3.对发动机喷油器进行清洗的理由是什么?

4.设计一个汽车养护产品的推销方案,并计算出毛利、毛利率。

5.机动车保险各险种的概念。

6.设计汽车4S店提升续保和新车保险比例的方案。

模块二　实训操练

实训一　资料的收集和分析

一、实训内容

1.延伸盈利概念内容。

2.各品牌汽车售后特色服务项目的资料分享;与延伸盈利的关系。

二、实训准备

1.授课老师提前布置各品牌汽车售后特色服务项目资料收集资料。

2.分组开展案例讨论,以4~5人为一组。

3.围绕资料提出问题进行初步讨论。

三、实训组织

1.指导老师引导小组布置好课堂讨论座次。

2.组长组织小组讨论,并记录讨论过程和结果。

3.每个小组整理讨论结果,提炼核心观点。

4.每组派一名代表上台展示表达讨论的观点。

5.指导老师引导小组间进行观点的补充,激发创造新思维。

6.指导老师点评讨论的观点。

四、实训评价

1.本次课老师的评价和组长的评价各占50%。

2.评价参考

（1）课前准备充分，课堂讨论积极、认真。

（2）团队协作较好。

（3）考虑问题全面，能提出独到的见解。

（4）表达陈述流利，观点合理。

实训二　汽车售后服务运营考核指标的实践

一、实训内容

1.汽车售后服务运营考核指标的概念和计算。

2.汽车售后服务运营考核指标的计算及指标的目标值。

二、实训准备

1.授课老师提前布置各小组选3~4个考核指标，到企业收集数据，模拟计算。

2.分组开展案例实训活动，以4~5人为一组。

3.围绕指标提出问题，进行初步讨论和数据的收集、模拟。

三、实训组织

1.授课老师指导小组布置好课堂讨论座次。

2.组长组织小组数据的收集，并记录过程和结果。

3.每个小组整理讨论、计算结果，提炼出自己的观点、想法。

4.每组派一名代表上台展示表达讨论的观点。

5.指导老师引导小组间进行考核指标的理解补充，激发创造新思维。

6.指导老师点评讨论的观点。

四、实训评价

1.本次课的老师的评价和组长的评价各占50%。

2.评价参考

（1）课前准备充分，企业收集数据认真。

（2）积极参与活动，团队协作较好。

（3）表达陈述流利，对指标理解的正确。

参考文献

［1］交通运输部安全监督司.交通运输企业安全生产标准化管理制度文件汇编［M］.北京：人民交通出版社,2012.

［2］交通运输部安全监督司.交通运输企业安全生产标准化考评指南［M］.北京：人民交通出版社,2012.

［3］法律出版社.中华人民共和国安全生产法［M］.北京：法律出版社,2014.

［4］国家安监总局宣教中心.企业安全生产标准化基本规范［M］.北京：煤炭工业出版社,2017.

［5］中国法制出版社.中华人民共和国公司法［M］.北京：中国法制出版社,2017.

［6］国务院法制办.中华人民共和国道路运输条例［M］.北京：人民交通出版社,2004.

［7］朱刚,王海林.汽车服务企业管理［M］.2版.北京：北京理工大学出版社,2013.

［8］陈昌建,王忠良.汽车维修企业管理［M］.北京：北京邮电大学出版社,2013.

［9］晋东海,翟云茂.汽车维修企业经营与管理［M］.北京：机械工业出版社,2012.

［10］刘焰,田兴强.汽车维修企业管理［M］.北京：人民交通出版社,2003.

［11］栾文琪.现代汽车维修企业管理实务［M］.北京：机械工业出版社,2014.

［12］王志江.政府对汽车维修行业规范化管理的研究［D］.天津：天津大学,2006.

［13］东煦.迈向新世纪——车辆维修业发展研究（一）［J］.汽车与配件,2000(34)：22.

［14］田光辉.汽车维修企业人才现状与人才培养［J］.北京汽车.2005(5)：12-14.

［15］沙振权.陈洁光.中国连锁经营理论与实践［M］.广州：华南理工大学出版社,1998.

［16］麦克斯韦尔.领导力21法则［M］.北京.中国青年出版社出版,2013.

［17］李洪全.维修档案管理的重要意义与实施方法［J］.汽车维修,2010(2)：2-3.